普通高等教育管理类系列教材

企业风险管理

张立明　杨　玥　**主　编**

杨增雄　唐　泳　**副主编**

陈　明　雷　森　奚国茜　**参　编**

机械工业出版社

本书介绍了企业风险管理理论、方法和实务，在系统阐述了企业风险管理的概念、原理和方法的基础上，介绍了企业风险管理的框架和要点，从战略、财务、生产运作、营销、人力资源、创新、创业等七个模块对具体领域的风险管理进行了深度剖析。本书立足绿色智造、数字经济、产业转型升级等企业可能面临的情境，吸纳了企业风险管理领域新的研究成果，在每个章节当中融入了典型案例，帮助学生更加深入、有效、立体地理解相关理论知识。

本书配备了教学大纲、教学课件等资料，以辅助企业风险管理知识的学习。

本书内容全面、体系完整、语言通俗易懂，既可作为经管类专业的本科生、研究生和 MBA 企业风险管理课程的教材，也可作为对企业风险管理理论和实务感兴趣的自学者的参考用书。

图书在版编目（CIP）数据

企业风险管理 / 张立明，杨玥主编. —北京：机械工业出版社，2023.3（2025.7 重印）
普通高等教育管理类系列教材
ISBN 978-7-111-72604-3

Ⅰ．①企⋯ Ⅱ．①张⋯ ②杨⋯ Ⅲ．①企业管理—风险管理—高等学校—教材 Ⅳ．① F272.35

中国国家版本馆 CIP 数据核字（2023）第 027504 号

机械工业出版社（北京市百万庄大街22号　邮政编码100037）
策划编辑：刘　畅　　　　　　责任编辑：刘　畅
责任校对：张亚楠　张　薇　　封面设计：王　旭
责任印制：张　博
北京机工印刷厂有限公司印刷
2025年7月第1版第3次印刷
184mm×260mm·14印张·342千字
标准书号：ISBN 978-7-111-72604-3
定价：49.00元

电话服务　　　　　　　　　　网络服务
客服电话：010-88361066　　　机　工　官　网：www.cmpbook.com
　　　　　010-88379833　　　机　工　官　博：weibo.com/cmp1952
　　　　　010-68326294　　　金　书　网：www.golden-book.com
封底无防伪标均为盗版　　机工教育服务网：www.cmpedu.com

前　言

　　风险无处不在，无时不在。"风险管理"作为一种经营和管理的理念，具有悠久的历史。中国古代有"未雨绸缪""积谷防饥"等著名典故，西方也有"不要把所有鸡蛋都放在一个篮子里"的谚语。本书在全面、系统地呈现风险管理理论和框架结构的基础上，按照战略、财务、生产运作、营销、人力资源、创新、创业等模块具体讲解了风险管理的理论知识与实践。

　　风险具有典型的复杂性、辩证性特征，风险造成的损失会让企业望而却步，但伴随的收益也会诱使企业趋之若鹜，这就进一步凸显了风险管理的重要性，同时也对经济新常态背景下我国企业的风险管理提出了新的挑战和要求。

　　本书立足于风险管理的学科交叉性特征，充分吸收了国内外相关领域理论研究和管理实务方面的最新成果。本书的特点主要体现在以下几个方面：

　　（1）具备完善的课程思政案例体系　本书在每章的开篇设置了引导案例，在结尾设置了案例分析，并将课程思政元素融入其中，引导学生立足于党和国家的方针政策，运用理论知识分析企业在风险管理领域的典型实践活动，让学生成为德才兼备、全面发展的人才。

　　（2）结构紧凑，内容新颖　本书充分吸收了相关学科领域理论研究和管理实务的最新研究成果，帮助学生在理解课程体系的同时，掌握该领域的未来发展趋势。

　　（3）时效性和权威性强　本书立足于经济新常态、数字经济、产业结构转型升级等热点话题，结合企业当前面临的关键问题和最新实践，进行理论知识阐述。本书的案例分析和小阅读材料，涵盖国内外典型企业的风险管理活动，均取材于近年的中国管理共享案例中心、《哈佛商业评论》等权威机构和刊物。

　　（4）配套丰富　本书提供了课后习题及参考答案、案例讨论、补充阅读，以进一步提升学生的学习效果。

　　通过本书的学习，学生能够对企业经营管理过程中可能遇到的各种风险具备良好的识别、分析能力，并能够提出合理的风险管控策略。通过案例讨论，学生在理论学习的基础上逐步提升风险管理能力。

　　本书由张立明、杨玥担任主编，具体分工如下：第1章、第7章、第8章、第10章由张立明编写，第2章、第3章、第9章、第11章由杨玥编写，第4章由唐泳编写，第5章由杨增雄编写，第6章由陈明、雷森、奚国茜编写。本书参考了国内外许多专家学者相关的文献资料，借鉴了他们在风险管理相关领域的研究成果，在此对这些专家学者表示衷心的感谢！

　　本书不足之处，敬请广大读者批评指正，不胜感激！

编者

目录

第 ① 章

风险概述

学习目标

1. 理解风险的概念与特征
2. 了解风险的构成要素与分类
3. 掌握企业风险的概念与成因
4. 了解企业风险的分类

逻辑框架

 **引导案例**

江苏响水"3·21"特别重大爆炸事故

2019年3月21日14时48分许，位于江苏省盐城市响水县生态化工园区的天嘉宜化工有限公司发生特别重大爆炸事故，造成78人死亡，76人重伤，640人住院治疗，直接经济损失19.86亿元。事故发生后，党中央、国务院高度重视，习近平总书记多次做出重要指示，要求全力抢险救援，及时救治伤员，做好善后工作，尽快查明事故原因，及时发布权威信息，强调各地和有关部门要深刻汲取教训，加强隐患排查，严格落实安全生产责任制，确保人民群众生命和财产安全。

3月22日，国务院江苏响水"3·21"特别重大爆炸事故调查组成立，由应急管理部牵头，工业和信息化部、公安部、生态环境部、全国总工会和江苏省政府参加，聘请爆炸、刑侦、化工、环保等方面专家参与调查。通过反复现场勘验、检测鉴定、调阅资料、人员问询、模拟实验、专家论证等，查明了事故直接原因和性质，查明了事故企业、中介机构违法违规问题，查明了有关地方党委政府及相关部门在监管方面存在的问题。

事故调查组查明，事故的直接原因是天嘉宜化工有限公司旧固废仓库内长期违法贮存的硝化废料持续积热升温导致自燃，燃烧引发爆炸。事故调查组认定，天嘉宜化工有限公司无视国家环境保护和安全生产法律法规，刻意瞒报、违法贮存、违法处置硝化废料，安全环保管理混乱，日常检查弄虚作假，固废仓库等工程未批先建。相关环评、安评等中介服务机构严重违法违规，出具虚假失实评价报告。

资料来源 改编自新华社.江苏响水"3·21"特别重大爆炸事故[EB/OL].(2019-11-16)[2022-04-20].https://baijiahao.baidu.com/s?id=1650321243446138182&wfr=spider&for=pc.

 **问题思考**

1. 你认为响水事故的爆炸原因是什么？
2. 如何避免发生类似事件？

 **案例讨论**

地方各级党委和政府及相关部门要坚决贯彻落实习近平总书记关于安全生产一系列重要指示精神，深刻汲取事故教训，举一反三，切实把防范化解危险化学品系统性的重大安全风险摆在更加突出的位置，坚持底线思维和红线意识，牢固树立新发展理念，把加强危险化学品安全工作作为大事来抓，强化危险废物监管，严格落实企业主体责任，推动化工行业转型升级，加快制定并完善相关法律法规和标准，提升危险化学品安全监管能力，有效防范重特大事故的发生，切实维护人民群众的生命财产安全。

1. 企业实施安全生产责任制的重要意义

安全生产责任制是生产经营单位和企业岗位责任制的一个组成部分。根据"管生产必须管安全"的原则，安全生产责任制综合各种安全生产管理、安全操作制度，对生产经营单位和企业各级领导、各职能部门、有关工程技术人员和生产工人在生产中应负的安全责任加以明确规定。《安全生产法》把建立和健全安全生产责任制作为生产经营单位和企业安全管理必须实行的一项基本制度，要求生产经营单位的主要负责人要建立健全本单位安全生产责任制，并对其负责。生产经营单位和企业安全生产责任制的主要内容包括：①厂长、经理是法人代表，是生产经营单位和企业安全生产的第一责任人，对生产经营单位和企业的安全生产负全面责任；②生产经营单位和企业的各级领导和生产管理人员，在管理生产的同时，必须负责管理安全工作，在计划、布置、检查、总结、评比生产的时候，必须同时计划、布置、检查、总结、评比安全生产工作；③有关的职能机构和人员，必须在自己的业务工作范围内，对实现安全生产负责；④职工必须遵守以岗位责任制为主的安全生产制度，严格遵守安全生产法规、制度，不违章作业，并有权拒绝违章指挥，险情严重时有权停止作业，采取紧急防范措施。

2. 安全事故背后蕴含的风险隐患

专家认为，安全生产事故频发的因素很多，但从深层次的角度看，重特大事故频发与经济发展方式密切相关。如果一个地区的伤亡事故频率和强度增加，就应从基本面上找原因，例如经济建设模式、理念、速度是否科学，安全管理水平是否与发展规模相适应等。

资料来源　改编自林火灿. 监管不严不实　每一起安全事故背后都有人为因素 [EB/OL].(2013-07-02)[2022-04-20].https://china. huanqiu. com/article/9CaKrnJB85S.

1.1　风险

风险（Risk）无处不在。从词源学上来看，"风险"可以追溯到拉丁语"Rescum"，意思是"在海上遭遇损失或伤害的可能性"或"应避免的东西"。根据 Risk 的词义，风险指的是不利事件发生的可能性。风险是一个古老而又崭新的话题。说其古老，是因为它伴随人类的生产和经济活动而产生。说其崭新，是因为生产和经济活动从产生之日起便充满了不确定性和变化。随着人类社会的发展，人们对风险的认识不断进步并日益成熟。要研究风险管理，必须正确地界定风险的内涵和性质，掌握其形成的原因和分类，以此为基础制定科学的风险管理方案。

1.1.1　风险的概念

风险的概念起源于意大利，并于 19 世纪早期传入美国并进入经济研究领域范畴。迄今为止，学术界尚未针对风险的概念形成共识。整体而言，学术界主要从以下四个视角对风险进行了概念界定。

1. 风险是损失发生的可能性

1895 年，美国学者海尼斯在《风险———一项经济因素》一书中从经济学意义上提出了风险的概念："风险意味着损害的可能性"。可能性是指客观事物存在或者发生的机会，可以用概率来衡量。当概率为 0 时，表明风险不存在；当概率为 1 时，表明风险一定会发生。损失的可能性意味着损失事件发生的概率在 0~1 之间。根据海尼斯的观点，某种行为能否产生有害的后果，以其不确定性界定。

2. 风险是损失的不确定性

1986 年，美国经济学者罗伯特·梅尔在《保险原理》一书中将风险定义为"在一定条件下损失的不确定性"。这种不确定性可以分为客观不确定性和主观不确定性。客观不确定性是指实际结果与预期结果的偏离，这种偏离可以用数字、统计学工具加以度量。主观不确定性是个人对风险的评估，主观不确定性与个人的知识、经验、心理状态等因素密切相关，面临同样的风险时，一千个人可能会有一千种评估。我国台湾学者宋明哲则从主观不确定性角度探讨了风险的本质，认为自然灾害或意外事故所造成的损失是确定的，其不确定性体现在由于个人经验、精神和心理状态的不同，对事故所造成损失的认识和评估上存在的差异。

3. 风险是实际结果与预期结果的偏差

美国学者佩弗尔认为，风险是一种独立于人的意识之外的客观存在。佩弗尔的观点更倾向于强调风险的客观属性，即客观事物按照其自身运动规律在不断发展变化，不管人们是否注意或观察它们，它们都有可能出现各种不同的结果，因此才有风险。这一视角强调风险是客观存在的事物，实际结果与预期结果之间的偏差即为风险，这种偏差可以用统计学中的标准差进行衡量。例如，在进行股票投资时，预期 20 万元可能获利 15%，而实际只获利 5%。

4. 风险是可测定的不确定性

美国经济学家弗兰克·H. 奈特将风险定义为"可测定的不确定性"。奈特认为风险的本质在于实际结果偏离预期结果的客观概率，而这一概率是可以用数学、统计学计算得出的。奈特对风险与不确定性进行了区分，认为后者是指人们缺乏对事件的基本知识，对事件可能的结果知之甚少，因此现有理论或经验并不能够对不确定性进行预见和定量分析。在竞争激烈的市场中，企业的经营活动伴随着多种多样的风险。这些风险可能使企业遭受损失，也可能使企业获得利润。也就是说，企业经营目标的实现会因为风险的存在而具有不确定性，而且从一定程度上来说企业的生存和发展就是克服各种风险的过程。

通过以上对风险概念的回顾与梳理发现，风险与不确定性紧密相连，理论界从客观性、主观性的角度分别对风险产生的逻辑进行了论述分析。在分析前人研究成果的基础上，本书将风险定义为："在特定情况下和特定时间内，未来某一事件或活动的实际结果偏离预期目标的可能性。"

1.1.2 风险的内涵

"不确定性"与风险密切相关，是风险研究的起点，也是风险的关键内涵所在。不确定性有客观和主观之分。客观不确定性是指事件结果本身的不确定性，即事件按照自身规律发展而呈现出的各种可能性。主观不确定性则体现在人们对客观事物认识或评估上的不确定性。就风险事件而言，由于客观不确定性的存在，使得未来某事件的具体结果存在变动；由于主观不确定性的存在，导致人们对未来结果的研判和预期与实际结果之间发生偏离。因此，风险是客观不确定性和主观不确定性的统一。

整体而言，风险的内涵包括以下几个方面：①未来事件的结果会随着时间、环境等客观条件的变化而变化，即具有客观不确定性；②由于事件本身的复杂性和人类认知能力的有限性，人们对于未来事件的预计结果也会存在各种差异，即具有主观不确定性；③风险包括风险收益和风险损失两个方面。

1.1.3　风险的特征

风险的特征是其本质的外在表现。只有准确把握风险特征，才能够加深对风险的理解和认识，强化风险管理措施，有效减少风险损失。

1. 客观性

风险是由客观存在的自然现象和社会现象所引起的。自然界的地震、洪水、雷电、暴风雨等，是自然界运动的表现形式，甚至可能是自然界自我平衡的必要条件。自然界的这种运动会形成自然灾害，给人类造成生命和财产损失。由于客观条件变化而引起的不确定性是普遍存在的，因而风险也必然是客观存在的，它是独立于人类意志之外的客观存在。人们可以认识和掌握风险的这种规律，预防意外发生，减少风险损失，但终究不能完全消除风险。人们只能在一定的范围内改变风险形成和发展的条件，通过风险预测、提前研判、快速反应等措施，降低风险事故发生的概率，降低损失程度。

2. 偶然性

从整体而言，风险事故的发生是必然的。但对于个体而言，遭遇风险事故则具有随机性，这体现了风险的偶然性特征。首先，风险事故发生与否是不确定的。例如，尽管交通事故时有发生，这使得所有组织、个体都面临交通事故的威胁，但具体到某个企业或个人，交通事故则是概率事件。另外，风险事故发生的时间以及造成的损失不确定。例如，水灾是我国每年都会发生的自然灾害，但就特定年份而言，灾害发生的时间、区域、危害程度都是不确定的。

3. 可变性

世间万物都处在运动、变化之中。风险的可变性是指在一定条件下风险有量的增减，也有质的改变。世界上任何事物都是互相联系、互相依存、互相制约的，而任何事物都处于变动和变化之中，这些变化必然会引起风险的变化。例如，随着医疗技术的进步，人类面临某些疾病的风险正在逐步降低。具体而言，风险的变化主要由风险因素的变动引起。

4. 收益性

风险可以分为纯粹性风险和投机性风险。纯粹性风险是不可预见的，无获利机会；投机性风险则具有一定的可预见性和收益性。投机性风险与收益正相关，风险越大，收益就可能越高。

1.1.4 风险的效应

风险效应是指风险事件本身的特征和内在机制所产生的效果。风险效应是由风险自身的性质和特征决定的，同时受到外部环境以及决策者的观念、动机的影响，通常表现为以下三个方面：

1. 诱惑效应

诱惑效应的形成与风险的收益性特征密切相关。风险利益作为一种外部刺激使决策者萌发了某种动机，进而做出了某种风险选择并导致了风险行为的发生。诱惑效应的大小取决于以下因素的组合：①风险事件带来的潜在发展机会或赢利机会；②风险成本小于风险利益的机会与大小；③风险被发现和识别的难度与程度；④风险事件激发决策者的潜能、创造力和成功欲望的强度。因此，风险诱惑效应的大小，不仅取决于风险收益这一因素，而是上述四个因素的综合效应。

2. 约束效应

风险约束是指当人们受到风险事件可能的损失或某种危险信号的刺激后所做出的回避或抵抗行为。风险约束所产生的威慑、抑制和阻碍作用就是风险的约束效应。约束效应的大小取决于风险障碍因素出现的概率、风险障碍的损害能力及风险成本投入与变动情况这三种因素的组合方式，同时也受到人们进行风险选择时所处的社会经济条件及对风险障碍出现概率和损害程度做出判断的影响。

3. 平衡效应

每一种风险同时存在着诱惑效应和约束效应。两种效应相互冲突，相互抵消，其最终结果就是平衡效应。当风险的诱惑效应大于约束效应时，会促使人们做出风险选择，开始冒险行为；相反，人们则会趋于保守状态。如果两种效应相等，人们会处于犹豫不决、无所适从的状态，需要加入新的动力或影响力才会做出选择。诱惑效应和约束效应相互冲突，相互抵消，保持动态的发展和平衡。

1.2 风险的成因、构成要素与分类

风险无处不在，确定性和不确定性交织在一起，共同影响着企业的命运。可是，风险是怎样产生的？风险具体包含哪些要素？正所谓"知己知彼，百战不殆"，了解风险的成因和构成要素，对于做好风险管理至关重要。

1.2.1 风险的成因

产生风险的原因有很多种。一般来说，风险主要来源于自然和社会环境的不确定性、市场经济运行及经济单位自身业务的复杂性，以及管理者认识能力的滞后性与手段方法的局限性。风险产生的原因主要有以下几个方面。

1. 主观因素

风险产生的主观因素主要体现在信息的不完全性与不充分性，例如，政策的不确定性、宏观经济的不确定性等。这一系列信息在质量与数量两个方面不能完全或充分地满足预测未来的需要，而获取完全充分的信息要耗费大量的金钱与时间，不利于及时地做出决策。人的有限理性决定其不可能准确无误地预测未来可能发生的一切。人的能力等主观因素的限制加

上预测工具以及工作条件的限制，决定了预测结果与实际情况肯定有或大或小的偏差，进而引发风险事件。

2. 自然因素

人类在自然界中生存、进化和发展。长期以来，人类逐步适应了自然界的生存环境，并试图按自身的想法去改造自然。但是自然界的运动变化有时会呈现出不规则的趋势，超出了人类的预期和研判范围，就会对人类的生产生活带来危害。例如地震、洪水、风暴、海啸等自然灾害，给人们正常的生产、生活带来严重影响，让人们的生命财产蒙受巨大损失。总之，自然因素是风险的一个关键成因，由自然界的不规则变化而引发的。

3. 社会因素

在生产生活过程中，人们以群体的形式组合成家庭、部落、国家，并形成了各种各样的社会关系。以社会关系为基础，逐渐形成了人们赖以生存的社会环境，并对人们的行为方式产生关键影响。社会环境与自然环境相似，在一定程度上也呈现不规则运动，存在诸多不确定性。当社会中的个人或团体所做出的行为（包括过失行为、不当行为以及故意行为）可能对社会生产以及人们的工作生活造成危害时，风险事件就产生了。

4. 政治因素

政治是上层建筑领域中各种权力主体维护自身利益的特定行为以及由此结成的特定关系，是人类历史发展到一定时期产生的一种重要社会现象。自阶级社会产生以来，随着国家和政权形式的出现，风险与政治活动的关系日益密切，许多风险甚至直接起因于政治活动。政治风险是指在对外投资和贸易过程中，因政治原因或双方所不能控制的原因使债权人可能遭受损失的风险。例如，国与国之间的领土争端、资源争夺、战争等都有可能引发国际范围的风险及损失事件。

5. 经济因素

人类开始从事经济活动以来，就一直处在风险环境中。尤其是在现代经济社会中，由于经济前景的不确定性，各类经济主体在从事经济活动的过程中经常遭遇各种风险事件，蒙受经济损失。风险是市场经济发展过程中的必然现象。在农业社会生产条件下，商品交换范围较小，产品更新的周期较长，生产经营者易于把握预期的收益，经济风险相对不明显。随着市场经济的发展，生产规模不断扩大，产品更新加快，社会需求变化剧烈，经济风险已成为每个生产者、经营者必须正视的问题。风险是一把"双刃剑"，市场经济中的经济风险和经济利益往往是并存的。风险对经济主体带来威胁的同时，也能够促进经济主体加强和改善经营管理，通过技术研发、设备更新、模式创新来提升风险识别、管理能力。

6. 技术因素

导致风险的技术因素是指伴随着科学技术的发展、生产方式的改变而产生的威胁人们生产与生活的风险因素，主要产生于技术创新过程中。在技术创新过程中，主要面临以下两个方面的风险因素：①技术创新所需要的相关技术不配套、不成熟，技术创新所需要的相应设施、设备不够完善。这些因素的存在，影响到创新技术的适用性、先进性、完整性、可行性和可靠性，从而产生技术性风险。许多企业热衷于提高企业技术水平和科技含量，引进国外先进技术和设备，结果不能有效利用，导致设备闲置，发挥不了作用。②对技术创新的市场预测不够充分。任何一项新技术、新产品最终都要接受市场的检验。如果不能对技术的市场适应性、先进性和收益性做出比较科学的预测，那么新技术在初始阶段就可能存在风险。这种技术风险主要体现在新产品不被消费者接受，或者投入市场后迅速被同类产品替代。

📖 **小阅读**

大型科技企业会被颠覆吗？

过去十年里，领先的科技公司——特别是 Meta（Facebook）、Alphabet（谷歌）、亚马逊、苹果和微软等，在全世界大部分地区成为相应领域的主宰。这些企业如此成功，产生了如此庞大的消费者数据和现金流，不仅站在技术前沿，而且具备了在位企业的力量。但即使是这样的数字巨头也面临着从初创企业到成熟竞争对手的各种威胁。每家公司有各自的优势和劣势。

谷歌虽然不是第一个搜索引擎，却是第一个也是唯一一个实现了庞大规模的搜索引擎。但谷歌除了搜索引擎业务以外的其他业务却没有绝对优势。例如，挑战 Meta（Facebook）的 Google＋昙花一现，挑战亚马逊网络服务的谷歌云远不如微软的 Azure。Meta（Facebook）是世界上最大的社交网络，但其也意识到了"社会力学"竞争的严重威胁。例如，WhatsApp 被收购近十年依然没有盈利，而且缺乏真正的收益模式。苹果的智能手机虽然规模不是最大的，盈利能力却是最强的。现在苹果尝试进入强者林立的医疗和汽车行业，说明公司意识到必须规划下一步行动。微软专注于 B2B 而非消费者市场，现在微软重新集中力量改善核心软件业务，并在企业客户内部扩大业务，同时积极发展云技术。这些公司都掌握着大量资源，但他们也始终保持防御姿势，否则会在激烈的竞争中错失机会。

资料来源 改编自乔纳森·尼.大型科技企业会被颠覆吗？[J].哈佛商业评论简体中文版，2022（1）：157-162.

1.2.2 风险的构成要素

风险由风险因素、风险事故和风险损失这三个彼此联系的要素构成。

1. 风险因素

风险因素也称风险条件，是风险发生的潜在原因，也是造成损失的间接原因。例如，对于建筑物而言，风险因素涉及所用的建筑材料的质量、建筑结构的稳定性等。风险因素可以划分为以下三类：

（1）物质风险因素 物质风险因素是指能直接影响事物物理功能的有形因素，即某一标的本身所具有的足以引起或增加损失机会和加重损失程度的客观原因和条件。人类对于这类风险因素，有些可以在一定程度上加以控制，有些在一定时期内还是无能为力。例如，人体生理功能的变化、建筑物所在地的自然地理条件、地壳异常变化、恶劣天气、疾病传染等，都属于物质风险因素。

（2）道德风险因素 道德风险因素是指与人的品德修养有关的无形因素，即由于人们不诚实、不正直或有不轨企图，故意导致风险事故发生，以致引起财产损失和人身伤亡因素。例如，偷工减料引起的安全事故、隐瞒产品质量引起的食品安全事件等，都属于道德风险因素。道德风险因素强调人的恶意行为或故意行为造成的损失，属于机会主义行为。

（3）心理风险因素 心理风险因素是指由于人主观上的疏忽或过失，导致增大风险事故发生的概率或加重损失程度。例如，企业投保了财产保险后放松对财产的保护措施，个体投保了人身保险后忽视自己的身体健康等，都属于心理风险因素。心理风险因素和道德风险因素都是无形的风险因素，区别在于前者源于无意或疏忽，而后者则强调故意或恶意。有的学者主张把道德风险因素与心理风险因素合称为人为风险因素。所以，风险因素也可分为两种，即物质风险因素和人为风险因素。

2. 风险事故

风险事故又称风险事件，是指促使风险因素由最初的可能变为现实的事件。风险事故是造成损失的直接原因和外部原因。例如火灾、地震、洪水、盗窃、抢劫、疾病等都属于风险事故。

风险事故发生的根源主要有以下三种：①自然灾害，例如地震、台风、洪水等；②社会政治、经济变动，例如战争、金融危机等；③意外事故，由于人的疏忽过失行为导致的损害事件，例如汽车相撞、失足跌落等。

3. 风险损失

风险损失是指非故意的、非计划的和非预期的经济价值的减少，是风险管理尤其是在保险经营过程当中的一个重要概念。风险损失包含两个重要的要素：①"非故意的""非计划的"和"非预期的"，任何故意的、计划的、可预期的事件所造成的经济价值的减少，都不属于损失的范围；②确实存在"经济价值的减少"，否则就构不成损失。

风险损失是指由于一个或多个意外事件的发生，在某一特定条件和特定企业内外产生的多种损失的综合。产生于企业内部的损失，称企业风险损失，其余则称为企业外部风险损失。风险损失的本质在于非故意的、非预期的和非计划的经济价值的减少和灭失，即出乎意料的有关损失。风险损失种类繁多，通常可划分为直接损失和间接损失两种形态，前者指风险事故直接造成的有形损失，后者是由直接损失进一步引发或带来的无形损失，包括额外费用损失、收入损失和责任损失。

为了尽可能地避免或减少损失，就必须进行损失管理。损失管理是指有意识地采取行动防止或减少灾害事故的发生，尽可能降低所造成的经济及社会损失。损失管理的目标分为两种：①在损失发生之前，根除造成损失发生的因素，尽量减少损失发生概率；②在损失发生之后努力减轻损失的程度。

4. 风险因素、风险事故和风险损失之间的关系

风险是由风险因素、风险事故和风险损失三者构成的统一体，三者存在因果关系。整体而言，风险因素的存在和增加可能引发风险事故，而风险事故一旦发生则会导致风险损失的出现。因此，风险因素是引发风险损失产生的条件，但并不直接会导致损失。例如，道路积水可能引发汽车相撞，最终造成人员伤亡和车辆受损。在这一过程当中，道路积水是风险因素，汽车相撞是风险事故，人员伤亡和车辆受损是风险损失。值得注意的是，同一事

件，在一定条件下是造成损失的直接原因，那么它是风险事故；而在其他条件下，则可能是造成损失的间接原因，它便成为风险因素。例如，下冰雹使得路滑，引起车祸，造成人员伤亡，这时下冰雹是风险因素，车祸是风险事故。但若冰雹直接砸伤行人，则下冰雹便是风险事故。

1.2.3 风险的分类

根据不同的研究视角和分类基础，风险可划分为不同的种类。

1. 按照风险标的分类

按照风险标的的不同，可以将风险划分为财产风险、人身风险、责任风险和信用风险等。财产风险是指导致财产损毁、灭失或贬值的风险，例如，建筑物遭受火灾的风险。人身风险是指导致人的死亡、残疾、疾病、衰老以及劳动力丧失或降低的风险，通常又可划分为生命风险、意外伤害风险和健康风险三类。责任风险是指由于行为主体（个体或团体）的疏忽或行为过失，造成他人财产损失或人身伤亡，依照法律或契约应承担民事法律责任的风险。信用风险是指在经济交往中，权利人与义务人之间由于一方违约或违法致使对方遭受经济损失的风险。

2. 按照风险结果的性质分类

按照最终结果的性质，可以将风险划分为纯粹风险和投机风险。纯粹风险是指只有损失的可能性而无获利可能性的风险，其导致的结果只有"有损失"和"无损失"两种，例如火灾、车祸、疾病、战争等都属于纯粹风险。投机风险是指存在损失的可能，也存在获利的可能的风险，其导致的结果有"有损失""无损失""获利"三种，例如股市波动、原材料价格变动等。

3. 按照风险成因分类

按照风险形成的原因不同，可以将风险划分为自然风险和社会风险。自然风险是指由于自然现象、物理现象以及其他物质风险因素形成的风险，例如地震、水灾等。社会风险则是由于行为主体（个体或团体）的特定行为（包括过失行为、不当行为以及故意行为）或不作为导致社会生产以及人们生活遭受损失的风险。自然风险与社会风险是相互联系、相互影响的，导致风险的因素往往同时包含自然因素和社会因素，因此两种风险有时难以区分。

📖小阅读

纪念汶川地震 12 周年，我们该懂得什么

2020 年 5 月 12 日是 5·12 汶川特大地震 12 周年，也是第 12 个全国防灾减灾日。汶川特大地震是新中国成立以来破坏性最强、波及范围最广、救灾难度最大的地震灾害。

12 年弹指一挥间，因特大地震而受灾的地区早已旧貌换新颜。2018 年，习近平总书记在汶川映秀镇动情地说："我很牵挂这个地方，10 年了，这里的变化我也很欣慰。"这 12 年，是山川回归壮美的 12 年，是受灾地区走向重生的 12 年，更是人民

群众不断谱写新篇章的 12 年。

"和时间赛跑、同死神抗争，只要有一线希望就百倍努力。"如果说地震发生后，党中央、国务院第一时间做出重要指示，迅速启动国家救灾一级响应，组织开展救援，体现了鲜明的制度优势，那么受灾地区凤凰涅槃、浴火重生同样体现了制度优势。没有党中央、国务院的坚强领导，没有全国各地各部门的大力支持，没有人民群众的自力更生、艰苦奋斗，受灾地区不可能处处呈现生机和活力。

2020 年暴发的新冠疫情是新中国成立以来，传播速度最快、感染范围最广、防控难度最大的重大突发公共卫生事件。党中央高度重视，集中统一领导，坚持把人民生命安全和身体健康放在第一位，统筹全局、沉着应对，果断采取一系列防控和救治举措，取得了显著成效。从党政军民学、东西南北中一体行动，到各地区各部门立即响应；从调集全国最优秀的医生、最先进的设备、最急需的资源，全力以赴投入疫病救治，到救治费用全部由国家承担……集中力量办大事的制度优势，在这场防控阻击战中展现得淋漓尽致。

事实又一次证明，坚持全国一盘棋，动员全社会力量，调动各方面资源，就能迅速形成强大合力，就能不断展现中国力量、中国精神、中国效率。

经国务院批准，自 2009 年起，每年 5 月 12 日为全国防灾减灾日，目的是进一步增强全民防灾减灾意识，推动提高防灾减灾救灾工作水平。而在这次新冠疫情防控过程中，我们吸取了教训、总结了经验，即要改革完善疾病预防控制体系，建设平战结合的重大疫情防控救治体系，健全应急物资保障体系，加快构建关键核心技术攻关新型举国体制，深入开展爱国卫生运动，不断完善我国公共卫生体系，切实提高应对突发重大公共卫生事件的能力和水平。

资料来源 改编自王倩，董晓伟. 纪念汶川地震 12 周年，我们应该懂得什么 [EB/OL].(2020-05-12)[2022-04-20].http://opinion.people.com.cn/n1/2020/0512/c1003-31706271.html.

4. 按照风险的环境分类

按照所处的环境不同，可以将风险划分为静态风险和动态风险。静态风险是指在经济社会环境未发生变化时发生的风险，其原因可能是自然因素，也可能是人们的行为过失，例如火灾、洪灾以及盗窃、欺诈等。动态风险是指由于社会经济环境变动直接导致的风险，通常是由于人们的需求偏好、生产方式、生产技术等变化所引起的。

5. 按照承担风险的主体分类

按照承担主体的不同，可以将风险划分为个人与家庭风险、团体风险和政府风险。个人与家庭风险是指以个人与家庭作为风险承担主体的风险，例如，个人与家庭所承担的财产风险、信用风险等。团体风险是指企业或社会团体作为承担主体的风险，例如，企业所承担的投资风险、筹资风险、信用风险等。政府风险主要是指以政府作为承担主体的风险。

6.按照风险是否能够分散分类

按照风险是否能够分散分类，可以将风险划分为系统风险和非系统风险。系统风险是指由于社会、经济、政治、法律等企业外部相关因素的不确定性导致的风险，它与所有企业相关，并且超出了具体企业的控制范围。系统风险对企业的影响程度有所差异，但所有的企业都必须面对，是不可分散、无法规避的风险。非系统风险则是由经营失误、决策失误等企业自身因素的不确定性引发的风险，该类风险只对企业自身产生影响，可以通过一定的措施进行风险规避和风险分散。

1.3 企业风险

企业作为市场活动的主要参与者，是市场经济中最重要的参与主体。深入理解企业风险的概念和成因，把握企业风险的主要类型，对于做好企业风险识别与防范至关重要。

1.3.1 企业风险的概念与特征

按照承担主体的分类角度，企业风险属于团体风险。国资委发布的《中央企业全面风险管理指引》将企业风险定义为未来的不确定性对企业实现其经营目标的影响。现代市场经济活动中的风险是普遍存在的，企业作为市场经济中最主要的参与主体，无时不在与风险打交道。现代企业的风险具有以下特点。

（1）普遍性 不同行业、不同规模、不同成长阶段的企业都面临着风险，风险普遍存在于企业的各个业务环节和运营系统当中。风险贯穿于企业运营决策的各个环节，决策调研过程中存在信息不全面、信息失准风险，决策制定过程当中存在决策失误风险，决策执行过程当中存在环境变化、实施不利等方面的风险。风险也普遍存在于企业发展的各个阶段，初创期的企业面临因资源紧缺导致的创业风险，成长和发展期的企业则面临着业务拓展、规模扩大导致的多元化风险。

（2）多样性 企业风险的成因是多样的，社会、政治、经济、法律、技术、市场等因素都可能导致企业风险的发生。与此同时，企业在竞争过程中不断优化、调整竞争措施，企业所面临的风险也就随之变化。管理者在处理企业风险的过程中，要充分认识到企业风险的多样性，从动态视角审视风险成因，并关注竞争者的可能行为和消费者消费倾向的变化趋势。

（3）隐蔽性 由于企业所处环境的动态性以及内部运营过程的复杂性，导致企业所面临的风险大都具有隐蔽性，不易为管理者所察觉，这就给企业的风险防范和风险预警工作带来了挑战。然而，企业风险在出现之前，往往都具有一定的征兆。管理者要善于见微知著，从风险成因的角度及时识别这些征兆并做出风险预警和预防，尽可能地减少风险给企业带来的损失。

（4）全球化 随着经济全球化进程的加快，企业风险的全球化趋势也愈发明显。一方面，各国之间经济互联、市场互通水平的提升，导致国际市场上的细微波动都有可能导致企业风险的发生，企业面临着来自国内市场和国际市场的双重风险。另一方面，国际政治格局、进出口贸易规则的变动，使企业面临的市场环境日趋复杂多变，经营过程险象环生。

（5）跨界化 市场经济中，风险通过供应链、资金链在企业间传播。而在网络经济时代，跨界竞争进一步加剧，企业面临的风险也呈现出更多的跨界性特征。例如，尼康不仅面临索尼、长虹等同行业品牌的竞争，更是面临来自手机行业的替代威胁。在数字经济时代，跨界竞争风险越来越普遍，这是对企业生存发展的又一艰巨挑战。

1.3.2 企业风险的成因

企业风险的成因是多方面的，既有来自企业外部的原因，也有企业内部自身的因素。企业是市场经济中最为活跃的参与主体，在其经营过程中时时刻刻面临风险，经营企业又被称为市场经济条件下的一种风险经济。因此，从企业与市场的关系入手，企业风险主要是由企业经营环境的不确定性、企业涉及业务的复杂性以及企业能力的有限性导致的。

1. 企业经营环境的不确定性

企业与外部环境之间有着千丝万缕的联系，环境的变化与不确定性会给企业带来风险，这是企业风险产生的直接原因。企业所处环境具体包含政治、经济、社会、法律、人口、文化、技术等多方面要素，这些要素共同构成了企业的经营环境。企业的经营环境具有空间上的延续性和拓展性，既有可能越来越窄甚至消失殆尽，也有可能不断扩展直至开辟蓝海。有的环境要素需要企业去适应，例如政策、法律等。但有的环境要素，企业可以通过适当的策略、手段进行引导、干预和调整，例如消费者偏好、联盟关系等。企业的生存发展实际上是对生存环境的争夺过程，随着企业发展阶段和竞争态势的演进，企业不断调整、改变自己的行为策略，进而面对新的、不同的经营环境。在这一过程中，处在新环境中的企业很可能出现"水土不服"的症状，从而在进入新领域、开辟新市场的过程中四处碰壁、举步维艰。由此可见，经营环境的不确定性无疑是企业风险的主要来源之一。

2. 企业涉及业务的复杂性

企业处于社会、自然形成的共生共荣的有机整体中，其所涉及的业务活动具有较大的复杂性。首先，由于社会和自然运动的不规则性，企业不可能完全正确地预见其变化趋势，因而风险就不可避免。其次，随着社会化生产、分工的发展，企业产品的生产与营销链条不断加长，生产经营过程中的组织协调、环节衔接过程日益复杂化，运行过程中的人、财、物和供、产、销任何一个环节出现故障，如果不能及时发现并纠正，都可能使企业的经营活动无法正常进行。再次，现代企业管理涉及战略、营销、财务、人力、技术、供应链等多项职能，是一个复杂的系统，从而大大提升了管理的难度。最后，企业在经济活动过程中承担了多重任务和使命，企业必须依法向国家缴纳税收的同时，还需要通过资源的合理配置确保生产经营活动的持续，进而创造社会效益、生态效益和经济效益。这些使命和任务导致企业在决策过程中会经常面临矛盾和冲突，加大了生产经营的变数，进而产生了企业风险。

3. 企业能力的有限性

随着全球化水平的提升和数字经济的发展，产品更新迭代速度加快，消费者需求的多样化、个性化程度大幅提升，企业面临的竞争压力越来越大。在发展过程中，企业所拥有的实际资源一般会滞后于企业的需要，企业的能力相对于竞争和发展的需要也是明显不足的。即使是跨国性、综合的大型企业，也不能单靠自己的实力完成所有新技术、新产品的开发与设计，更不可能包揽产业链上的所有环节。企业在生产规模、营销网络、管理水平、人员素质、研发能力等方面都是有限的，这些因素在企业的不同生命周期阶段以及不同的经营环境中，会与企业的实际需求产生矛盾进而引发风险。当经营环境的变化、生产经营活动的复杂性与难度超过企业实际能力时，企业风险就有可能发生。

1.3.3 企业风险的分类

为了能够有效地预测、识别、应对风险，我们需要对企业风险进行清晰的分类。由于企业所处环境的不确定性、所从事业务的复杂性，导致企业风险的内容极其广泛，理论界对企业风险的分类也并未形成统一的观点。本书从企业管理的角度出发，立足企业生存发展过程中的关键活动，将企业风险划分为战略风险、财务风险、生产运作风险、营销风险、人力资源风险、创新风险、创业风险七大类。

（1）战略风险　企业战略是指企业为了长期生存和持续发展，根据内部资源条件和外部环境的变化，对企业的发展目标及其达成途径和手段的全局性、长远性、纲领性的谋划和决策。企业的战略风险源于企业的战略决策，或影响到企业的战略实施，或是给企业带来重大的、长远性影响的风险。例如行业选择风险、组织结构设计风险、重大投资事项风险等，都是常见的战略风险。

（2）财务风险 财务风险与企业资金的筹措、运用、管理以及安全密切相关，是企业在财务管理过程中必须面对的一个现实问题。财务风险是客观存在的，它是指企业在各项财务活动中由于各种难以预料和无法控制的因素，使企业在一定时期、一定范围内所获取的最终财务成果与预期目标发生偏差，从而形成的使企业蒙受经济损失的可能性。财务风险主要包含筹资风险、投资风险和流动性风险。企业管理者能够通过有效措施尽可能降低财务风险带来的损失，但无法完全消除财务风险。

（3）生产运作风险 生产运作风险是指企业在生产经营过程中面临的主要风险，主要来源于生产过程中诸多要素的不确定性。在生产过程中，企业的原材料、设备、技术人员、生产工艺及生产组织等方面会出现难以预料和无法控制的因素，导致企业无法按预定成本完成生产计划。整体而言，生产运作风险可分为产品质量风险、库存风险、供应链风险和安全生产风险四大类。管理者可以通过调整生产目标、优化生产要素配置、完善生产过程管理等措施积极开展生产运作风险管理。

（4）营销风险 营销风险普遍存在于企业市场营销相关活动过程中。营销风险是指企业在营销活动开展过程中，由于所处环境的复杂性、多变性和不确定性，使得企业在营销战略的制定、营销活动的开展与市场实际情况出现不协调，进而导致市场营销活动效果受损甚至失败的可能性。营销风险主要包括产品风险、定价风险、渠道风险和促销风险。

（5）人力资源风险 人的需求具有动态性、复杂性和不确定性，这在很大程度上提高了企业人力资源管理的难度。企业的人力资源风险是指在岗位设置、工作分析、招聘、培训、考评、薪酬等人力资源管理的各个环节中产生的风险。随着市场竞争的日趋激烈，由人力资源所形成的核心竞争力已成为企业赢得竞争的根本所在。企业必须有效预测、识别和应对人力资源风险，以有效应对复杂环境的挑战。

（6）创新风险 创新是指企业、组织或个人以获得潜在利润为目的，将现有生产要素和生产条件通过人力资本重新组合，投入生产体系进而形成一种新的生产函数的过程，主要表现为开发新产品、引进新技术、开辟新市场、发掘新的原材料来源、实现新的组织形式和管理模式等五种形式。创新风险是指由外部环境的不确定性、技术创新项目本身的难度与复杂性、创新者自身能力与实力的有限性，而导致创新活动达不到预期目标的可能性。创新过程中始终伴随着风险，创新与风险是一体两面的共生关系。

（7）创业风险 创业风险是指企业在创业过程中出现的风险。创业环境的不确定性，创业机会与创业企业的复杂性，创业者、创业团队与创业投资者的能力与实力的有限性，是创业风险的根本来源。创业风险主要表现在机会成本风险、技术风险、市场风险、资金风险、管理风险等方面。

📖 小阅读

李开复自述高中第一次创业经历

1977 年，我第一次参与了美国 Junior Achievement (JA) 组织的"高中学生创业尝试"课程。学生将在商业志愿者的指导下创办一个学生公司，发售股票、召开股东会、竞选管理者、生产和销售产品、财务登记、开展评估、清算公司。通过实践来学习商业运行的方式，了解市场经济体系的结构和它所带来的效益。

参加这个课程，将由学生担任员工并推选一个总裁，由总裁来设定公司名称、产品的推出，以及目标客户。当年，我被推选为主管市场的副总裁，负责销售。

当时每个周末，工厂里都聚集了很多学生在做雕花。在负责推广的过程中，我建议让学生家长来购买，虽然他们并不需要。最后，公司虽然有盈利，但是这些产品几乎是在内部消化了。有了这次的切身参与，15岁的我意识到，真正好的产品，其实不是求人去买，而是必须要有市场需求，而我们的企业不但是劳动密集型企业，还要央求亲属给面子购买，显然不能算是一次成功的尝试。不过，这已经充分奠定了下一次成功的基础。

1979年年中，我已经对建立公司的整个程序了如指掌。我第一次撰写了公司的财务报告，第一次知道了公司的运转需要顺畅的现金流，第一次知道批发商对于付账有着非常严格的要求。我也第一次知道，当我们把商品销售到田纳西州以外的公司时，田纳西州的税率是不适用的。在写财务报告的时候，我们惊喜地发现每个股东能够得到64.90美元的回报，这个结果创造了我们高中有史以来创业的最高回报率。

资料来源 改编自李开复.李开复自述高中第一次创业经历[EB/OL].(2016-06-28)[2022-04-20].http://www.sohu.com/a/86845551_250821.

本章小结

风险是指在特定情况下和特定时间内，未来某一事件或活动的实际结果偏离预期目标的可能性。风险具有典型的客观性、偶然性、可变性和收益性特征，通过诱惑效应、约束效应、平衡效应对决策主体的行为产生影响。风险的成因多种多样，主要可以划分为主观因素、自然因素、社会因素、政治因素、经济因素、技术因素等。风险由风险因素、风险事故和风险损失这3个彼此联系的要素构成，可以按照风险标的、结果、成因、环境、承担主体等标准进行分类。企业风险是指未来的不确定性对企业实现其经营目标的影响，主要是由企业经营环境的不确定性、企业涉及业务的复杂性以及企业能力的有限性所导致的。企业风险具有典型的普遍性、多样性、隐蔽性、全球化、跨界化特征，可以划分为战略风险、财务风险、生产运作风险、营销风险、人力资源风险、创新风险、创业风险等七大类。

本章习题

【选择题】

1. 投机性风险与收益相关，即（　　）。
　　A. 风险越大，收益就可能越高　　　　B. 风险越大，收益就可能越低
　　C. 风险越小，收益就可能越高　　　　D. 风险和收益无关

2. 下列不是风险的因素的是（　　）。
　　A. 物质风险因素　　　　　　　　　　B. 道德风险因素
　　C. 心理风险因素　　　　　　　　　　D. 技术因素

3. 下列不是企业风险特点的是（　　）。
　　A. 不确定性　　　　　　　　　　　　B. 普遍性
　　C. 多样性　　　　　　　　　　　　　D. 隐蔽性

4. 按照承担风险的主体分类，可以将风险划分为（　　）。
　　A. 个人与家庭风险　　　　　　　　　B. 团体风险
　　C. 政府风险　　　　　　　　　　　　D. 静态风险

5. 下列描述风险效应特性的有（　　）。
　　A. 诱惑效应　　　　　　　　　　　　B. 约束效应
　　C. 社会效应　　　　　　　　　　　　D. 平衡效应

6. 风险的特性分别是（　　）。
　　A. 客观性　　　　　　　　　　　　　B. 偶发性
　　C. 可变性　　　　　　　　　　　　　D. 收益性

【判断题】

1. 风险损失种类繁多，但通常分为两种形态，即直接损失和间接损失。（　　）

2. 静态风险是指由于社会经济环境变动直接导致的风险，也可能是人们的行为过失，例如火灾、洪灾、盗窃、欺诈等。（　　）

3. 风险损失是指由于一个或多个意外事件的发生，在某一特定条件和特定企业内外产生的多种损失的综合。（　　）

4. 只有准确地把握风险的特征，才能够加深对风险的理解和认识，强化风险管理措施，减少风险损失。（　　）

5. 风险约束所产生的威慑、抑制和阻碍作用就是风险的平衡效应。（　　）

6. 流动资产风险主要是指企业资金流出与流入在时间上一致所形成的风险。（　　）

7. 创业风险主要表现在机会成本风险、技术风险、市场风险、资金风险、管理风险等方面。（　　）

8. 管理者在处理企业风险的过程中，只需要充分认识企业风险的多样性，不需要从动态视角审视风险成因。（　　）

9. 风险效应是指风险事件本身的特征和内在机制所产生的效果，正是由于效应机制的存在和作用，才引发了某种形式的行为模式和行为趋向。　　　　　　　　（　　）

10. 风险效应是由风险自身的性质和特征决定的，但又必须与外部环境及人的观念、动机相联系才得以体现。　　　　　　　　　　　　　　　　　　　　　　（　　）

【简答题】

1. 阐述风险是怎样产生的。
2. 阐述风险的内涵包括哪些方面。
3. 阐述企业风险的分类。

案例分析

无证民宿游走"灰色地带"　平台审核形同虚设

在北京开了五家民宿的王一扬（化名）怎么也没想到，自己与派出所的第一次"亲密接触"是因"涉嫌非法经营"。没有官方认定资质就开办民宿的，并不只有王一扬一人。近年来，越来越多的普通大众经营起民宿，众多在线旅游平台开拓了民宿业务版图，相关经营乱象也不断涌现。2019年，人民网创投频道在爱彼迎、榛果、途家、小猪、携程等平台上测试民宿房源注册系统时发现，只有爱彼迎提醒房主提交房源营业执照，其他平台无此提醒，即使有选项，也非必填。业内人士认为，民宿行业及其相关的商业模式在我国相对新颖，法律法规的监管还未及时跟上。对于民宿的监管是否比照旅馆业，是否需要特种经营许可证，如何解决监管地域差异等问题，应及时理顺，并需加速出台约束力更强的全国性统一规范。

王一扬在朋友聚会上了解到，开办民宿是不错的生意，于是就想自己试一试。2018年，他经房产中介推荐，租到北京某条胡同里的一套普通居民房。在征得房东同意后，王一扬把房子重新粉刷，配置新家电，然后在爱彼迎等平台上注册，成为民宿经营者。当时他并未考虑到民宿需要营业资质，平台也未提醒审核资质。"北京旅游旺季，一套民宿一个月的利润差不多在3000~5000元，即使旅游淡季，每个月也有2000~3000元的利润。"王一扬盘算，胡同民房的月租金是3000~5500元，在各个民宿平台上挂出来的价格是一晚300~700元，平均每个月有20多天会有人通过爱彼迎等平台联系入住。平台抽成10%，再扣除民宿日常保洁费用，剩下的利润就是他自己的。这也让王一扬首次尝到甜头。之后他又在北京不同区域先后租了五套房来做民宿。业务很快步入正轨，王一扬觉得自己找到了一个不错的"副业"，直到被民警带到派出所，王一扬才知道运营民宿存在潜在风险。正规的民宿经营，应该具备营业执照和专门的许可证等，要不然就涉嫌非法经营。再次回忆起开办民宿的经历，王一扬倒吸一口气。他说，自己身边有不少朋友开办民宿都没有拿相关资质，而且在爱彼迎等平台上注册也没有受到必要的限制。据悉，王一扬口中的民宿经营资质包括特种行业经营许可证、卫生许可证、营业执照等。

近年来，我国民宿行业市场规模不断扩大，在线旅游民宿平台也在资本与政策支持下突进式发展。早在 2011 年，太平洋东岸的爱彼迎就完成了 1.12 亿美元的融资，估值达 10 亿美元，晋升为独角兽。这家于 2008 年在旧金山成立的短租平台，将"共享居住空间"这一词汇镶嵌进互联网创业江湖。爱彼迎的迅速发展和民宿行业初期的市场红利，不仅让 House Trip、Wimdu 等效仿者纷纷出现，也让这一模式在大洋彼岸的中国火速生根发芽。彼时，民宿行业处于野蛮生长的初期，抢夺新房源与培养消费习惯成为众多企业的主题，行业资质与在线旅游平台的审核责任没有被重视。游天下、小猪短租等一批民宿短租公司也在 2012 年集中发展，迅速获得众多国内外知名投资机构的青睐。这些新兴的民宿短租平台在资本加持和旅行消费刺激下，火速跑马圈地，在不少地区，特别是旅游业发达区域，囊括了众多设计精巧、地方特色感强、生活化的民宿房源。到了 2015 年，"要积极发展客栈民宿、短租公寓、长租公寓"出现在国务院印发的《关于加快发展生活性服务业促进消费结构升级的指导意见》中，政策红利下的民宿行业全面开花。迈点网调查数据显示，2014 年我国内地客栈民宿为 3 万家，到 2015 年年末，该数字为 4.3 万。2021 年，民宿企业数量保持了 2015 年以来长达七年的连续增长。全国民宿已经超过 350 万家。

2017 年 2 月，公安部发布《旅馆业治安管理条例（征求意见稿）》，将民宿短租纳入旅馆业监管范畴，要求设立旅馆取得工商行政管理部门颁发的营业执照后，应当向所在地县级以上人民政府公安机关申领特种行业许可证。但该条例目前并没有实施。2017 年 6 月 21 日，国务院常务会议提出："清理和调整不适应分享经济发展的行政许可、商事登记等事项及相关制度，避免用旧办法管制新业态。"2017 年 8 月，国家旅游局发布《旅游民宿基本要求与评价》《旅游经营者处理投诉规范》《文化主题旅游饭店基本要求与评价》《精品旅游饭店》等四项行业标准，并明确旅游民宿是指"利用当地闲置资源，民宿主人参与接待，为游客提供体验当地自然、文化与生产生活方式的小型住宿设施"，根据所处地域不同分为城镇民宿和乡村民宿。这些标准同时规定，旅游民宿的经营应依法取得当地政府要求的相关证照。2019 年 7 月 3 日，国家文化和旅游部发布并实施新版《旅游民宿基本要求和评价》，要求旅游民宿建立评星机制，民宿在挂星期间若出现不符合相应星级要求的行为，将被直接摘星；同时还明确规定了民宿在安全卫生、安全设施、安全管理制度和突发事件应急预案、安全责任、食品安全国家标准、生态环保、从业人员健康等方面详细的要求和标准。

资料来源　改编自黄盛. 无证民宿游走"灰色地带"　平台审核形同虚设 [EB/OL].(2019-10-14)[2022-04-20].http://capital.people.com.cn/n1/2019/1014/c405954-31398071.html.

1. 民宿经营的风险有哪些？
2. 查找相关资料，试谈谈平台监管起到哪些作用？

1. 风险

（1）产权风险　用自有土地房产经营民宿，几乎没有这方面的风险。如果租赁土地和房产，就面临着东家土地房产的合法使用性以及使用周期长短。从各地拆违资讯发布密度来看，产权风险构成经营民宿项目的主要风险。

（2）地域选址风险　民宿不是普通的住宿酒店，它是寄生在旅游目的地上，自身就是一个文旅综合形态，住宿只是其中的一个普通功能。因此地域选址决定了项目的成败。

（3）运营风险　民宿项目的运营风险属于高风险，不仅是从网络平台获取订单或者是依托自身的人脉资源来招揽顾客。系统且连续的文化传播定位根植以及操控手段，也是需要智慧的。

（4）生产与环境风险　民宿与周边自然环境是相辅相成的，安全生产与环境保障密不可分。当周边环境被破坏、人文活动容积率超标等事件会直接影响民宿的正常营业。

2. 应对措施

应科学设置民宿行业的进入门槛，界定民宿的申办条件、经营规模，确保民宿行业健康发展。各地在鼓励民宿行业发展时，要设置好门槛，不能急功近利、一哄而上。同时，在线旅游平台应加强保险责任，对自然人民宿的经营者加强真实性、合规性审核和履约能力、赔偿能力的考量。对于民宿行业监管是否比照旅馆业，经营民宿是否需要特种经营许可证等问题，应及时理清地方性监管规定的地域差异，加速出台约束力更强的全国性统一规范。

民宿在一定程度上是新生产业，爆发速度快，但在 2015 年之前并没有明确、专门的规范措施，营业资质与监管处于"灰色地带"。到了 2015 年，国务院办公厅印发了《关于加快发展生活性服务业促进消费结构升级的指导意见》。该意见除了明确表示积极发展客栈民宿、短租公寓、长租公寓等满足广大人民群众消费需求的细分业态外，还明确指出要在推动重点领域加快发展的同时，加强对生活性服务业其他领域的引导和支持，推动生活性服务业在融合中发展，在发展中规范；要求地方各级人民政府加强组织领导，结合本地区实际尽快研究制定加快发展生活性服务业的实施方案；进一步健全生活性服务业质量管理体系、质量监督体系和质量标准体系。这为当时蛮荒式发展的民宿行业走向规范化奠定了基础。到了 2017 年，民宿行业的规范与监管，引起了更多的关注。

企业风险管理
的基本原理

📎 **逻辑框架**

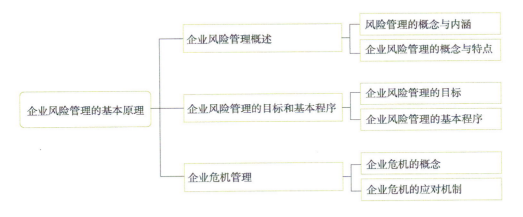

从"达人分享"到虚假宣传：谁"玩坏"了"种草笔记"

近年来，一种新型购物推荐方式——"种草笔记"迅速兴起。这种由消费者自发分享上传的"网红探店""美食好物种草"等内容，在各类 App 上流行。但近期一些"种草笔记"遭到质疑，被指弄虚作假。

有网友表示最近一年在网购消费中多次"踩雷"。比如，在某 App 上看到"种草"文章推荐后，购买了不少产品，但部分产品效果与推荐相差甚远。尤其是一款洗面奶，用完后脸就开始发痒，查询后才知道，这款产品属于"三无产品"。为了让拍摄对象显得更加诱人，一些"种草笔记"存在使用滤镜过度美化现象，图片与实景严重不符，引发一些消费者吐槽。

调查发现，雇用专业写手和网络水军虚构"种草笔记""网红测评"，已形成一条灰色产业链。调查人员在网络上搜索"软文代写"等关键词，会出现大量代写、代发、刷单等服务的结果。原本用来分享好物的"种草笔记"，变成了对消费者的诱导，甚至是误导。

<u>资料来源</u> 改编自邵鲁文，胡林果 . 从"达人分享"到虚假宣传：谁"玩坏"了"种草笔记"[EB/OL]. (2022-01-05) [2022-04-23]. https://society.huanqiu.com/article/46H9dy8ZWO9.

1. "种草笔记"是如何进行虚假宣传的？
2. 相关平台应如何避免发生类似事件？

对于涉嫌虚假宣传的机构和账号，及时进行封禁，并将商家、造假者、刷单人等相关机构和人员列入行业黑名单，形成震慑效应。同时，鼓励消费者积极参与监督，监管部门对消费者反映的问题，应及时介入，防止虚假内容诱导消费者受骗。平台对存在广告性质的文章应在显著位置标明"广告"字样，确保消费者的知情权得到保障，维护公平的市场竞争环境。相关平台应使用更科学的算法对优质内容进行推荐，不再把类似"评论数""点赞数"等作为排名的唯一依据，而是把诚信度、资质等作为重要的参考指标。

虚假"种草笔记"往往和刷单、刷评价等"业务"相捆绑，形成固定套路。例

如，通过"网红"博主影响力宣传一波后，再通过"素人"去增加声量，营造一种"好评如潮"的感觉。针对互联网频频出现虚假内容的现象，应加强多层次治理。监管部门和行业协会可制定相应的规章和标准，加强行业监管和自律。相关互联网平台应负起主要责任，加强内容审核，增强人工把关环节，针对形式雷同或相似的"种草笔记"进行严格甄别。

2.1　企业风险管理概述

2.1.1　风险管理的概念与内涵

风险管理既是对各种风险事故的预警、规避，也是对已经发生损失的应对和处理，是一项复杂的系统工程。风险管理关乎国家、组织、家庭和个人等多种行为主体，涉及政治、经济等多方面内容。风险管理作为一门新兴的、跨专业的管理学科，涉及金融学、财务管理学、数学、投资管理学、社会学、心理学等多领域的专业知识。

1. 风险管理的概念

风险管理是指社会组织或者个人用以降低风险的消极结果的决策过程。行为主体在风险识别、风险衡量、风险评价的基础上，选择恰当的风险管理技术对风险实施有效控制并妥善处理风险所致损失的后果，从而以最小的成本收获最大的安全保障。风险管理的对象是风险，其行为主体可以是任何组织和个人。风险管理的过程包括风险识别、风险衡量、风险评价、选择风险应对技术、实施风险管理决策和风险管理效果评价。

2. 风险管理的内涵

风险管理内涵丰富，具体包括以下几个方面。

（1）风险管理的核心是降低损失　从风险管理的过程看，减少损失贯穿于风险管理的每一个环节。风险识别、衡量以及评价是为了察觉风险并制定有效方案以减少风险事故的发生；选择风险应对技术是为了根据发生的风险事故，选择能够降低损失的计划；实施风险管理决策考验风险管理单位的执行能力；风险管理效果评价则关注风险管理经验的总结。

（2）风险管理的单位是风险管理的主体　风险管理的单位可以是企业、家庭、个人等，他们构成风险管理的主体。不论风险管理单位的所有制性质、组织结构有何不同，风险管理所依据的管理理念、管理技术和管理方法等都是相同的，都是为了以最小的成本获得最大的安全保障。与此同时，不同管理单位的风险管理重点有所不同。个人、家庭的风险管理侧重于人身风险、家庭财产风险和责任风险。企业的风险管理则重点围绕战略、财务、生产运作、人力资源管理等领域的风险展开。政府的风险管理以维护政府机构业务活动和人民生活安定为出发点，是对整个社会生命、财产和责任风险的管理。风险管理单位进行风险管理有利于减少资源浪费，促进资源的优化配置。

（3）风险管理的对象可以是纯粹风险，也可以是投机风险　风险包括纯粹风险和投机风险。传统风险管理理论认为，风险管理的对象是纯粹风险，而不包括投机风险，即进行风险管理时不会对投机风险进行处理。现代风险管理理论则将投机风险纳入风险管理范畴。例如，随着衍生金融业务的发展，投机风险已成为风险管理的重要内容。

（4）风险管理是一个决策过程　风险识别、衡量和评价是为了认识、评价风险管理单位的风险状况，处理风险管理中存在的各种问题，制定相应的风险管理的决策方案，为风险管理技术选择与实施提供指导。风险管理效果评价则是在评估管理效果的同时，总结风险管理经验，为后续风险管理的有效实施奠定基础。因此，风险管理过程就是一个典型的决策过程。

2.1.2　企业风险管理的概念与特点

1. 企业风险管理的概念

企业风险管理是指对企业内可能产生的各种风险进行识别、衡量、评价，及时采取恰当有效的方法进行防范和控制，用最经济合理的方法来处理风险，以实现最大安全保障的一种科学管理方法。为了准确掌握企业风险管理的概念，需要理解以下几个要点。

（1）企业风险管理的目标　企业风险管理的目标是以最低的成本获得最大的安全保障，保证企业目标的合理实现。

（2）企业风险管理的主体　企业风险管理的主体是实施风险管理的组织和人员，是企业风险管理目标得以实现的组织和人员保障。

（3）企业风险管理的内容　企业风险管理是指对企业综合风险的管理，既要对企业各类风险进行分别管理，也要对企业总体风险进行统筹管理。

（4）企业风险管理的原则　企业风险管理以重大风险的管理和重要流程的内部控制为重点，以实事求是、务求实效为基本原则。

（5）企业风险管理的方法　企业风险管理的方法是指与企业风险管理策略相适应的技术、工具的组合体系，包含定性方法和定量方法。在企业风险管理过程中，一般综合采用定性方法和定量方法。

总而言之，企业风险管理是为了保证企业目标实现，对企业风险进行全面管理的动态过程。这里的全面是相对的，是对比分散程度高且存在片面性的传统风险而言的。传统风险管理主要围绕纯粹风险展开，投保则是主要的风险应对措施。现代企业风险管理则是一个整体的系统，有着规范的制度和完善的流程，并突出对各类风险的识别、选择和利用。

2. 企业风险管理的特点

风险无处不在，企业要将风险管理贯穿到企业管理的全过程。企业风险管理是决策层，特别是一把手必须亲自参与的一项重要的管理工作。健全的企业风险管理有以下特点。

（1）全面性　风险管理的目标不仅仅是降低公司遭遇风险时的损失，更重要的是能够在风险中抓住发展机遇。全面性可概括为三个"确保"：①确保企业风险管理目标与业务发展目标相一致；②确保企业风险管理能够涵盖所有业务和所有环节中的风险；③确保能够识别企业所面临的各类风险。

（2）过程性　企业风险管理是一个过程，这一过程体现在：①风险管理包括风险的预防、应急和处置全过程，形成事前、事中、事后的时间逻辑链；②风险管理包括风险识别、评价、预警、预控、风险防范等事项，形成风险管理的活动逻辑链。风险管理的时间逻辑链和活动逻辑链嵌入企业的日常生产经营的管理活动中，成为企业日常管理不可缺失的组成部分。

（3）关联性　有效的风险管理系统是一个由众多子系统组成的有机体系，例如信息系统、沟通系统、决策系统、指挥系统、后勤保障系统等。因而，企业风险管理是否有效，很大程度上取决于它所包含的各个子系统是否健全和有效，任何一个子系统的失灵都有可能导致整个风险管理体系的崩溃。

（4）创新性　风险管理既要借鉴已有的成功经验，又要根据风险发生的实际情况，尤其是要借助新科技、新思维进行大胆创新。企业风险管理是全员、全过程、全方位的风险管理，要求企业既要控制风险又要把握机遇。同时，企业风险管理还应该是全社会的、全世界的风险管理，是由政府、企业和社区共同组成的企业风险管理体系，要探索建立集风险识别、风险预警、应急管理、风险控制于一身的企业风险管理模式。

📖**小阅读**

三招学会与风险共生

平衡风险与回报。当今的风险管理者认为自己的职责是帮助企业做出决定，认清他们对风险的偏好，并就此与公司沟通以便对公司决策进行引导。

专注于决策，而非过程。很多员工把风险管理和无用功联系在一起，只是为了服从规定才去执行。

将员工塑造成第一道防线。明智的公司会提升员工能力，让其制定决策时能够包容适当水平的风险。从招聘流程就开始关注在风险评估方面有天资的员工，这样企业可以省去后期训练的步骤。

资料来源　改编自辛克曼.三招学会与风险共生[J].哈佛商业评论简体中文版，2015(7-8)：46-48.

2.2　企业风险管理的目标和基本程序

2.2.1　企业风险管理的目标

风险管理的效果在很大程度上取决于风险管理目标。确定企业风险管理目标是一项系统性工作，要针对新出现的风险做出目标调整，并且从风险管理的每个环节予以考虑。企业风险管理有着多重目标，整体可划分为两大类：损前目标和损后目标。

1. 损前目标

损前目标是指在风险事故发生之前，风险管理应该达到的目标。也就是说，损前目标是要在风险发生前即做好风险识别、分析、控制和防范措施，最大限度地降低风险发生的可能性。损前目标包括以下具体内容。

（1）经济性目标　企业风险管理必须经济合理，遵循风险管理成本最小化和收益最大化的原则。企业在采取风险管理措施之前，应进行系统的成本比较，要选择最经济的管理措施预防潜在损失或以较少的风险成本投入，获得最大的安全保障及利益。

（2）合理合法性目标　企业不是独立于社会的个体，它受到各种各样法律规章的约束。

企业要用符合法律规定的适当的方法去处理风险损失。例如，公司董事会在不通知股东的情况下，挪用公司盈余公积金去应对风险损失，即便最终减少了风险损失甚至从中获得利润，但做法是不符合法律规定的。

（3）社会责任目标　当一个企业遭受损失时，受损的绝不只是企业本身，还有其股东、债权人、客户、消费者、劳动者，以及一切与之相关的人员和经济组织。社会责任目标既是损前目标又是损后目标。损前的社会责任目标是指企业为了维护员工以及其他利益相关者的利益，而开展的风险管理。

2. 损后目标

损后目标是指针对已经发生的风险损失，尽最大努力降低或消除损失所带来的后果，以期维护运作主体的正常运行。该目标从最低的生存目标到最高的持续增长的目标，风险管理成本也随之不断上升。损后目标包括以下具体内容。

（1）生存目标　损失发生后风险管理的第一目标是生存。当企业发生重大损失后，它的首要目标就是生存，因为只要生存下去就能有恢复发展的希望。

（2）持续经营目标　持续经营目标是指不因为损失事件的发生而导致企业生产经营活动中断。企业的风险管理者应尽可能地在损失发生后保证生产经营的持续性。

（3）收益稳定目标　风险管理者应尽可能地减少风险可能带来的收益波动，把损失控制在一定的范围内，确保企业的获利能力不低于最低报酬率，以满足股东期望。

（4）发展目标　除利润最大化之外，持续增长是企业的另一个关键目标。风险管理者要根据可能出现的新情况拟定新的风险管理计划和方案，周而复始地执行计划，从而使企业实现持续稳定的增长。

（5）社会责任目标　企业要及时有效地处理风险事故带来的损失，减少损失所产生的不利影响，减轻对国家经济的影响，保护与企业相关的人员和经济组织的利益，因而有利于企业承担社会责任，树立良好的社会形象。

2.2.2　企业风险管理的基本程序

企业风险管理的基本程序包括风险识别、风险衡量、风险评价、选择风险应对技术、实施风险管理决策和风险管理效果评价等六个环节。企业风险管理的基本程序如图2-1所示。

图2-1　企业风险管理的基本程序

1. 风险识别

风险识别是风险管理的第一步，也是风险管理的基础。风险识别是指在风险事故发生之前，企业运用各种方法认识所面临的风险事故并分析其成因的过程。

（1）风险识别的程序　企业风险识别按照筛选、监测、诊断三个步骤实施：筛选是按一定的程序将具有潜在风险的产品、过程、事件、现象和人员进行分类选择的风险识别过程；监测是在风险出现后，对事件、过程、现象、后果进行观测、记录和分析的过程；诊断是对风险及损失的前兆、风险后果与各种原因进行评价与判断，找出主要原因并进行仔细检查的过程。

（2）风险识别的方法　不同类型的风险，需要运用不同的风险识别方法。主要介绍以下几种常用的方法。

1）环境分析法。环境分析法是一种根据对企业的外部环境和内部环境的系统分析，推断环境可能对企业造成的风险与潜在损失的识别风险的方法。采用环境分析法，首先应全面系统地分析企业的内外部环境，以及环境变化对企业生产经营可能造成的影响；其次应分析企业与内外部环境之间的关系及其稳定程度。

2）生产流程分析法。生产流程又叫工艺流程或加工流程，是指在生产工艺中，从原料投入到成品产出，通过一定的设备按顺序连续地进行加工的过程。该种方法强调根据不同的流程，对每一阶段和环节，逐个进行调查分析，找出风险存在的原因。

3）财务报表分析法。财务风险是企业面临的主要风险之一。财务报表分析是指以企业的资产负债表、利润表和现金流量表等财务报表为依据，对企业财务状况进行分析，发现其潜在风险。

4）德尔菲法。德尔菲法又称专家调查法，是一种集众人智慧进行科学预测的风险分析方法。它是指在识别风险时，采用信函的形式向有关专家提出问题，并根据专家的答复进行归纳、整理并进行匿名反馈，再次征求意见，如此反复直至得到比较一致的意见为止，是借助于有关专家的知识、经验和判断来对企业的潜在风险加以估计和分析的方法。

5）幕景分析法。幕景分析法是指利用数字、图表、曲线等，对企业未来的状态进行预测、描绘，从而识别引起风险的关键因素及其影响程度的风险识别方法。幕景分析法研究的重点是当引发风险的条件和因素发生变化时，会造成怎样的风险，导致什么样的后果等。幕景分析法既能够预测未来的状态，又注重描述未来某种情况发展变化的过程。

2. 风险衡量

风险衡量又称风险评估，是在风险识别的基础上，通过对大量的、过去损失资料的定量和定性的分析，估测潜在损失可能发生的频率和程度，衡量风险对企业的影响。风险衡量方法有概率分布法（例如期望值、标准差、变异系数的计算）、数字仿真法等。

通过风险衡量，风险管理者能够计算出较为准确的损失概率，可以在一定程度上消除损失的不确定性。有效的风险衡量报告包含以下信息：①每一风险所引起的致损事故发生的概率和损失分布；②几种风险对同一单位所致损失的概率和损失分布；③单一风险单位的损失幅度；④所有风险单位损失的期望值和标准差。

3. 风险评价

风险评价又称安全评价，是指在风险识别和衡量的基础上，综合考虑风险发生的概率、损失幅度以及其他因素，得出系统发生风险的可能性及其程度，并与公认的安全标准进行比较，确定企业的风险等级，由此决定是否需要采取控制措施，以及控制到什么程度。风险识别和衡量是风险评价的基础。只有在充分揭示企业所面临的各种风险和风险因素的前提下，才可能做出较为精确的评价。

4. 选择风险应对技术

在对风险进行识别、衡量、评价以后，企业就要选择合适的风险应对技术。企业的风险应对技术种类繁多，整体可分为控制型风险应对技术和财务型风险应对技术两类。

控制型风险应对技术旨在改变风险发生的概率或损失的程度，主要包括风险回避和风险降低。风险回避是指通过主动放弃项目，或改变项目目标与行动方案来避免风险，从而消除企业所面临的风险损失。风险回避通常只有在其他管理手段无效或成本太高，并且无法接受时才会予以考虑。风险回避不仅消除了风险，同时也失去了由风险带来的收益，减弱了相关人员的积极性。风险降低是指在风险发生之前为了减少或者彻底消除损失而采取的特定措施，主要目的在于通过减少或者消除风险因素来降低损失。

财务型风险应对技术并不试图改变风险，只是在风险损失发生时，保证有足够的资金来补偿损失，或者以一定的代价使风险的承受主体发生改变。财务型风险应对技术通常分为风险接受和风险分担两种。风险接受是指接受风险，将其维持在现有水平，通常有保持调价、自保和抵消三种方式。风险分担是指将风险转移给其他能够承担风险的企业或人承担，主要有保险、再保险、对冲、证券化、非保险风险转移等方式。

5. 实施风险管理决策

风险管理决策的实施是风险管理的重要步骤。风险管理要取得成功，不仅要有准确的风险评估和恰当的技术选择，还需要对各项措施进行有效的贯彻执行。实施风险管理决策就是将决策方案付诸实践，需要组织、协调各种资源，确保风险管理技术和措施顺利实施。

6. 风险管理效果评价

风险管理效果评价是指对风险处理手段的效益性和适用性进行分析、检查、评估和修正。风险管理效果评价是以风险管理措施实施后的实际资料为依据的，需要分析风险管理的实际收益。风险管理效果评价会产生双重作用：一方面有助于减少风险事故的发生，提高风险管理决策水平；另一方面可以根据风险管理中存在的问题提出一些建设性意见，改进风险管理措施，提高风险管理的收益。

2.3 企业危机管理

2.3.1 企业危机的概念

1. 危机

危机是指突然发生或可能发生的危及组织形象、利益、生存的突发性或灾难性事故、事件等。危机是一种特殊的风险，危机与风险既有联系又有区别：①风险是损失的不确定性，损失概率有高有低，损失程度有大有小；危机是具有突发性和破坏性的事件。②风险是危机的诱因，危机是风险积聚后的显性表现。当风险积聚到一定的程度而爆发时，其呈现的形态就是危机。③并非所有风险都会引发危机，只有风险释放的危害积累到一定的规模，发生质的改变，带来的破坏后果较为严重时，才出现危机。

2. 企业危机

企业危机是指企业中已出现或潜在的危及企业生存与发展的因素，是需要企业对自身进行有效的变革才能克服的非常规状态。企业危机是企业运营过程中遇到的各种危机的总和，具体包括经营危机、制度危机、管理危机、安全危机和竞争危机等。

3. 企业危机的特征

一般而言，企业危机具有以下特征。

（1）突发性　危机的发生通常比较突然、出乎意料，使组织原有的运行状态被瞬间打破，管理者往往来不及做出反应或者准备不够充分，进而陷入混乱之中，甚至不知所措。但突然性并不意味着人们对危机的发生毫无办法，只要企业正视危机，研究危机发生的条件及其变化规律，在日常工作中加强危机管理，就可以在很大程度上做好危机发生的准备工作，在危机发生时做到胸有成竹。

（2）两面性　危机事件的危害与契机并存。危机事件的发生常有或大或小的危害性，无论是经济上的还是名誉上的，其危害性有时不可估量。但如果企业能很好地利用危机，就能够将其化为企业的契机，不只度过危机，还能促进企业发展，提高企业品牌形象。危机的发生使企业成为信息源，得到媒体的关注和报道，成为消费者关注的焦点，这样企业就能够掌握营销的主动权。

（3）紧迫性　危机一旦发生，就有飞速扩展之态势，可能在短期内造成巨大的损失，甚至产生一系列连锁反应。数字经济时代的信息传播技术更是加速了危机的扩散和发酵。因此，企业处理危机的时间非常紧迫，管理者必须迅速控制事态发展，及时采取相应的应对措施，以缓解、防止事态升级或损失扩大。

📖 小阅读

危机中的领导力

从 2000 年到 2009 年年初，零售商百思买（Best Buy）的副总裁吉尔伯特·帕辛意识到了一场逐步逼近的严重危机：女性开始更多地参与以男性为导向的电子消费产品世界，但公司却未能利用这一机会获利。吉尔伯特认为，百思买必须改变发展方向，百思买需要通过反映消费电子产品日益融入家庭生活这一点来吸引女性，而不是简单地向主要是男性的客户销售科技产品。吉尔伯特在店内开设精品店，销售家庭影院系统以及配套的家具和配件等，并对销售人员进行专业培训，让销售人员学会与随同男性一起来看家庭影院系统陈列但一直被忽视的女性客户进行互动。

经过一系列改革，百思买的家庭影院业务蓬勃发展，店内精品店从 2004 年年中的两家试点发展到五年后的 350 多家。吉尔伯特希望保留百思买响应客户需求的强大文化，并对公司原有的男性文化（"男人卖东西给男人"）实施改革，因为原有文化已经阻碍了公司的发展。吉尔伯特认为，在打造组织的适应性时，由于不太清楚前进方向，因此应该进行大量试验，家庭影院业务就是一项大胆且成功的实验。为了有效推进企业文化变革，吉尔伯特推出了"女性领导力论坛计划"（Women's Leadership Forum，WoLF），让公司下至门店收银员、上至企业高管的所有女性聚集在一起，相互支持，合力开辟创新型项目。为了中和对百思买传统男性文化的威胁，公司安排两名男性与两名女性合作共同领导每个工作小组。迄今为止，有超过 3 万名员工加入了 WoLF 计划。百思买的 WoLF 计划有效地加强了高潜力领导者的储备，让女性求职者人数激增，并通过减少女性员工流失提高了利润。

资料来源 改编自 HEIFETZ R, GRASHOW A, LINSKY M. Leadership in a (permanent) crisis[J]. Harvard business review, 2009, 87(7-8): 62-69.

在危机情境下,高层管理者应如何应对?

保持适当的不平衡水平,需要在冲突中屏蔽个人情感。要关注针对问题的观点分歧,包括个人的一些观点,而不是聚焦于利益相关方。在动荡时期,高层管理者必须超越问题本身的是非曲直,了解围绕它形成的派系的利益、恐惧、愿望和忠诚度。协调各种利益之间的冲突和损失,并组织谈判,这才是关键。

营造一种勇敢对话的文化。高层管理者需要倾听陌生的声音,领导工作不仅要管理企业内部和周围的关键适应反应,还需要管理好自己的思维和情绪。

最后,不要迷失在高层管理者的角色中。为组织实现最崇高的愿望,可能需要一生的时间。高层管理者的努力可能只是这项工作的开始,在与同事、家人以及偶遇之人的互动中,每天都可以完成一些有价值的事情。适应性领导是一个可以调动人们资源的日常机会,让人在不断变化和充满挑战的世界中茁壮成长。

2.3.2 企业危机的应对机制

由于企业所处环境具有极大的不确定性,并且自身业务日趋复杂,危机事件往往是不可避免的。企业要对危机事件的发生做好充分的准备,提早预测各种危机造成的损失程度,制定相应的应对措施及其工作流程,建立危机应对机制。应建立的危机应对机制主要包括以下几个方面。

(1)建立快速反应机制 企业危机具有典型的突发性和不确定性,危机一旦发生,企业需要在短时间内迅速做出反应。快速反应机制是企业在危机出现后减少损失所必需的,拖延的时间越久,危机对企业造成的损失就越大,甚至可能严重降低企业应对危机的意志和信心。要建立快速反应机制,需要在组织内建立应对危机事件的机构,明确岗位职责,制定标准化的工作流程。在危机事件出现后,要运用各种控制工具,对损失的后果及时进行补偿,促使企业尽快恢复到危机发生之前的状态。

(2)有效做好局面控制 企业危机是由多种诱因相互作用引发的,具有高度复杂性和动态性,企业在短期内很难完全识别和全面控制所有风险因素。考虑到资源有效性和规模效应,企业应当准确识别危机的主要诱因和关键环节,精准实施管控措施,有效做好局面控制,防止危机蔓延。

(3)缩短危机持续时间 危机持续时间越长对企业资源消耗越大,所以及时识别企业面临的危机以及危机影响程度,控制危机发生,缩短危机持续时间,是降低危机损失的必要机制。缩短危机持续时间可以减少资源消耗、增强企业应对危机的意志和信心。

(4)降低损失 降低损失是风险应对机制建立的关键目的,所以在危机应对策划阶段就需要及时识别和发现风险，制定危机发生后的相应措施，降低损失。这是建立危机应对机制的基础，也是危机应对措施科学、可行、有效的前提。

（5）避免连锁反应　降低危机损失的措施很多，其中极其重要的一种措施就是避免连锁反应。危机的危害不是单方面的，通常涉及很多因素、影响很多方面。所以企业危机应对措施应该对不利的连锁反应加以预防和控制。

（6）判定损失责任　造成企业危机的原因可以分为两类，一部分是客观原因，另一部分则是决策者决策失误、管理者制度落实不到位、员工操作不当等主观原因。因此，企业危机发生之后，需要分析危机发生的原因，判定危机发生的责任，对相关责任部门、责任人进行追责和惩处，以便对未来可能发生的危机进行警示。

（7）实施法律程序　合理地判断危机的法律责任是补救危机损失的一种十分重要的手段。通过确定危机的法律责任，根据法律的相关规定可以对转移危机、分散 / 化解危机的责任进行追究，挽回部分危机损失。

（8）恢复正常生产　所有危机应对措施中，最终的目标都是要促使企业恢复正常。虽然危机的发生可能已经无法挽回其损失，但应尽快恢复生产经营活动，确保企业能够快速恢复到危机前的状态，迅速投入生产经营中。

──────────── ● 本章小结 ────────────

　　企业风险管理是指对企业内可能产生的各种风险进行识别、衡量、评价，及时采取恰当有效的方法进行防范和控制，用最经济合理的方法来处理风险，以实现最大安全保障的一种科学管理方法，具有典型的全面性、过程性、关联性、创新性特点。企业风险管理综合考量损前目标和损后目标，按照风险识别、风险衡量、风险评价、选择风险应对技术、实施风险管理决策和风险管理效果评价等六个环节有序开展。企业危机是一种特殊的风险，是企业中已出现或潜在的危及企业生存与发展的因素，也是需要企业对自身进行有效的变革才能克服的非常规状态，呈现出典型的突发性、两面性、紧迫性。企业要在危机事件发生前做好充分的准备，建立完善的危机应对机制。

本章习题

【选择题】

1. 下列不是风险识别的程序的是（　　　　）。

　　A. 筛选　　　　　　　　　　　　　　　B. 检测

　　C. 诊断　　　　　　　　　　　　　　　D. 分析

2. （　　　　）是企业在危机出现以后减少损失所必需的。

　　A. 快速反应机制　　　　　　　　　　　B. 实施局面控制

　　C. 缩短危机持续时间　　　　　　　　　D. 降低损失

3. 降低危机损失的措施很多，其中极其重要的一种措施是（　　　　）。

　　A. 判定损失责任　　　　　　　　　　　B. 避免连锁反应

　　C. 实施法律程序　　　　　　　　　　　D. 恢复正常（生产）

4. 风险识别的方法有（　　　　）。

　　A. 财务报表分析法　　　　　　　　　　B. 生产流程法

　　C. 环境分析法　　　　　　　　　　　　D. 德尔菲法

5. 企业危机的特征有（　　　　）。

　　A. 突发性　　　　　　　　　　　　　　B. 危害性

　　C. 重大性　　　　　　　　　　　　　　D. 信息资源的稀缺性

【判断题】

1. 风险管理的对象可以是纯粹风险，也可以是投机风险。　　　　　　　　　　（　　　）

2. 风险管理是一种社会组织或个人用最大的成本使风险所致的各种损失降到最低限度的管理办法。　　　　　　　　　　　　　　　　　　　　　　　　　　　　　　　（　　　）

3. 风险管理的过程是评价过程。　　　　　　　　　　　　　　　　　　　　（　　　）

4. 风险管理的目标是通过控制风险和利用机遇创造价值，以最低的成本获得最大的安全保障，保证企业目标的合理实现。　　　　　　　　　　　　　　　　　　　（　　　）

5. 企业风险管理是企业全面管理准备、实施、报告、监督和改进的、动态连续的、可以间断的过程。　　　　　　　　　　　　　　　　　　　　　　　　　　　　　（　　　）

6. 企业风险管理必须具有经济性，要遵循风险管理成本最小化和收益最大化的原则。

（　　　）

7. 一个综合团队不仅可以更好地处理公司面临的各个单独的风险，也可以处理这些风险之间的错综复杂关系构成的风险组合。　　　　　　　　　　　　　　　　　（　　　）

8. 德尔菲法是一种根据对企业的外部环境和内部环境的系统分析，推断环境可能对企业造成的风险与潜在损失的风险识别的方法。　　　　　　　　　　　　　　　（　　　）

9. 财务型风险是指不试图改变风险，只是在风险损失发生时，保证有足够的资金来补偿损失，或者以一定的代价使风险的承受主体发生改变。　　　　　　　　　　（　　　）

10.企业危机的危害性管理者往往来不及做出反应或者准备不够充分，进而陷入混乱之中，甚至不知所措。　　　　　　　　　　　　　　　　　　　　　　　　　　　　　　（　　　）

【简答题】

1.阐述企业风险管理的特点有哪些。

2.阐述企业风险管理的作用是什么。

3.阐述企业危机的应对机制是什么。

 **案例分析**

中国李宁：破茧成蝶，迎"潮"而生

1989 年，"体操王子"李宁宣布退役，并于 1990 年创办了李宁体育用品有限公司。李宁凭借赞助 1990 年亚运会中国代表团的机会，成功开启了自己的商业生涯，开创了中国体育用品品牌经营的先河。2002 年，确立全新定位，提出口号："李宁，一切皆有可能。"这句口号极大地提升了李宁品牌的企业形象，一系列的改革使李宁公司运转情况得到好转，仅 2008 年一年，李宁的销售规模就达到 67 亿元，即使在 2008 年金融危机的影响下，股价依旧上升。李宁趁热打铁，开始迅速扩张，增加线下门店数量。2009 年，李宁在中国内地的营业额超过阿迪达斯，坐上了仅次于耐克的"第二把交椅"——在中国市场排名第二。2010 年，李宁对品牌进行再定位，营业额达到 94.79 亿元，全国各地将近 8000 家店面，并开始积极探索走上国际化之路。

为了冲击一线品牌，走向国际化，李宁在价格上采取了提价策略，这一改变使得李宁在与其他国产品牌的竞争中失去了价格优势。在市场方面，为了打造高端形象，主攻一二线城市，对三四线城市的关注大大降低，安踏、特步等其他国产品牌趁机抢占了大部分市场。新市场没有完全打开，旧市场还损失不少，进退两难。logo的改变更是使得以前标志的产品成为库存产品，积压了大量的库存，为了减少库存，减轻压力，李宁集团不得不对原有 logo 的服饰进行降价处理，又进一步加深了消费者心中"李宁就是低端产品"的品牌印象。这一切都使得李宁的销售额急速下降。转型策略的失利给李宁公司带来了重大影响，2011 年，出现了自 2004 年以来的首次业绩下滑，库存积压也再次增多。

面对巨大的压力，除了进行 CEO 的更换，李宁公司的运营方面也进行了改革，包括渠道效率、品牌与产品、营运能力和业务模式改革在内的四个变革策略，规划出三阶段变革蓝图。为实行三阶段计划，李宁公司开始停止新品牌的销售，暂时放弃多元化发展道路，选择了"单品牌、多品类、多渠道"的路线，重心放在国内市场，减缓国际化的进程，退出美国市场，国外市场大幅度收缩。尽管李宁已经在供应链、销售渠道、产品等方面做出了各种改变，但在 2012 年—2014 年的业绩依然

持续亏损。在这样的重要时刻，董事长李宁宣布战略方向由体育装备提供商向"互联网＋运动生活体验"提供商转变，重启口号"一切皆有可能"，并与有着强大粉丝基础的小米合作，共同打造了一款智能跑鞋。李宁通过调查发现，公司此前建立的很多系统之间数据并不流通，彼此孤立，需要建立数字化平台进行完美结合，同时直营业务也帮助李宁减轻了部分库存压力。2017 年，李宁上海世博源店建成，这是第一家数字化标杆门店，里面从电子货架到刷脸支付，黑科技一应俱全。个性化、数字化、便捷的服务吸引了大量的顾客，李宁销售额又再次开始上涨，扭亏为盈。此外，公司还建立多家消费者俱乐部，组织各种活动，收集消费者数据。附以快速反应的产品创新、物流和供应链组合，打造李宁的新零售模式。此外，李宁联手阿里云等新零售技术提供商打造"数字化的生意平台"，以全渠道、全触点的形式对消费者数据进行收集、整合和分析，提供精准、快速、个性化的服务和体验，将前端业务平台的数据传送到数据中台上，针对消费者、线下门店等进行一系列的分析，帮助门店制定经营决策，形成企业数据化运营的闭环。除了线上的数字化运营以外，李宁对线下门店也进行了数字化改造，大大提高"人"与"物"之间的调动和匹配，帮助员工快速了解消费者的喜好，提供个性化和差异化的服务。消费者的信息收集起来了，李宁门下的将近 7000 家线下店就连接成一个整体，能够信息共享、快速反应。李宁还重启了微博，不时与粉丝进行互动，了解他们对李宁服饰的看法，第一年粉丝便增加了 200 多万，在交流的同时提高了李宁的品牌影响力。

2018 年 2 月，纽约时装周举办"中国日"（China Day）走秀活动。作为第一个亮相纽约时装周的中国运动品牌，在整个会场上，大大的"中国李宁"logo 深深地印在了人们的脑海中，经典的红黄配色又勾起了国人对"90"年代的回忆。走秀照片一公布，李宁瞬间成为焦点，一时间，走秀同款服装成为潮流代表，时装周上出现的虎鹤双形卫衣、悟道 2-Ace、蝴蝶鞋等服饰都被抢购一空。除了销售火爆外，国内各大社交媒体也都开始被"中国李宁"霸屏，李宁公司股价一路高升。李宁凭借时装周的成功，打破了人们的固有印象，李宁也能"潮"起来！随后，"中国李宁"开始了线下布局，首家门店选择了珠海华发商都，并陆续开始在南京、上海、北京等一二线城市落户。和李宁主品牌不同，"中国李宁"主要布局一二线城市高端商圈，打造高端品牌形象，在门店整体设计和装修上，李宁集团也下足了功夫，"中国李宁"独立店铺内的整体氛围、装修材质、灯光、衣服摆放位置等都与李宁传统门店有着较大区别，处处体现国潮范，表达着自己对潮流的理解。此外，李宁先前所打造的新零售数字化平台使得"中国李宁"系列的推广如虎添翼，不仅能快速了解消费者的喜好，还能根据收集的数据对商品进行调整，满足商品快速更新换代的需求。"中国李宁"的成功，让李宁集团品牌形象有了全新的改变，带动了品牌升级和销售额的增长。

资料来源　改编自李艳双，李俊毅．中国李宁：破茧成蝶，迎"潮"而生 [DB/OL]．中国管理案例共享中心．[2022-04-20]．http://www.cmcc-dlut.cn/Cases/Detail/5734.

1. 李宁公司为什么要进行品牌再定位，打造"中国李宁"这一品牌？
2. 李宁品牌再定位成功的原因是什么？

1. 进行品牌再定位的原因如下：

（1）原有定位已不符合企业发展新态势

（2）消费者偏好发生变化

（3）原有定位优势已不复存在

2. 再定位成功原因如下：

（1）成功激发消费者新的需求　通过分析李宁集团打造"中国李宁"系列的过程可以看出，李宁集团所采用的品牌再定位类型属于分离定位。主要是为了打破人们"李宁系列衣服是低端国产运动品牌"的固有印象，开发出一个新市场。

（2）成功与其他国产运动系列进行了差异化定位　李宁集团将"中国李宁"系列与李宁主系列分开，独立开店。"中国李宁"系列迎合"国潮"趋势，基于李宁的运动基因，将中国传统文化和潮流元素融入其中，这一定位不仅将其与李宁原有的系列服饰分开，还将其与其他体育运动品牌进行了很好地划分，使"中国李宁"在消费者心中占据了一个特殊的位置。

（3）成功创造了一个新的产品细分品类　"中国李宁"的定位是国潮，代表着中国传统文化，代表着文化自信和品牌自信，这是其他国际大品牌所替代不了的。这些原因促使"中国李宁"快速发展、抢占市场、品牌再定位成功。

　　截至 2020 年 12 月 31 日，李宁集团收入达 144.57 亿元，全年净利润 17 亿元，由此可见，"中国李宁"的受欢迎程度和市场接受度都是十分巨大的。李宁在接受采访时曾表示："我们开始爬山了，但离开山脚没多远，还在调整。"30 年的艰辛历程，国产李宁在"国潮"推动下再次扬帆起航，但面对国际品牌的冲击，李宁能否真正应"潮"而生，还是未知数。虽然时装秀的亮相帮助李宁打了一个漂亮的翻身仗，但面对"中国第一、亚洲第一、国际领先"的品牌目标，李宁还有很长的路要走。在市场竞争激烈的今天，国产品牌能否拥有真正属于自己的"春天"，"中国李宁"能否真正成为人们心中的潮牌，让我们拭目以待。

第 3 章

企业风险管理的
理论与发展

学习目标

1. 理解企业风险管理理论演化的五个阶段。

2. 了解企业风险管理理论的主要应用。

3. 掌握蝴蝶效应、墨菲定律、黑天鹅事件、灰犀牛事件的内涵。

4. 了解企业风险管理理论的发展趋势。

逻辑框架

引导案例

疫情后还有大难关　家电业的未来在哪？

2021 年 4 月末，多家企业发布 2020 年年报以及 2021 年第一季度业绩快报。有不少企业，例如格力、海信等一季度利润相比同期有了大幅增长。有观点认为，2021 年中国家电行业的景气度将会提升。然而，对于中国家电行业来说，真正的艰难考验才刚刚开始。实际上，如果对比 2018 年—2021 年的家电企业第一季度业绩快报就可得知，虽然相比 2020 年有了大幅的利润增长，但是家电企业所获得的利润金额却远未恢复新冠疫情前的水准。以格力第一季度业绩快报为例，数据显示，2018 年格力第一季度取得了约 63 亿元的利润；2019 年格力第一季度取得约 66 亿元的利润；2020 年第一季度取得约 18.9 亿元的利润；2021 年第一季度取得约 32 亿元的利润。

资料来源　家电网.疫情后还有大难关　家电业的未来在哪？[EB/OL]. (2021-05-07) [2022-04-20]. http://news.cheaa.com/2021/0508/590516.shtml?mobile.

在特殊时期，企业应该如何面对危机，又该如何应对？

中国为拉动家电市场出台一系列政策提振经济、促进消费再增长，比如工信部发文拉动家电等大宗消费，广东省启动新一轮家电下乡政策等。从第一季度的家电企业成果来看，只能说收效甚微。虽然面临着原材料价格上涨、技术瓶颈难以突破等困境，但摆在家电行业面前真正的难题是市场规模增长的停滞。

补充阅读

近几年来，家电企业频繁引发热议。在庞大的家电企业架构之下，巨头们的桌面下依然暗藏许多不为人知的布局。

2021 年 4 月 27 日，开沃新能源汽车集团在北京正式发布"创维汽车"品牌，目标是打入全球十强。

2020 年 3 月，美的集团通过下属子公司美的暖通以 7.43 亿元收购合康新能 18.73% 股份取得控股权，主要经营新能源汽车及其充电桩产业链。

2020 年，格力的董明珠在直播中宣布，将投资 10 亿元进军医疗器械领域。10 月份，天津格力新晖医疗设备有限公司正式成立。

3.1 企业风险管理理论概述

3.1.1 企业风险管理理论的演化历程

企业风险管理是一种对企业内可能产生的各种风险进行识别、衡量、评价，及时采取恰当有效的方法进行防范和控制，用最经济合理的方法来处理风险，以实现最大安全保障的一种科学管理方法。企业风险管理从 20 世纪 30 年代起源于美国，于 20 世纪 80 年代末开始蓬勃发展。

1. 萌芽阶段

风险管理作为系统科学产生于 20 世纪初的西方工业化国家，德国人在第一次世界大战后的重建过程中首次提出了风险管理问题。美国管理协会从 1931 年开始组织风险管理的理论研究，并推动风险管理理论在大型企业中的应用。但在这一时期，风险管理问题并未引起美国工商企业的重视。

2. 安全生产阶段

在早期的管理实践中，亨利·法约尔就已经认识到风险管理的重要性，并将安全的功能视为工业活动的 6 项基本功能之一，这是企业风险管理思想的雏形。进入 20 世纪 50 年代后，美国工商企业开始普遍关注安全问题，目的在于使企业免于偷窃、火灾、罢工等突发事件的危害。这一时期，有关风险管理的探讨主要聚焦在具体风险事件，系统的理论研究尚未开始。

3. 保险阶段

最早针对风险管理展开集中研究的是保险行业。1956 年，美国学者格拉尔在发表于《哈佛商业评论》的文章中首次提出了风险管理的概念，并指出组织中应该有专门负责管理纯粹风险的人。1963 年，美国学者梅尔和赫奇斯发表了名为《企业的风险管理》的文章，引起了欧美各国的普遍重视。1964 年，美国保险协会成立，开始从经济、法律和宣传等方面统筹协调企业之间的关系。此后，学术界和实践企业对风险管理的研究逐步趋向系统化、专门化，使风险管理逐步成为一门独立的学科。

4. 资本结构优化阶段

随着运筹学、计量经济学、统计学等领域理论和分析工具的发展，风险管理领域的研究主题不再紧紧围绕保险这一中心，开始拓展到更加宽泛的应用范围。20 世纪 70 年代开始，风险管理理论逐步应用于指导资产的优化配置，从而有效分散企业在投资中所面临的风险。在这一阶段，风险管理理论中出现了许多投资组合分析方法，风险价值模型（Value at Risk，VaR）是最具代表性的分析模型之一。

5. 企业全面风险管理阶段

到了 20 世纪 80 年代后期，人们不仅希望预防风险损失，还想从风险管理中获得利益，以风险为基础的资源配置与绩效考核便应运而生。特别是 2008 年全球性金融危机以来，企业面临的风险越来越多，风险的影响也越来越大，而且严重性和频率也逐渐增加。风险管理流程和程序的缺陷，造成了多起巨大的金融损失，导致许多企业倒闭。造成以上失败的原因主要是风险管理不够全面。此时企业全面风险管理开始进入公众视野。全面风险管理是管理当局建立的风险管理制度，是将市场不确定因素产生的影响控制在可接受范围内的过程和系统方法，是对企业生产经营和财务报告产生过程的控制，属于内部管理层面的问题。全面风险管理强调风险和收益的协调，是一种主动性的风险管理。

3.1.2　企业风险管理理论的应用

1. 风险偏好

风险偏好是决策者在心理上对待风险的态度。不同的决策者对待风险的态度会有所差别。

根据行为主体在风险态度上的个体差异，可将风险偏好划分为风险爱好型、风险厌恶型以及风险中性型三种。

在企业经营中，企业家的风险偏好影响着经营决策。企业的风险偏好与企业的战略直接相关，企业在制定战略时，应考虑将该战略的既定收益与企业的风险偏好结合起来，目的是要帮助企业的管理者在不同战略间选择与企业的风险偏好相一致的战略。

> **📖 小阅读**
>
> ### 竞争关系对风险偏好的影响研究
>
> 在个人和组织层面，对待风险的态度都非常重要。一项新研究分析了另一个变量：竞争关系。研究者进行了一项实验，137 名大学生玩一种纸牌游戏。认为对家来自"对头"大学的参与者，叫牌（高风险、高回报的选择）的次数更多。实验中这些参与者心率明显上升，而且表现出"促进"而非"防御"的倾向，表明他们的生理和心理因素同时在起作用。
>
> 这个实验说明了领导者可根据情境需要激发或抑制员工的竞争情绪。当需要大胆行动时，"管理者应考虑在工作中促进员工间的竞争，还可以让新员工了解公司的传统竞争对手，并经常与这些对手进行对标"。
>
> **资料来源**　改编自 TO C, KILDUFF G J, ORDOÑEZ L, et al. Going for it on fourth down: rivalry increases risk taking, physiological arousal, and promotion focus[J]. Academy of management journal, 2018, 61(4): 1281-1306.

2. 不确定性与风险

不确定性是一个广泛出现在哲学、统计学、经济学、金融学、保险学、心理学、社会学等领域的概念。不确定性是指事先不能准确知道某个事件或某种决策的结果。在经济学中不确定性是指对于未来的收益和损失等经济状况的分布范围和状态不能确定。不确定性与风险密切相关，学术界对两者之间的关系形成了三种观点：①不确定性就是风险；②不确定性是导致风险的原因之一；③不确定性与风险是相互包含的关系。本书采用第二种观点，将不确定性视为导致风险的原因之一。

根据形成原因，可以将不确定性划分为三类：客观不确定性、主观不确定性、混合不确定性。大部分的不确定性属于混合不确定性，是由有效信息、准确信息的不充分，以及决策者对信息的忽略、判断失误或使用偏误所造成的。

对于一个企业来说，信息是非常重要的资源，信息与其他资源结合利用后，便能够为企业带来收益。如果信息不充分或者使用偏误，便会给企业造成以下风险：①信息不充分会导致企业的决策失误；②信息不准确导致企业在市场中决策偏误；③对信息的不同理解将导致决策结果不同，使企业陷入左右为难的困境。因此，企业要加强在信息收集、分析方面的投入力度，减少企业的决策失误，规避企业风险。

📖小阅读

"共同创造"的风险

"共同创造"是许多社交媒体让顾客参与企业的价值创造活动，这些活动不仅能让企业以极低的成本创新，更能让顾客参与其中，这是每位市场营销人员梦寐以求的事。

汉高公司是德国大型的应用化学领域制造商，主要涉足家用护理、化妆及美容用品和黏合剂三大业务版块。它曾举办过一项比赛，顾客可以通过提交关于包装的创新性建议以获得相应奖品，结果却收到了大量的负面信息。例如，有人在标签上将汉高的清洁剂形容为"可口的鸡肉味"。通用汽车曾邀请顾客参与调整其广告，结果导致大量反馈信息指责其 SUV 是"油老虎"，是全球变暖的罪魁祸首之一。麦当劳曾发起一项 Twitter 活动，以制造正面舆论。然而，这一活动却变成顾客争相吐槽麦当劳的平台。

管理者在考虑共同创造项目时，应该审慎思考以下的风险：

（1）大品牌的声誉　大品牌的声誉通常是通过持续、有效的营销活动慢慢建立的，公司应该权衡客户的不当言行破坏品牌形象的潜在可能。

（2）需求的高度不确定性　因为在快速变化的市场中，顾客往往并不清楚他们想要的是什么以及自己将会喜欢什么。

（3）方案过剩　当顾客的参与频率增加时，创意的品质、数量以及种类则会减少。

资料来源　改编自费尔霍夫，多恩."共同创造"的风险 [J]. 哈佛商业评论简体中文版，2013(9)：35.

3. 信息不对称

信息不对称强调的是有效信息在不同人或不同组织之间分配的不均衡，即各方掌握的信息程度不同，掌握的有效信息越多越容易获利，掌握的有效信息越少越容易受损。信息不对称造成的后果主要有两方面，一是逆向选择；二是道德风险。

逆向选择源于事前的信息不对称。逆向选择指的是市场交易的一方如果能够利用多于另一方的信息使自己受益而对方受损时，信息劣势的一方便难以顺利地做出买卖决策，于是价格便随之扭曲，并失去了平衡供求、促成交易的作用，进而导致市场效率的降低。例如，在产品市场上，特别是在旧货市场上，由于卖方比买方拥有更多的关于商品质量的信息，买方由于无法识别商品质量的优劣，只能根据商品的平均质量付价，这就使优质品价格被低估而退出市场交易，结果只有劣质品成交，进而导致交易的停止。

道德风险源于事后的信息不对称。道德风险是指在信息不对称的条件下，不确定或不完全合同使得负有责任的经济行为主体不承担其行动的全部后果，在最大化自身效用的同时，做出不利于他人行动的现象。例如，保险市场中，多数投保人会存在"反正有保险公司垫底"的心理，导致其在投保后对于财产的保护相较于投保前会有所降低。

📖 小阅读

信息越多，不确定性越大

不确定性至少有三种类型：概率型、模糊型和复杂型。

（1）概率型不确定性　概率型不确定性指的是难以确定风险级别的情形：你不仅不知道会发生什么，也不知道每种结果的可能性有多大。

（2）模糊型不确定性　模糊型不确定性指的是我们面临不精确、不充分或相互矛盾的信息的情形。作为一种认知应对机制，要整合不同的信息来源，并试着通过依靠多个可靠来源澄清信息。

（3）复杂型不确定性　当一个问题在技术上很复杂且难以弄懂的时候，这种情况就会出现。作为一种认知应对机制，要咨询精通该领域的专家，将复杂的信息分解成可以理解的有用信息。确保找到的信息是以科学而非党派意见为依据。

资料来源　改编自梅农，琼. 信息越多，不确定性越大 [J]. 哈佛商业评论简体中文版，2020(7)：132-135.

4. 蝴蝶效应与风险放大

"蝴蝶效应"是一种特殊意义上的不确定性，它是指在一个动态系统中，初始条件的微小变化能引起整个系统长期、巨大的连锁反应。对于这一效应最常见的解释是"一只蝴蝶在巴西扇动翅膀，由于空气振动不断强化，且通过空间传播，可能引发一个月后得克萨斯州的一场龙卷风。"

风险要素在尚未引发风险的时候，往往是一种美丽的存在，具有很强的迷惑性。风险常常潜伏于未知的地方，能够在瞬间爆发。在经济全球化的今天，我们必须具备风险意识。

风险管理绝不仅仅是一个单纯的技术活动，更是一个训练与提升思维的过程，是一个能力培养的过程。当代企业家乃至一切管理者，应当具备不被表象所迷惑、透过现象看本质的能力，应当具备火眼金睛、见微知著的能力，还应当具备尊重规律、尊重科学、实事求是、敢于坚持真理、坚持原则的勇气和能力。这些都是搞好风险管理的重要前提，只有达到了这样的境界，才能把握风险管理的真谛。

📖小阅读 1

蝴蝶效应的起源

蝴蝶效应来源于美国气象学家洛仑兹 20 世纪 60 年代初的发现。在《混沌学传奇》与《分形论——奇异性探索》等书中皆有这样的描述：1961 年冬季的一天，洛仑兹在皇家麦克比型计算机上进行关于天气预报的计算。为了预报天气，他用计算机求解仿真地球大气的 13 个方程式。为了考察一个很长的序列，他走了一条捷径：没有令计算机从头运行，而是从中途开始。他把上次的输出直接作为计算的初值，然后他穿过大厅下楼，去喝咖啡。一个小时后，他回来时发生了出乎意料的事，他发现天气变化同上一次的模式迅速偏离，在短时间内，相似性完全消失了。进一步的计算表明，输入的细微差异可能很快成为输出的巨大差别。由于图像是混沌的，而且十分像一只张开双翅的蝴蝶，因而他形象地将这一图形以"蝴蝶扇动翅膀"的方式进行阐释，又称蝴蝶效应。

📖小阅读 2

苏伊士运河被"卡脖子"：新型风险怎么破？

苏伊士运河堵了七天，蝴蝶效应已经出现。哈佛教授指出，一些风险难以想象，即使预先想到了，也会觉得根本不可能发生。这种威胁被称为新型风险。运营良好的企业会为可能的风险做好准备，风险也许十分重大，而且不一定能够妥善解决，常规方法难以防范。

资料来源 改编自 KAPLAN R S, LEONARD H B D, MIKES A. The risks you can't foresee: what to do when there's no playbook[J]. Harvard business review, 2020, 98(6)：40-46.

> **补 充 阅 读**

新型风险与公司熟悉的常规风险不同，发生概率及其影响都难以量化。企业应该如何应对新型风险呢？

（1）有一个重大突发事件管理团队　建立一个核心团队监督危机响应，是应对新型风险的标准方法。如果事件影响范围甚广，但并不需要全面且迅速的解决方案，就可以采用这种方法。团队成员应当包括公司内部不同职能、不同级别的员工，具备相关知识的外部专业人士、利益相关者以及合作伙伴公司代表。例如，应对大型产品开发（如新的飞机机型）延迟造成的后续影响，团队应与供应商紧密合作。

（2）在地方层面管理风险　一些新型风险因为时间紧迫，公司来不及组建专门团队，这种情况下，必须由一线人员采取措施。在不断变化的不确定状况下，可以参考的信息很少，无论是中心化团队还是一线员工，初期的决定都是试探性的。因此不能要求风险应对措施完美无缺。

资料来源 改编自 KAPLAN R S, LEONARD H B D, MIKES A. The risks you can't foresee: what to do when there's no playbook[J]. Harvard business review, 2020, 98(6)：40-46.

5. 墨菲定律与小概率事件

墨菲定律是一种心理学效应，1949 年由美国的一名工程师爱德华·墨菲提出，又称为墨菲法则、墨菲定理等。墨菲将这一规律描述为如果有两种或两种以上的方式去做某件事情，而其中一种选择方式将导致灾难，则必定有人会做出这种选择。墨菲定律的根本内容是如果事件有变坏的可能，不管这种可能性有多小，它总会发生。

墨菲定律对企业风险管理有着重要的警示意义。墨菲定律是一种客观存在。管理者要在企业日常经营过程当中从行为、技术、机制、环境等多方面因素入手防范风险的发生，并遵循以下三个原则：

1）遵守规则。遵守规则能够尽量减少小概率事件的发生，如果不遵守规则，大概率会碰上麻烦。

2）积极应对。事件发生后不仅要勇于面对，更需要及时补救，直面问题并尝试解决它。

3）承认概率。抽出一部分精力预测未来，做到未雨绸缪。不确定的风险总是存在的，突如其来的小概率事件会造成巨额并且难以弥补的损失。在事情发生之前尽可能想得周到、全面一些，多花一些精力和成本在风险防范和转移上，这样如果风险真的发生，可以尽可能地降低损失。

6. 黑天鹅事件与灰犀牛事件

早期的欧洲人一直认为天鹅都是白色的，直至 17 世纪在澳大利亚发现了黑天鹅，这个不可动摇的信念崩塌了。通常人类总是过度相信经验，而不知道一只"黑天鹅"的出现就足以颠覆所有经验，改变和推翻全部以往的认知。因此，黑天鹅事件是指难以预测，且不寻常的事件，通常会引起市场连锁负面反应甚至颠覆。一般来说，黑天鹅事件满足以下三个特点：意外性；影响重大；一旦发生，人们会极力寻找或编造理由来解释它，并且或多或少地认为它是可解释和可预测的。

与黑天鹅事件相反，灰犀牛事件是指太过于常见以至于人们习以为常的风险，代指大概率且影响巨大的潜在危机。"灰犀牛"与"黑天鹅"是相互补足的概念。很多危机事件，与其说是"黑天鹅"，其实更像是"灰犀牛"，在发生危险之前已经出现各种预警和提示，但是总会被人们忽略。

📖小阅读

黑天鹅事件的起源

黑天鹅事件寓意着不可预测的重大稀有事件，它在意料之外，却又能改变一切。

人类总是过度相信经验，而不知道一只黑天鹅的出现就足以颠覆一切。然而，无论是对股市的预期，还是政府的决策，或是普通人日常简单的抉择中，黑天鹅都是无法预测的。"9·11 事件"的发生、美国的次贷危机、2020 年开始暴发的新冠疫情都证实了这一点。

灰犀牛事件的起源

古根海姆学者奖获得者米歇尔·渥克撰写的《灰犀牛：如何应对大概率危机》一书让"灰犀牛"为世界所知。"黑天鹅"用于比喻小概率而影响巨大的事件，"灰犀牛"则用于比喻大概率且影响巨大的潜在危机。灰犀牛体型笨重、反应迟缓，你能看见它在远处，却毫不在意，一旦它向你狂奔而来，定会让你猝不及防，直接被扑倒在地。它并不神秘，却更危险。可以说，"灰犀牛"是一种大概率危机，在社会各个领域不断上演。

长期以来，房地产行业吸引了大量资金流入，房地产与金融业深度"捆绑"。近年来监管部门三令五申对房地产贷款进行控制，虽然增速有所回落，但总量仍然不小，占比依然较高，还有大量债券、股本、信托等资金进入房地产行业。可以说，房地产是现阶段我国金融风险方面最大的"灰犀牛"。

3.2　企业风险管理理论的新发展

进入 21 世纪后，企业风险管理理论得到了快速的发展，企业风险管理实践也取得了诸多突破。学术界和实践界不断提出新的风险管理理论和思想，比较有影响力的有弹性风险管理理论、新斜坡球理论、安全屋模型等。

3.2.1　弹性风险管理理论

弹性一词并不是管理学的原创词汇，而是从工程学、生态学演变过来的一个跨学科概念。在组织管理领域，不同的学者对弹性内涵的理解也不同，主要观点有：①认为弹性是面临外部冲击后的恢复能力；②认为弹性是吸收扰动并保持基本功能的适应能力；③认为弹性不仅仅是吸收能力和恢复能力，还包括适应之后创造更优状态的能力。弹性是组织的性质，也是组织的能力，它根植于构成组织的要素（人、财、物、技术、信息、声誉等）、结构、运行方式、组织与外部环境关系中，帮助组织在充满不确定性的情境中，敏锐识别内外部变化并加以应对。吕文栋等人（2019）将弹性视为组织建构的、应对内外部变化时的主动反应，并以此为基础提出了弹性风险管理理论。

弹性风险管理是指围绕组织各类目标，度量组织实现目标所需能力和组织现实能力之间的差距，通过"守住底线"和"拓展空间"管理活动提升弹性能力，使组织在不确定情境下拥有竞争优势的过程和方法。弹性风险管理不同于传统风险管理。传统的风险管理基于风险要素或环境变化的识别、评估和应对的逻辑，该方法有效的前提是环境变化，是可以被识别和评估的。然而认知的客观局限性导致上述前提难以时时成立。弹性风险管理更多关注的是组织自身能力的变化而非外部的不确定性，注重通过增强对环境变化的应变能力来抵御不确定性事件对组织绩效的影响。弹性风险管理理论与传统风险管理理论具有以下三个方面的区别。

1. 研究视角从"由外而内"转变为"由内而外"

弹性风险管理理论秉承的是"由内而外"的分析逻辑，关注的对象是企业自身的能力，而这些能力具体表现为一系列灵活的、可储存的、可转化的、可重塑的资源，最终利用这些资源和能力应对外部冲击。如果说既有风险管理理论强调的是"治病"，那么弹性风险管理理论强调的则是"强身"。

2. 研究重点从"损失控制"转变为"价值创造"

弹性风险管理理论不仅包括面对冲击时的吸收能力和适应能力，还包括恢复能力和发展能力，是指企业在动态环境中不断重塑其商业模式和经营战略，创造持续竞争优势的能力。如果说既有风险管理理论强调的是"守底线"，那么弹性风险管理理论强调的则是"拓空间"。

3. 研究的理念从追求"稳定性"转变为追求"持续性"

弹性风险管理理论和工具则主要适用于突变性、新颖性、不可预测性环境，由于系统会不断受到意外事件的冲击，系统的目标不再是追求稳定，而是追求功能的可持续性。如果说既有风险管理理论强调的是"效率"，那么弹性风险管理理论强调的则是"创新"。

3.2.2　新斜坡球理论

斜坡球定律又称为海尔定律，是张瑞敏在海尔的管理实践当中总结出来的规律。斜坡球定律指出：企业在市场上所处的位置，就如同斜坡上的一个球体，它受到来自市场竞争和内部员工惰性而形成的压力，如果没有止动力，就会下滑，为使企业在斜坡（通常指市场）上的位置保持稳定，就需要强化内部基础管理这一止动力。张瑞敏认为，基础管理就像一个楔子，可以把球塞住而不让其下滑。上汽通用五菱（SGMW）提出了斜坡球理论，认为要阻止球体下滑，就需要形成向前方和向上方的拉力，其拉力有二：①目标管理所形成的引导力；②领导的垂范所形成的带动力。

根据海尔的斜坡球定律以及 SGMW 的斜坡球理论，得出企业风险管理基础理论之一，即新斜坡球理论，其模型如图 3-1 所示。

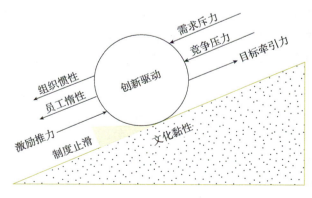

图 3-1　新斜坡球理论模型

在新斜坡球理论模型中，有两股内部力量导致球体下滑：组织惯性和员工惰性。当企业的规模开始扩大时，组织变得越来越臃肿，组织系统运行一段期间后制度的止滑作用越发乏力，企业更倾向于沿着原有路径维持惯性化运作，从而导致企业活力衰退。在制度和激励缺位或不足的情况下，员工的惰性会显现，或由于不公平等原因而抱怨，继而与企业离心离德。组织惯性和员工惰性相互影响并形成合力，导致企业产生滑坡力。企业还面临外部环境的推力：需求斥力和竞争压力。需求斥力是指顾客对企业产品的排斥，主要源于产品质量、需求变化以及审美疲劳等原因。竞争压力则源于竞争对手抢占市场份额或者替代品威胁。顾客的需求斥力与竞争对手的竞争压力共同形成企业滑坡的外部推力。

企业要止住下滑，首先要做好基础管理工作，这是组织球体下滑的楔子。同时保持基础管理的动态性，使管理制度和措施随企业的发展与时俱进。阻止企业下滑的另一个关键措施是企业文化。企业文化类似于一种黏合剂，形成斜坡与球体之间的一种黏合力而阻止斜坡球下滑。阻止斜坡球下滑还需要两种力量：目标牵引力和激励推力。目标牵引力是指企业的发展愿景内化为员工的心理目标，可以形成员工的一种内在的、前瞻的、向上的牵引力。激励推力是指企业通过目标管理，将企业发展总目标分解至部门直至员工而使员工具有的一种推动力。

新斜坡球理论之"新"，主要还在于要给企业装上发动机，产生内驱力，也就是创新驱动，企业不断进行技术创新、管理创新、市场创新，从而形成向上发展的可持续动力。

3.2.3　安全屋模型

企业管理的房屋图指的是把企业管理比喻成一个房屋，其中企业的基础制度与文化是地基，运作管理是屋顶，产业管理是墙面。将这一视角与现代企业风险管理实践相结合，就形成了企业风险管理新房屋理论，也叫作安全屋模型，如图 3-2 所示。

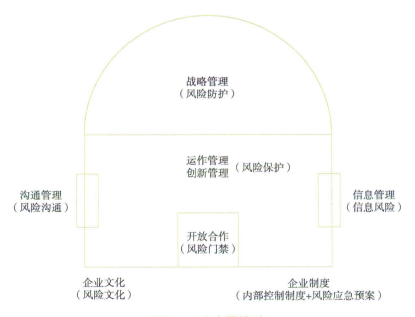

图 3-2　安全屋模型

在安全屋模型当中，房屋的屋顶是战略管理。战略管理指明企业的发展方向，代表企业发展的高度，屋顶又起到遮风挡雨的作用，具有抵抗外部风险的功能，最重要的是具有抵御宏观政策风险以及产业变动风险的功能。可以说，企业战略管理具备风险防护的功能。

　　房屋的地基是企业文化和企业制度。企业文化必须深邃、坚实，促使员工提升风险意识和具备防范风险的能力。企业制度必须具有刚性和严密性，具体体现为企业的内部控制制度和风险应急预案。

　　房屋的墙面是运作管理和创新管理，并且必须具备风险管理能力。因此，企业需要建立防范和控制运作风险，并创新风险的专门体系。

　　房屋的窗户用于与外界信息交流。一方面，企业必须广泛充分地搜集外部信息，减少信息不确定性和不对称的问题。另一方面，需通过"窗口"进行内外信息沟通，以化解企业突发事件引发的舆论风险，维护企业的声誉。

　　房屋的大门代表企业与外部利益相关者进行的各种合作，这种合作能够促进企业的开放与发展，是企业与外部交换物质、能量和信息以实现有序发展的重要方式，但这一过程中会出现各种风险。因此，房屋的门既能保证与外部实现开放合作，必要时也能够抵御外部风险的入侵。企业在开放过程中，要建立"风险门禁"政策，对外部合作进行验证、过滤和阻挡。

● 本章小结

　　企业风险管理理论的发展大致经历了五个阶段，分别是萌芽阶段、安全生产阶段、保险阶段、资本结构优化阶段、企业全面风险管理阶段。企业风险管理理论在实践过程中有着广泛的应用。风险偏好是决策者在心理上对待风险的一种态度，可以划分为风险爱好型、风险厌恶型以及风险中性型三种。不确定性是导致风险的关键原因之一，信息不对称则催生了逆向选择与道德风险问题。蝴蝶效应反映了风险的动态性发展，要求风险管理者具备见微知著的能力。墨菲定律则告诫风险管理者要防范任何可能发生的风险事件。黑天鹅事件与灰犀牛事件互为补足，反映了罕见风险事件、常见风险事件带来的危害。近年来，企业风险管理理论得到了快速的发展，出现了弹性风险管理理论、新斜坡球理论、安全屋模型等新理论。

本章习题

【选择题】

1. 利率的久期和凸性是（　　　）提出的。

    A. 马考勒　　　　　　　　　　　　B. 伯恩斯坦

    C. 加拉尔　　　　　　　　　　　　D. 许布纳

2. 博弈论与（　　　）相结合，可以帮助企业开启解决战略定位、股权分配、股权融资、价值塑造、商业模式等疑难杂症的新视角。

    A. 传统咨询工具　　　　　　　　　B. 寻租

    C. 监管　　　　　　　　　　　　　D. 机会主义

3. 不确定性主要有（　　　）。

    A. 客观不确定性　　　　　　　　　B. 主观不确定性

    C. 混合不确定性　　　　　　　　　D. 客观确定性

4. 信息经过加工，并具备（　　　）和有用性才能转化为知识。

    A. 系统性　　　　　　　　　　　　B. 全面性

    C. 客观性　　　　　　　　　　　　D. 独特性

5. 风险管理理论强调（　　　）。

    A. 治病　　　　　　　　　　　　　B. 效率

    C. 创新　　　　　　　　　　　　　D. 强化

【判断题】

1. 早期风险管理主要是资产收益理论和期权定价理论。　　　　　　　　　（　　　）

2. 马科维茨提出了资产组合理论。　　　　　　　　　　　　　　　　　（　　　）

3. 现代风险管理还没有超越以防范损失为主的传统风险管理阶段。　　　（　　　）

4. 信息不足或利用不当会导致不确定性，不确定性会导致风险。　　　　（　　　）

5. 风险管理理论强调的是"强身"，弹性理论强调的则是"治病"。　　　（　　　）

6. "蝴蝶效应"是指微小变化能引起整个系统、长期、巨大的连锁反应。（　　　）

【简答题】

1. 企业风险管理演化经历了哪几个阶段？

2. 论述信息不对称、逆向选择与道德风险三者之间的关系。

 案例分析

牙膏舆情危机：云南白药公司该如何应对？

云南白药是一家涉足药品、健康品、中药资源和医药物流等四大板块的大健康产业集团公司，是中国首批国家级创新企业，创立至今已有100多年的历史。然而，天有不测风云，云南白药集团公司的明星产品云南白药牙膏曾陷入半年的产品质量危机。

2018年10月21日，有人在网络平台上发文说其在超市购买"云南白药"牙膏时，看到牙膏盒上成分中有"氨甲环酸"。"这是血液科医生常用的止血药啊，还是处方药。"很快云南白药牙膏产品成分的止血功效及安全性成了网络、媒体议论的热点，引发各种质疑。这次突发事件不仅成了网络媒体的热点，也引起了消费者和各方面的关注。

云南白药公司总裁明确了这次舆论风波处置的两条主要原则，即"直面质疑"和"积极回应"，同时强调了相关的应对工作：①立即启动应急响应，在公司常规应急制度和体系的基础上，成立本次事件的应对小组，明确负责人、相关成员、具体分工、报告机制及应对流程等；②将情况报请宣传等主管部门；③尽快对外发布书面说明。

2018年10月23日，云南白药集团在官网上发布了"关于云南白药牙膏相关情况的说明"（以下简称"情况说明"）。这份说明除了对社会各界及消费者对云南白药的关心给予谢意外，从四个方面对网络报道中涉及的牙膏成分问题进行了回应和说明，重点申明了云南白药牙膏的合规性、安全性和有效性。伴随着云南白药公司的回应，投资者、消费者等都纷纷向云南白药提出建议或咨询，各类媒体也竞相报道或转发。中国口腔清洁护理用品工业协会在官网上转发了云南白药集团的"情况说明"，并对牙膏产品中添加氨甲环酸功效成分进行了说明。

2018年10月25日，湖南的一位律师将云南白药集团告上了法庭，长沙市开福区人民法院正式受理了该起民事诉讼。在接到开福区人民法院发来的相关法律文书，获悉被起诉的消息后，云南白药集团应急小组负责人召集法务、媒体与舆情管理、公关、技术、营销等部门成员召开专题会议。会议对下一阶段的工作进行了安排：①请法务部根据诉讼要求理出一份证据清单；②请各部门负责人牵头，两天内汇总和整理好本部门涉及的牙膏相关资料，并把资料交给法务部；③法务部对汇总资料进行梳理，形成相应的证据材料。然后，公司将请专家对所有的证据材料做一次专业性的审查。同时，公司开始着手准备和起草出庭需要的各类材料，在原有媒体应对方案的基础上，制定系统化的诉讼应对方案。

从最初网络博文发出到开福区人民法院受理云南白药牙膏诉讼案件，再到案件审理及一审结果的宣判，各类媒体对整个事件及案件的进展进行了持续不断的报道

或转载了相关报道。在此过程中，云南白药公司也从消费者的角度，以科学专业、通俗易懂、简明扼要的方式，将公众关心的主要问题梳理成了问题与回答，通过公司一线终端与消费者积极互动，并将消费者的反馈第一时间提交公司及委托的律所同步掌握。同时，结合舆情的发展和变化，云南白药公司还专门请专家随时进行会谈。此外，根据诉讼进展情况，公司还积极配合法院提供相应的证据资料。

接到一审判决结果后，云南白药公司再次召开专题会。受公司委托，应董对近半年来的舆情事件进行总结："作为一家生产健康产品的公司，始终保持'以消费者安全、健康为本'的初心至关重要；作为一家有责任的公司，依法合规经营的定力始终要牢牢坚守；作为一家社会公民企业，在面对困难和波折的时候，始终要对消费者有信心，对所有的利益相关者有信心，对自己的产品有信心。现代企业面临的经营环境可谓是危机四伏。如果说危机是无法选择的客观存在，那么对白药人而言，直面危机和积极回应则是我们可以选择的主观行动。"

半年多的危机及其应对，云南白药牙膏的销量不降反升。根据第三方提供的数据显示，截至 2019 年 5 月，云南白药牙膏市场份额为 20.1%，已跃居国内牙膏市场占有率第一的位置。

资料来源 改编自孔莉，孙玉凤，陈慧捷，等 . 牙膏舆情危机：云南白药公司该如何应对？[DB/OL]. 中国管理案例共享中心 . (2021-11-16)[2022-04-20].http://www.cmcc-dlut.cn/Cases/Detail/5675.

1.云南白药为什么在"云南白药牙膏成分"事件爆发的第一时间或初期，要采取"直面危机"和"积极回应"的处置原则来应对危机？

2.在此次事件中，可以将云南白药的危机管理分为几个阶段？在危机管理的不同阶段，云南白药要面对哪些利益相关者？

1.从"危机类型""危机阶段""危机应对策略""危机沟通"等角度探讨企业危机管理问题，深化对危机管理中的应对策略选择、利益相关者关系处理和沟通等的理解。

在云南白药牙膏案例中，自媒体就产品成分及其安全性向企业抛出了质疑。由于关系到广大消费者根本利益的问题，公众都在等待云南白药公司的发声和行动。因此，面对公众对产品安全性的重大关切，云南白药采取了雄鹰策略，快速反应、研究对策，通过果断、正面、真诚地回应、说明和自愿性信息披露等各种措施，积极争取得到各方面的支持或认可，减少公众的猜疑。

2.在本案例中，云南白药的危机主要经历了第二阶段的危机处理和第三阶段的危机总结和评价。博文质疑云南白药牙膏成分，引爆舆论是危机的开始阶段；牙膏成分诉讼案为危机的蔓延阶段；云南白药备战迎接庭审，直至诉讼结束为重塑形象阶段；庭审结束后，云南白药召开专题会总结得失，为危机的总结和评价阶段。

　　云南白药是一家涉足药品、健康品、中药资源和医药物流等四大板块的大健康产业集团公司，是中国首批国家级创新企业，创立至今已有 100 多年的历史。"云南白药"是中国驰名商标，更是闻名中外的中华老字号品牌。目前，公司已成为中国大健康产业的领军企业之一，并已基本形成云南白药大（母）品牌下多（子）品牌体系和格局。在该公司众多的健康产品中，云南白药牙膏当属明星产品。

第 4 章

企业风险管理的环境分析与内部控制

逻辑框架

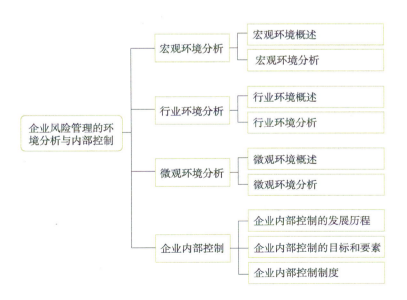

百年烤鸭全聚德：走在彷徨的路上

早在 2001 年，全聚德就开始寻求上市的机会，一路增资扩股。全聚德在 2007 年冲进资本市场，成功上市后，初入资本市场的全聚德一方面享受着资本的追捧与资金注入带来的红利，另一方面，资本市场也为全聚德的未来带来挑战，原先较小的经营规模已经不足以应对资本市场对其提出的新要求，因此，全聚德开始改变发展方式。

随着互联网的飞速发展，全聚德在 2015 年开始触电互联网。全聚德找到重庆一家科技公司——狂草科技，并联合北京那只达客信息科技研究中心，注入 1500 万元的初始资金，通过占股 55% 的方式成立了一家名为鸭哥科技的企业，并放下高端定位，通过鸭哥科技推出自己的外卖平台——"小鸭哥"，希望鸭哥科技能够开启全聚德新的利润增长点，成为美食外卖电商的第一品牌。然而理想与现实却背道而驰，当时美团、饿了么和百度外卖几乎占有国内外卖市场的全部份额，而全聚德却选择和一家较为年轻的互联网科技企业合作，在缺乏战略储备和管理经验的情况下，想靠一己之力撼动三家已成大树的外卖品牌的地位，似乎过于艰难。种种原因也预示着"小鸭哥"的结局。据中国财经时报网显示，全聚德 2016 年净利润为 −1344 万元，截至 2017 年净利润为 −243 万元，也就是说仅一年的时间，就亏损近 1600 万元，最终以未能达到经营预期而停止营运。

随着集团规模的不断扩大，连锁店越来越多，管理问题逐渐突出。截至 2020 年，全聚德拥有直营门店 44 家，特许加盟门店 117 家，参差不齐的管理水平，未能捕捉的消费需求，都令这块传承百年的金字招牌的名气大打折扣，这似乎也暗示着全聚德的连锁扩张之路走得并不如预期那般顺利。2020 年年初，临近春节，突如其来的新冠疫情使全国餐饮行业经历了一场猝不及防的经营考验，本该迎来业绩丰收期的餐饮店，大部分都选择闭店歇业，经营业绩也瞬间降至冰点，不少餐饮店都因为经营惨淡而倒闭了。全聚德在 2020 年的净利润为 −2.84 亿元，是自 2017 年净利润连续下降以来，亏损最严重的时刻。但早前全聚德就因为连续三年亏损收到深交所的问询函，在 2020 年的回函中，全聚德坦言，疫情虽然是导致亏损严重的宏观原因，但更重要的是企业长久以来存在的经营问题，在竞争日渐激烈的餐饮市场中，全聚德的竞争力逐渐降低，从而导致餐饮和加工食品板块的营业收入逐年降低。

在全聚德 156 岁生日当天，总经理周延龙宣布：降低烤鸭和其他菜价、统一菜品出品、价格、盘饰，取消服务费，丰富门店内的菜品，依托直播平台的优势，推动全聚德的数字化进程。"百年老字号"是优势，也是挑战，一旦跟不上消费市场的变革，就极易被贴上陈旧的标签，从而陷入不受消费者青睐的经营危机。

资料来源 改编自侯志才，李玮希.百年烤鸭全聚德：走在彷徨的路上 [DB/OL].中国管理案例共享中心.（2021-12-13）[2022-04-20].http://www.cmcc-dlut.cn/Cases/Detail/5770.

1. 什么原因导致全聚德的多元化战略受挫并陷入业绩下滑的经营困境？
2. 全聚德由盛转衰的扩张历程对其他企业的风险管理有什么启示？

全聚德的由来

1864 年，45 岁的杨全仁拿着大半辈子的积蓄盘下一间店铺，并且请当地有名的秀才写下"全聚德"的牌匾，自此第一家全聚德在北京城开业。初创时，杨全仁发现大街上到处都是做焖炉烤鸭的店铺，面对巨大的竞争，他决定花重金聘请宫廷里的御厨，经过多方打听、仔细调研，终于让他找到了曾经在御膳房当差的孙师傅，而孙师傅也没有辜负杨全仁的期望，将宫廷里的御膳技术——挂炉烤鸭带到全聚德。基于孙师傅对于烤鸭精益求精的态度，他来到全聚德后，将原来的炉灶改造成了高炉身、深炉膛的新炉灶，相比于其他店铺一个炉灶只能烤几只鸭子，全聚德的炉灶一次可以烤十几只鸭子，生产效率大大提升。他还提出建立一条完整的烤鸭制作生产链，从养鸭开始，到对鸭子的宰杀，吹气、灌水等制作流程要形成流水线的模式，并认真钻研烤制鸭子的各种小窍门，使刚出炉的烤鸭色泽诱人、油光发亮、皮脆肉嫩、肥而不腻。全聚德有御厨坐镇，烤鸭口味又极佳，从此在北京城名声大噪。在新中国成立以后，全聚德由私企转为公私合营企业，口味好、档次高，全聚德渐渐成为各类政要的招待场所，这也为全聚德提供了令其他品牌艳羡不已的标签——国宴品牌。

经历了百余年的风雨飘摇和创新发展，全聚德凭借着其美味的北京烤鸭、全鸭席以及各种特色菜、名人宴等具有代表性的一系列精品菜肴，形成了丰富的饮食文化。全聚德北京和平门店作为世界上最大的烤鸭门店，接纳来自五湖四海的顾客；其发源总店前门店更是受到各国元首和政要的垂青，同时店内还保留着各类文物，呈现出浓浓的文化底蕴；王府井店装潢主打王府风格，大堂内部雕梁画栋，古香古色，店内还有与故宫同等大小的九龙壁，令食客叹为观止。

1. 价值网络是指公司为创造资源、扩展和交付货物而建立的一套体系。企业通过价值网络确定客户的需求，对此采取措施，制定最优的经营决策，征求客户的意见，应对竞争对手，并争取利润最大化。从价值网络的视角来看，全聚德集团多次转型失败，实施多元化战略屡屡受挫，净利润逐年降低的原因在于价值主张不适应逐渐变化的餐饮消费市场，价值创造能力不足以及价值实现不合理三个方面。

2. 以下总结几点参考意见：

（1）避免盲目地在较为成熟的或者不够熟悉的领域创业。

（2）企业实施多元化经营战略时必须拥有核心竞争力。

（3）注重企业的价值实现。

商务部等 16 部门联合印发《关于促进老字号改革创新发展的指导意见》

据中华人民共和国商务部公布的信息，老字号是优秀民族品牌和传统商业文化的集中代表，拥有世代传承的独特产品、技艺和服务。自 2006 年启动"振兴老字号工程"以来，商务部会同相关部门围绕"建立老字号保护体系、促进体系和挖掘老字号内涵"开展了一系列工作，老字号的发展环境不断优化，发展情况有了很大改善。目前，多数老字号企业发展势头良好，但部分企业由于机制僵化、观念陈旧、创新不足、传承无力等，面临发展困境。推动老字号企业发展，不仅能为百姓提供更多品质优良、特色鲜明、竞争力强的产品和服务，而且对于深入推进供给侧结构性改革、扩大品质消费、弘扬中华优秀传统文化具有重要意义。

《关于促进老字号改革创新发展的指导意见》（简称《指导意见》）从推动老字号传承与创新、加强经营网点保护、推进产权改革三个方面提出了八项任务，即①弘扬精益求精的工匠精神，保持老字号的原汁原味；②实施"老字号＋互联网"工程，促进线上线下融合发展；③支持老字号创新经营管理模式，建立现代企业制度；④加强老字号原址风貌保护，保留原有商业环境；⑤打造老字号特色商业街，促进集聚发展；⑥推动国有老字号体制改革和机制创新，培育行业龙头企业；⑦建立品牌价值评估体系，发挥老字号品牌价值；⑧鼓励对接资本市场，支持老字号做大做强。

资料来源　商务部流通业发展司．商务部等 16 部门联合印发《关于促进老字号改革创新发展的指导意见》[EB/OL]．(2017-02-09) [2022-04-20]. http://www.ltfzs.mofcom.gov.cn.

4.1　宏观环境分析

4.1.1　宏观环境概述

企业要生存发展，就必须与外界环境发生物质、能量和信息的交流与交换。如果中断与外部环境的联系，任何企业都难以生存下去。企业外部环境是指在特定时期内所有处于企业之外而又对企业的存在发展产生影响的各种因素的总和，是企业外部的政治环境、社会环境、技术环境、经济环境、文化环境的总称。

　　企业外部环境中的各种因素之间存在复杂的相互关系，并且呈现出层次化特征。一般认为企业外部环境可以划分为三个层次。

　　第一个层次是企业的宏观环境，是由影响整体环境的社会因素构成，包括人口、经济、自然、技术、政治和文化等因素。

　　第二个层次是企业所处的市场与行业环境，主要包括各种市场和行业因素，例如客户需求、目标市场、原材料供应商等。

　　第三个层次是企业所处的竞争环境，主要包括企业战略群组、竞争者的数量和类型、竞争者参与竞争的方式等要素。

　　三个层次的外部环境都会对企业战略行为产生影响，并通过以下两种方式实现：①直接影响，即三个层次的环境分别对企业战略行为产生直接影响，例如环保政策的变化导致企业调整产品结构；②间接影响，即一般环境的变化首先会引起市场与行业环境的变化，从而导致竞争环境的改变，最后影响企业战略行为。企业外部环境要素也呈现出共同演变、发展的特征，在特定区域、时期内存在某一种或多种主要变化因素，从而塑造出该区域、时段内外部环境的典型特征。例如，近年来数字技术影响着世界上绝大多数企业的外部环境。

4.1.2　宏观环境分析

　　企业要保持竞争优势、有效应对外部风险，就必须对宏观环境有着精准的分析和预测。宏观环境是指一切影响行业和企业的宏观因素。对宏观环境因素做分析，不同行业和企业根据自身特点和经营需要，分析的具体内容会有差异，但一般都围绕政治（Political）、经济（Economic）、社会（Social）和技术（Technological）这四大类影响企业的主要外部环境因素展开，因此又称为 PEST 分析。PEST 分析模型如图 4-1 所示。

图 4-1　PEST 分析模型

1. 政治环境因素

　　政治环境因素包括一个国家的社会制度、执政党的性质、政府的方针政策以及法律法规等。不同的国家有着不同的社会制度，不同的社会制度对组织活动有着不同的限制和要求。即使社会制度不变的同一国家，在不同时期对组织活动的态度和影响也是不同的。政府的政策广泛影响着企业的经营行为。在制定企业战略时，对政府政策的长期性和短期性的判断与预测十分重要。作为国家意志的强制表现，法律法规对于市场和企业行为有着直接规范作用。企业在制定战略时，要充分了解既有的法律规定，特别要关注那些正处于起草或征求意见阶段的法律法规，这是企业在市场中生存、参与竞争的重要前提。

2. 经济环境因素

经济环境因素主要包括宏观和微观两个方面的内容，前者主要涉及一个国家的人口、国民收入、国民生产总值等反应国民经济发展水平和发展速度的指标，后者主要是指企业所在地区或所服务地区的消费者的收入水平、消费偏好、储蓄情况、就业程度等因素。经济环境因素直接决定着企业目前及未来的市场规模。

3. 社会环境因素

社会环境因素又称为社会文化环境因素，包括一个国家或地区的社会组织、结构、风俗习惯等。社会环境因素对企业战略行为有着最复杂、最深刻、最重要的影响：文化水平会影响居民的需求层次；宗教信仰和风俗习惯会禁止或抵制某些活动的进行；价值观念会影响居民对组织目标、组织活动以及组织存在本身的认可；审美观点则会影响人们对组织活动内容、活动方式及活动成果的态度。

4. 技术环境因素

技术环境因素主要涉及技术水平、技术力量、新技术的发展、技术政策及技术发展的动态等方面。技术环境因素对战略产生的影响主要包括：技术进步能够促使企业对市场及客户进行更加有效的分析；新技术的出现为企业发展创造机遇，可以使企业生产出质量更高、性能更好的产品，从而扩大经营范围或开辟新的市场；技术进步可以提高企业的竞争优势、推动产品淘汰，或缩短产品的生命周期；新技术的发展可以使企业克服污染治理等方面的困境，从而履行社会责任，实现可持续发展。此外，企业还应当持续关注国家对科技开发的投资和支持重点，以有效判断未来技术发展的方向。

📖小阅读

环境多变，企业苦练内功就够了吗？

如何理解"复杂"二字呢？复杂＝不确定性×不连续性，包括发展方向的不确定性和发展路径的不连续性。前者表示"往哪儿去"，后者表示"如何去"。如果按照高低程度划分，企业会面对以下四种情况：

（1）恒常　不确定性和不连续性双低。

（2）无常　高不确定性、低不连续性。

（3）动荡　低不确定性，高不连续性。

（4）混沌　不确定性和不连续性双高。

当然，对于大部分企业而言，恒常状态不再是常态，无常、动荡、混沌成为新常态，企业应该从自身情况出发，采取不同的应对战略。

1. 动荡——"愿景式战略"

当企业内外部环境处于动荡（低不确定性，高不连续性）状态时，企业家可采取"愿景式战略"，即带领企业朝着目标进发，并利用远大的使命和愿景，引导企业克服发展路上的不连续性。

2. 无常——"涌现式战略"

当企业处于无常（高不确定性、低不连续性）状态时，更适合"涌现式战略"，即通过简单的规则激发复杂的集体行为，发挥组织的学习能力和自下而上的活力，从而适应不确定的外部环境。

3. 混沌——"适应式战略"

当企业处于混沌（不确定性和不连续性双高）状态时，应采取"适应式战略"，即适应环境变化，不断调整企业的发展方向和做事方式。

资料来源　改编自谢丹丹. 环境多变，企业苦练内功就够了吗？[J]. 中外管理，2018(6)：130.

4.2　行业环境分析

4.2.1　行业环境概述

行业是指从事国民经济中同性质的生产、服务的经营单位或个体的组织结构体系，又称产业。但若严格定义，产业的概念范畴比行业要大，一个产业可以跨越（包含）多个行业。任何一个行业都是许多同类企业的总和，它们为争取相同的顾客群体而产生激烈的竞争。同类企业通常以下列标志为依据：产品的主要经济用途相同，使用的重要原材料相同，关键工艺过程相同。

行业环境是指对处于同一行业内的组织都会产生影响的环境因素。与宏观环境不同的是，行业环境只对处于某一特定行业内的企业以及与该行业有业务关系的企业产生影响。不同的行业在利润率、顾客群体等方面都存在很大的差异，在进行行业环境分析时，应该先从整体上把握行业的主要经济特性。概括某一行业的经济特性通常从以下几个方面重点分析考虑。

（1）市场规模　市场规模是指在不考虑产品价格或供应商的前提下，市场在一定时期内能够吸纳某种产品或劳务的单位数目。

（2）市场竞争的范围　确定该行业的市场是区域性的、全国性的还是全球性的。

（3）市场结构　包括完全竞争市场、垄断竞争市场、寡头垄断市场和完全垄断市场。

（4）行业在寿命周期中所处的阶段　分析该行业目前处于创业期、成长期、成熟期还是衰退期。

（5）行业整合　行业前向整合及后向整合的普遍程度。

（6）行业竞争态势　行业中主要竞争对手的数量和质量、行业进入壁垒和退出障碍以及潜在竞争者的情况等。

（7）行业特性　行业中产品的工艺、质量、成本以及技术的革新速度、分销渠道的种类、广告与营销效应。

（8）行业的规模经济　行业中的企业在生产、采购、销售等方面能否实现规模经济，以及是否具有学习经验效应的优势。

（9）行业的资金需求状况、边际利润率和设备利用率。

（10）行业的整体盈利水平。

4.2.2　行业环境分析

企业要进入某一行业并实现持续健康发展，就必须对该行业的风险有准确的把握，需要进行全面系统的行业环境分析。行业环境分析主要包括两个方面：①行业中竞争的性质和该行业中所具有的潜在利润；②该行业内部企业之间在经营上的差异以及这些差异与它们的战略地位的关系。波特提出的五力分析模型是行业环境分析过程中最常用的理论工具，但该模型忽略了政府、债权人以及其他群体对企业经营活动的影响。因此，行业环境分析应该从以下六个方面展开。

（1）行业新进入者的威胁　行业新进入者是指行业外随时可能进入某行业，并成为竞争对手的企业。新进入者在给行业带来新生产能力、新资源的同时，会占有一定的市场份额，因此会对本行业内现有企业构成威胁。行业新进入者的威胁程度取决于两方面因素：进入壁垒的高低、现有企业对进入者的反应程度。进入壁垒是指要进入一个行业需要克服的障碍和付出的代价，影响进入壁垒高低的因素主要有规模经济、产品差异、资本需求、转换成本、销售渠道等，这其中有些障碍因素是很难借助复制或仿造的方式来突破的。现有企业对进入者的反应程度，主要取决于其采取报复行动的可能性大小，如果现有企业对行业新进入者采取比较宽容的态度，行业新进入者进入新行业就会比较容易。总之，新企业进入一个行业的可能性大小，取决于进入者主观估计进入新行业所能带来的潜在利益、所需花费的代价与所要承担的风险的相对大小情况。

（2）替代品的威胁　替代品是指那些与本企业产品具有相同功能或类似功能的产品。两个处于不同行业中的企业，可能会由于所生产的产品互为替代品，从而在它们之间产生相互竞争行为，这种源自于替代品的竞争会以各种形式影响行业中现有企业的竞争战略。替代品受行业盈利潜力的最高限制，如果本行业完全没有替代产品，那么企业有可能在供求严重失衡的情况下获得暴利，当价格不断上升，替代品会随之出现，从而抢占现有产品的市场份额。决定替代品压力大小的因素有：替代品的盈利能力、替代品生产企业的经营策略、购买者的转换成本。

（3）供应商的议价能力　供应商是指企业从事生产经营活动所需要的各种资源、配件等的供应单位。供应商往往通过提高价格或降低质量及服务的手段向产业链的下游企业施加压力，以此来榨取尽可能多的产业利润。如果供应商议价能力强，他们会向下游企业提高供货价格或者以降低产品质量及服务质量的方式降低本企业的成本，压低整个下游行业的利润率。一般来讲，决定供应商议价能力的因素主要有：供方产业的集中度、交易量的大小、产品差异化程度、转换供方成本的大小、前向一体化的可能性、信息的掌握程度。

（4）购买者的议价能力　从经济人的角度出发，购买者必然希望所购产品物美价廉、服务周到，且从行业内现有企业之间的竞争中获利。因此，购买者总是尽力压低价格，要求提高产品质量和服务水平。购买者议价能力较强时，往往导致行业内的企业竞争性降价，导致行业整体利润下降。影响购买者议价能力的因素主要有：购买者的集中度、购买者从本产业购买的产品在其成本中所占比重、购买者从产业购买产品的标准化程度、转换成本、买方的盈利能力、购买者后向一体化的可能性、购买者信息的掌握程度。

（5）现有企业之间的竞争　现有企业间的竞争是指行业内各个企业之间的竞争关系和程度。不同行业竞争的激烈程度是不同的。如果一个行业内的主要竞争对手基本上势均力敌，无论行业内企业数目的多少，行业内部的竞争都必然激烈，在这种情况下，某个企业要想成为行业的领先企业或保持原有的高收益水平，就要付出较高的代价；反之，如果行业只有少数几个大的竞争者，形成半垄断状态，企业间的竞争便趋于缓和，企业的获利能力就会提高。决定行业内企业之间竞争激烈程度的因素有：竞争者的多寡及力量对比、市场增长率、固定成本和库存成本、产品差异性及转换成本、行业生产能力的增加幅度、行业内企业采用策略和背景的差异以及竞争中利害关系的大小、退出壁垒。

（6）利益相关者的影响　政府机构以及企业的股东、债权人等其他利益相关者群体对产业竞争的性质与获利能力也有着直接的影响。每个利益相关者都用自己的标准衡量企业经营业绩，按照对自己影响的好坏来衡量企业高级管理层的决策行为。

📖小阅读

构建组织适应力

康雄壁（Kangshung Face）是珠穆朗玛峰最偏远、最少有人涉足的区域。从这条路登顶十分困难，截至 2020 年只有三个登山队成功。胡安参加的探险队共有六名攀登者，一同训练了近两年时间，在山上度过了 41 天（与一般的登山队相比，这支团队规模较小，夏尔巴向导人数比较少，在山上停留的时间更短）。其中三人以最低限度的氧气消耗量平安登顶，这个结果超出了团队的预料。

登山者、向导和搬运工在海拔 5395m 处的珠峰营地落脚，这时候还是按照比较和缓的登山路线规划的。队长罗德里戈·约尔丹每天晚上带领大家做计划，对于最重要的决策拥有最终决定权。

登山途中遇到的第一个难题是长达 1200m 的异常不安定的岩石和冰壁（这就是很少有登山者尝试从这一侧攀登珠峰的原因）。登山队用了 12 天"开路"，选定一条路，循序渐进地将绳索连接起来系在石壁上，每天入夜就返回营地，直到绳索长度足以越过冰壁到达一号营地。准备好了绳索，后一天的攀登就进行得更快、更安全。这条路非常难走，攀登者总是要在下一次雪崩之前争分夺秒（这是一名队员的形容）。团队在晚饭后讨论前进路线的问题，数日后制定了一条简单的规则：攀登时由绳子最前面的人决定。约尔丹在晚间规划阶段负责决策并协调行动。之后向导由于雪崩而受伤，虽然只是轻伤，但出于安全起见，队员提出要减轻自己的负荷。携带的补给品比原先规划的少了许多，为此团队制定了两条简单的规则：①只带足以支撑到下一阶段的补给品（通常攀登者都会多带一些补给品到较高的营地，登山途中有三个营地）；②每天都下到较低的营地休息。这样做的原因很多，最根本的一个原因是较低的营地需要消耗的氧气量较少。

下一阶段穿越漫长的冰川，花了 17 天。速度慢是因为攀登者要在深深的积雪中行走，而且海拔更高了（6400~7000m）。这一段的难度没有前一段那么高，但途中有难以预测的裂隙，雪崩的可能性也更高。最后的"死亡地带"花了五天时间。最终有三人顺利登顶。

资料来源　改编自 SUAREZ F F, MONTES J S. Building organizational resilience[J]. Harvard business review, 2020 (10)：47-52.

从顺利登顶中能够获得哪些启示？

1. 归纳式方法和即兴发挥各自对应的难题类型不同。我们看到，令团队采用新方法的原因有二：①速度，新方法能让团队的决策速度大幅度提升。②复杂陌生的环境，例如，攀登者进入死亡地带时不知道自己的身体会出现怎样的反应。

2. 日常惯例、简单规则和即兴发挥之间的界限有时并不很清晰，三者可以相互转化。

3. 在一些情况下，新引入的归纳式方法也可能促成即兴发挥。

4.3　微观环境分析

4.3.1　微观环境概述

1. 微观环境的概念和内容

微观环境又称企业内部环境，是指企业内部的物质、文化环境的总和，包括企业资源、企业能力、企业文化等因素。微观环境构成了企业经营的基础，是企业制定战略的出发点、依据和条件，也是企业竞争取胜的根本。外部环境分析主要回答"企业可以做些什么"，而微观环境分析则主要回答"企业能够做些什么"。

微观环境分析的目的在于掌握企业历史和目前的状况，明确企业所具有的优势以及存在的劣势。它有助于企业制定有针对性的战略，有效利用自身资源，在发挥企业优势的同时，采取积极的态度弥补企业劣势。企业管理者必须先了解企业内部的资源和能力，然后判断外部环境的变化对企业的影响，在此基础上扬长避短、趋利避害地进行战略选择。企业微观环境分析的内容包括很多方面，如组织结构、企业文化、资源条件、价值链、核心能力分析、SWOT 分析、波士顿矩阵等。

2. 微观环境的分析过程

按照以市场为基础的战略思维模式，企业微观环境分析的基本过程是在假定企业已经确认了主要目标，也确认了需要避免的主要威胁的前提下，判断企业是否具有把握机会实现目标的能力、资源和核心专长。然而，从以资源为基础的战略思维模式来考虑，企业微观环境分析则应首先判断企业具有什么样的能力、资源和核心专长，再确定企业能够把握什么样的机会以及避免何种威胁。整合上述两种思维模式的关键在于动态地融合。整体而言，企业微观环境分析按照以下步骤展开。

（1）分析企业的发展历史、现行战略以及现在和未来所面临的挑战　管理者应该全面分析企业发展的历史，掌握企业优势和劣势产生的原因，理解企业的管理传统、行为模式和价值观念。在此基础上，对企业先行战略的合理性做出判断。

（2）分析企业内部的资源条件　管理者需要了解实现企业的战略意图、宗旨和目标需要具备的资源条件，以及企业目前所具备的资源条件，两者对比、查漏补缺。

（3）分析企业内部的能力水平　企业战略管理者需要了解实现企业的战略意图、宗旨和目标需要具备的能力，以及企业目前具备什么样的能力，包括研发能力、生产管理能力、营销能力、财务能力、整合能力、组织学习能力等。

（4）分析企业的竞争优势　基于外部环境分析，加强对竞争对手的认知，企业战略管理者需要理清自己的能力，通过与竞争对手进行比较来确认自己能力上的优势和劣势，评价能力优势的创造力和可保持性。

（5）分析企业的核心专长　企业管理者需要进一步深入分析竞争优势背后的来源，需要根据核心专长的判断标准分析企业的竞争优势能否形成企业的核心专长。

4.3.2　微观环境分析

企业微观环境分析的方法多种多样，接下来对较为常用的 SWOT 分析和价值链分析两种分析工具做简要介绍。

1.SWOT 分析

SWOT 分析也称为道斯矩阵，于 20 世纪 80 年代初由美国旧金山大学的管理学教授韦里克提出，经麦肯锡咨询公司完善优化后，被广泛应用于企业战略制定和竞争对手分析。SWOT 分析主要分析企业的优势（Strengths）、劣势（Weaknesses）、机会（Opportunities）和威胁〔Threats〕四个方面，实际上是一种将对企业内外部条件各方面内容进行综合和概括，进而找出企业的优劣势，识别出面临的机会和威胁的方法。

内部优势与劣势分析是 SWOT 分析的一项关键内容。当两个企业处在同一市场或者说它们都有能力向同一顾客群体提供产品和服务时，如果其中一个企业有更高的盈利率或盈利潜力，那么，我们就认为这个企业比另外一个企业更具有竞争优势。虽然竞争优势实际上指的是一个企业比其竞争对手有较强的综合优势，但是明确企业究竟在哪一个方面具有优势更有意义，因为只有这样，才可以扬长避短。因此在做优劣势分析时必须从整个价值创造过程中的各个环节入手，将企业与竞争对手做详细的对比分析。外部机会与威胁分析是 SWOT 分析的另一项关键内容。外部环境对企业发展有着深远的影响。环境发展趋势分为两大类：环境威胁和环境机会。环境威胁指的是环境中的一种不利的发展趋势所形成的挑战，如果不采取果断的战略行为，这种不利趋势将削弱公司的竞争地位。环境机会是对公司行为富有吸引力的领域，在这一领域中该公司将拥有竞争优势。

SWOT 分析的核心思想是通过对企业外部环境的分析，明确企业可以利用的机会和可能面临的风险，并将这些机会和风险与企业的优势和劣势结合起来，形成四种不同的策略：SO 策略（优势—机会策略）、WO 策略（劣势—机会策略）、ST 策略（优势—威胁策略）和 WT 策略（弱势—威胁策略），SWOT 分析模型如图 4-2 所示。

	优势（S）	劣势（W）
内部	**优势：** 组织机构的内部因素，具体包括：有利的竞争态势、充足的财政来源、良好的企业形象、技术力量、规模经济、产品质量、市场份额、成本优势、广告攻势等	**劣势：** 组织机构的内部因素，具体包括：设备老化、管理混乱、缺少关键技术、研究开发落后、资金短缺、经营不善、产品积压、竞争力差等
	机会（O）	威胁（T）
外部	**机会：** 组织机构的外部因素，具体包括：新产品、新市场、新需求、外国市场壁垒解除、竞争对手失误等	**威胁：** 组织机构的外部因素，具体包括：新的竞争对手、替代产品增多、市场紧缩、行业政策变化、经济衰退、客户偏好改变、突发事件等

图 4-2　SWOT 分析模型

（1）SO 策略　SO 策略是指利用企业外部机会，发挥企业内部优势的一种策略。所有管理者都希望自己的企业能够处于这种状况，即可以利用自己的内部优势去抓住和利用外部趋势或突发事件所提供的机会。拥有这一状态的企业，可以采取以下两种方式来强化企业的竞争优势：①找出最佳的资源组合来获得竞争优势；②提供资源来强化、扩展已有的竞争优势。

（2）WO 策略　WO 策略的目标是通过利用外部机会来弥补内部劣势。适用于这一策略的基本情况是存在一些外部机会，但企业有一些内部劣势妨碍着它利用这些机会。此时企业应在如下两种方式中进行权衡后选择策略：①加强投资，将劣势转化为优势以开拓机会；②放弃机会。例如，市场对可以控制汽车引擎注油时间和注油量的电子装置有着巨大需求（机会），但某些汽车零件制造商可能缺乏生产这一装置的技术（劣势）。一种可能的 WO 策略是通过与在这一领域有生产能力的企业组建联合企业而得到这一技术；另一种 WO 策略是聘用所需人才或培训自己人员，使他们具备这方面的技术能力，弥补内部劣势，使其与外部机会相匹配。

（3）ST 策略　ST 策略利用本企业的优势消除或减少外部威胁的影响。此时的策略可以考虑以下两种：通过重新构建企业资源来获得竞争优势，将威胁转化为机会；企业采取防守策略，等待时机找到其他有前景的机会。在很多产业中，竞争对手模仿本公司的产品设计、创新及专利技术，对企业构成巨大威胁，企业应当及时采取有效的措施保护自身利益。例如，美国德州仪器公司靠一个出色的法律顾问部门（优势），挽回了由于 9 家日本及韩国公司侵害该公司半导体芯片专利（威胁）而造成的近 7 亿美元的损失。

（4）WT 策略　WT 策略是一种旨在减少内部劣势同时回避外部环境威胁的防御行为。一个具有众多劣势的企业，在面对大量外部威胁时的确处于高风险的境地。内部劣势与外部威胁相关时是最糟糕的情况。然而，市场的竞争具有高度的不确定性，如果不幸遇到这种情况，企业通常会面临被并购、宣告破产或结业清算的困境。在不得不为生存而奋斗的时候，企业可以采取紧缩战略，尽量避开威胁。

2. 价值链分析

价值链（Value Chain）是波特于 1985 年在其著作《竞争优势》中提出的。价值链描述了一个企业内部的连续活动过程，可以用来对一个企业内的各项增值环节进行系统研究，确定企业发展竞争优势的关键资源或关键环节。企业的生存和发展是一个不断创造和积累顾客价值的过程，而这个过程又可以分解为一系列互不相同但又相互联系的活动，波特将其分为基本活动和辅助活动两类。

基本活动是指与产品或服务的创造或交付直接相关的活动，可以分为以下五项。

（1）输入物流　获取生产投入的各个环节，如进货、仓储、原材料处理、存货控制等。

（2）生产运作　将输入品转化为最终产品的活动过程，如机械加工与制造、生产工艺调试和测试、产品装配与包装、设备维护等。

（3）输出物流　与产成品的存储和发送有关的活动，如产成品入库、订单处理、货物运输、产品交付等。

（4）营销与销售　促进和引导消费者购买产品的各项活动，如广告促销、分销渠道建设、消费者行为研究等。

（5）服务　为提升或维持产品价值而提供的相关活动，如产品的调试与维修、零部件供应等。

辅助活动是指帮助提升基本活动的效果和效率而开展的活动，可以分为以下四项。

（1）采购　与购买投入品有关的活动和过程，例如供应商选择、采购信息系统建设等。

（2）技术开发　可以改进企业产品或服务的一系列技术活动，它包括生产性技术和非生产性技术两种。技术开发关系到产品质量的好坏和功能的强弱，决定了企业资源的利用效率。

（3）人力资源管理　与员工管理有关的各项活动，如招聘选拔、雇用培训、绩效考核、员工开发及薪酬管理等。

（4）基础设施　包含常规的大量管理活动如计划制订、会计核算、法律咨询、质量管理、信息系统建设等。

企业所处的行业不同，每一项活动所创造的价值也各不相同。企业的价值增值活动既可能产生于输入物流、生产运作等价值量的上游环节，也可能产生于输出物流、营销与销售等下游环节。当价值链的每一项活动都可以根据具体的行业和企业的战略再进一步细分为多个评价指标进行分析时，可以对每个细分后的评价指标进行复权打分，并与竞争对手的相应指标对比，从而得出本企业每一项价值链活动的评价结果。价值链分析对于企业有效识别自身优势和劣势、有效规避各类风险有着关键的作用，具体体现在三个方面：①准确识别企业价值创造的关键活动；②系统了解企业竞争对手的状况；③通过分析供应商和分销商的价值链，帮助企业寻求有效降低成本的途径。

由于价值链上的各种活动、要素之间存在着复杂的相互关系，其分析的过程相对复杂，需要展开大量的定性、定量分析。整体而言，价值链的分析步骤可以按以下步骤展开：①将企业的运作分解为特定的活动和业务过程；②确定各种活动的时间成本或金钱成本；③考察可以导致竞争优势或劣势的竞争性成本优势和竞争性成本劣势，将成本数据转换成特定形式的信息。

4.4　企业内部控制

企业内部控制是指由企业董事会、监事会、经理层和全体员工实施的、旨在实现控制目标的过程。内部控制的目标是合理保证企业经营管理合法合规、资产安全、财务报告及相关信息真实完整，提高经营效率和效果，促进企业实现发展战略。

4.4.1 企业内部控制的发展历程

企业内部控制是一个古老而又充满活力的话题，也是现代企业法人治理结构的精髓所在。企业内部控制经历了一个漫长的发展历程。

1. 萌芽阶段

企业内部控制理论由早期的"内部牵制"概念发展而来。内部牵制的概念出现较早，主要体现在企业内会计组织制度方面。这一阶段的内部牵制仅仅局限于一般性的经济制约关系。对于企业而言，这是一个基于企业个体行为层面控制的内部经济制约的阶段。企业通过业务授权、职责分工、定期核对等会计手段，以钱、财、物等会计事项为主要控制对象，来实现以查防弊的内部控制目标。

2. 发展阶段

1934 年，美国颁布的《证券交易法》首次提出了内部会计控制的概念。美国会计程序委员会（CAP）下属的内部控制专门委员会于 1949 年对内部控制首次做出了概念界定：内部控制是企业所制定的旨在保护资产、保证会计资料可靠性和准确性、提高经营效率，推动管理部门所制定的各项政策得以贯彻执行的组织计划和相互配套的各种方法及措施。1953 年，美国会计程序委员会又将内部控制划分为会计控制和管理控制两项内容，以此奠定了现代企业内部控制的基本框架。1972 年，美国审计准则委员会（ASB）对管理控制和会计控制提出今天广为人知的定义：会计控制由组织计划以及与保护资产和保证财务资料可靠性有关的程序和记录构成；管理控制包括但不限于组织计划以及与管理部门授权办理经济业务的决策过程有关的程序及其记录。在这一阶段，内部控制的框架和概念基本形成，为后续的快速发展奠定了基础。

3. 成熟阶段

1988 年，美国注册会计师协会（AICPA）首次以"内部控制结构"这一概念取代原有的"内部控制"一词。

1992 年，美国反对虚假财务报告委员会所属的内部控制专门研究委员会发起机构委员会（Committee of Sponsoring Organizations of the Tread-way Commission，COSO 委员会）发布《内部控制——整体架构（ERM）》，将内部控制定义为一个受企业董事会、管理当局和其他员工影响，旨在保证财务报告具有可靠性、经营的效果和效率以及遵循现行法规的过程，并提出了其基本构成框架：控制环境、风险评估、控制活动、信息与沟通、监督。2004 年 10 月，COSO 委员会发布了《企业风险管理——整合框架 X（ERM）》，提出了全面风险管理的概念：从企业战略制定贯穿到企业的各项活动中，用于识别那些可能影响企业的潜在事件并管理风险，使之在企业的风险偏好之内，从而确保企业取得既定目标的过程。与 COSO 委员会制定的内部控制整体框架相比，X（ERM）整合框架具有下列六个方面的主要特征。

1）内部控制涵盖在企业风险管理活动之中。

2）拓展了所需实现目标的内容。

3）引入风险组合观，强调从企业和业务单元两个角度以"组合"的方式考虑复合风险。

4）更加强调风险评估在风险管理中的基础地位。

5）扩展了控制环境的内涵。

6）扩展了信息与沟通要素。

2013 年，COSO 委员会对内部控制整合框架做了更新，根据新的国际通行惯例对各要素进行了重新编辑，详述了企业内部控制的五个要素、20 个原则以及 82 个关注点。

2008 年，我国财政部参考了 COSO 委员会制定的五个要素内控框架，联合证监会等五部门发布了《企业内部控制基本规范》。2010 年，五部门又联同制定了包含 18 项具体业务的《企业内部控制应用指引》《企业内部控制评价指引》和《企业内部控制审计指引》，这标志着我国企业内部控制进入标准化、常态化的发展阶段。2012 年，财政部和国务院国资委联合发文，推动中央企业用两年时间建立覆盖全集团的内部控制体系。2014 年，财政部出台了《行政事业单位内部控制规范（试行）》，要求所有党政机关和事业单位建立健全内部控制体系。2017 年，财政部出台了《行政事业单位内部控制报告管理制度（试行）》，用于规范行政事业单位的内部控制报告行为。至此，我国的内部控制体系建设开始全面铺开。

4.4.2　企业内部控制的目标和要素

1. 内部控制的目标

企业内部控制的具体目标体现在以下方面：①保证企业经营管理合法合规；②防范财务风险；③解决会计信息失真问题，保证国民经济正常运转；④建立现代企业制度、强化内部管理、提高经济效益；⑤促进企业实现发展战略。

2. 内部控制的要素

企业内部控制主要包括下列要素。

（1）内部环境　内部环境是企业实施内部控制的基础，一般包括治理结构、机构设置及权责分配、内部审计、人力资源政策、企业文化等。

（2）风险评估　风险评估是指企业及时识别、系统分析经营活动中与实现内部控制目标相关的风险，合理确定风险应对策略。

（3）控制活动　控制活动是指企业根据风险评估结果，采用相应的控制措施，将风险控制在可承受范围之内的行为。

（4）信息与沟通　信息与沟通是指企业及时、准确地收集、传递与内部控制相关的信息，确保信息在企业内部、企业与外部之间进行有效传递。

（5）内部监督　内部监督是指企业对内部控制的建立与实施情况进行监督检查，评价内部控制的有效性，发现内部控制缺陷，并及时加以改进的行为。

4.4.3　企业内部控制制度

1. 建立授权批准程序

企业应当对货币资金的收支和保管业务建立严格的授权批准程序，办理货币资金业务的不相容岗位必须分离。在治理结构、机构设置及权责分配、业务流程等方面形成相互制约、相互监督的机制，相关机构和人员应当相互制约，加强款项收付的稽核。与此同时，在岗位设置过程中不能一味地、片面地强调制衡，特别是在权力分配和业务流程设置上，过度制约会影响企业的效率。

2. 加强筹资业务管理

内部控制应当与企业经营规模、业务范围、竞争状况和风险水平等相适应。企业要加强对筹资业务的管理，合理确定筹资规模和筹资结构，选择恰当的筹资方式，并根据情况的变化及时加以调整，严格控制财务风险，降低资金成本，确保筹措资金的合理使用。

3. 完善采购与付款程序

企业应当合理规划采购与付款业务的机构和岗位，建立和完善采购与付款的控制程序，强化对请购、审批、采购、验收、付款等环节的控制，以清晰的政策、简洁的流程制定出采购与付款的关键控制程序，做到比质比价采购、采购决策透明，堵塞采购环节的漏洞。

4. 建立资产管理制度

企业应当建立实物资产管理的岗位责任制度，对实物资产的验收入库、领用发出、保管及处置等关键环节进行控制，防止各种实物资产被偷盗，避免实物资产的毁损和流失，防范活动过程中的错弊。

5. 建立成本费用控制系统

企业应当建立成本费用控制系统，权衡实施成本与预期效益，做好成本费用管理的各项基础工作，制定成本费用标准，分解成本费用指标，控制成本费用差异，考核成本费用指标的完成情况，落实奖罚措施，降低成本费用，以适当成本实现有效控制，提高经济效益。同时，控制过于严密对企业的效率也会产生影响，会减少企业的效益。

6. 制定销售策略

企业应当制定恰当的销售策略，明确定价原则、信用标准和条件、收款方式以及涉及销售业务的机构和人员的职责权限等相关内容，强化对商品发出和账款回收的管理，避免或减少坏账损失，避免企业的效益受到严重影响。

7. 建立工程项目决策程序

企业应当建立科学的工程项目决策程序，明确相关机构和人员的职责权限，建立工程项目投资决策的责任制度，加强工程项目的预算、决算、招标、投标、评标、工程质量监督等环节的管理，防范工程发包、承包、施工、验收等过程中的舞弊行为，同时保证工程项目决策程序的可操作性，避免因责任推卸而丧失控制效益。

8. 建立投资决策程序

企业应当建立科学的对外投资决策程序，关注重要事项和高风险领域，实行重大投资决策的责任制度，加强投资项目立项、评估、决策、实施、投资处置等环节的管理，严格控制投资风险。

9. 建立担保决策程序

企业应当严格控制担保行为，建立担保决策程序和责任制度，明确担保原则、担保标准和条件、担保责任等相关内容，加强对担保合同订立的管理，及时了解和掌握被担保人的经营和财务状况，防范潜在风险，避免和减少可能发生的损失。

本章小结

　　企业宏观环境由企业所处的整体外部环境，主要由政治、经济、社会和技术四类要素构成。行业环境是指对处于同一行业内的组织都会产生影响的环境因素，主要从行业新进入者的威胁、替代品的威胁、供应商的议价能力、购买者的议价能力、现有企业之间的竞争、利益相关者的影响六个方面展开分析。微观环境又称企业内部环境，是指企业内部的物质、文化环境的总和，包括企业资源、企业能力、企业文化等因素，可以采用 SWOT 分析、价值链分析等理论工具进行分析。企业内部控制是指由企业董事会、监事会、经理层和全体员工实施的、旨在实现控制目标的过程，其目标是保证企业经营管理合法合规、资产安全、财务报告及相关信息真实完整，提高经营效率和效果，加快企业发展战略的实现。

本章习题

【选择题】

1. 企业外部环境有（　　　）。

    A. 政治环境　　　　　　　　　　　B. 社会环境

    C. 技术环境　　　　　　　　　　　D. 经济环境

2. 技术因素环境主要涉及（　　　）。

    A. 技术水平　　　　　　　　　　　B. 技术力量

    C. 新技术的发展　　　　　　　　　D. 技术人才

3. 市场结构包括（　　　）。

    A. 完全竞争市场　　　　　　　　　B. 垄断竞争市场

    C. 寡头垄断市场　　　　　　　　　D. 完全垄断市场

4. 同类企业通常以（　　　）标志为依据。

    A. 产品的主要经济用途相同　　　　B. 使用的重要原材料相同

    C. 工艺过程相同　　　　　　　　　D. 以上都是

5. 以下哪个不是企业内部环境分析的内容？（　　　）

    A. 竞争者的数量　　　　　　　　　B. 组织结构

    C. 企业文化　　　　　　　　　　　D. 核心能力分析

【判断题】

1. 企业外部环境是指在特定时期所有处于企业之外而又将对企业的存在和发展产生影响的各种因素的总和。（　　　）

2. 经济全球化趋势就在过去的时间里影响世界绝大多数企业外部环境的变化趋势。

（　　　）

3. 一个国家或地区的社会组织、结构、风俗习惯等因素是影响企业战略行为最复杂、最深刻、最重要的因素。（　　　）

4. 企业战略管理者不仅需要关注市场，关心顾客的诉求，还需要关注行业以及其他相关因素对企业盈利和战略选择的影响。（　　　）

5. 在市场条件下，行业的早期进入者可以通过封闭信息的方法阻止潜在进入者的进入，能发挥长期作用。（　　　）

【简答题】

1. 企业外部环境中的各种因素之间存在复杂的相互关系，请阐述它们之间的区别与联系。

2. 请阐述波特五力分析模型的主要因素和作用范围。

3. 请阐述价值链分析的含义。

中国复合调味品行业市场环境

根据观研报告网发布的《2022 年中国复合调味品市场分析报告——市场全景评估与发展定位研究》显示，调味品主要是指香草和香料。复合调味品是以两种或两种以上调味品为原料，添加或不添加油脂、天然香辛料及动植物等成分，采用物理的或生物的技术进行加工处理及包装，最终制成可供安全食用的一类定型调味料产品，又称复合调味料。从产品结构看，中国复合调味料市场可以分为五大类，分别是鸡精、火锅调味料、中式复合调味料、西式调味料及其他。

调味品行业的渠道包括餐饮渠道、零售渠道和工业渠道，其中餐饮渠道面向各类餐饮经营主体，占比约 41.8%；零售渠道主要面向家庭消费者，占比约 33.2%；工业渠道主要面向食品加工企业，占比约 25%。餐饮渠道是我国最主要的消费渠道。从国际经验来看，各国餐饮行业与调味品的规模基本保持在 10∶1 的水平。

调味品产业的集中度在提升，强者更强局面进一步体现。新冠疫情之后，大的品牌企业将快速扩张并进行全国布局，定位精准且差异化明显的产品将更受青睐，中小企业的落后产能将快速出清，调味品产业的品牌集中度将得到进一步提高。现今，调味品类的企业品牌格局基本形成，调味品企业普遍都采用多品类发展的策略，每个企业不仅有自己的主打产品，更全面发展，开发出市场占有率高的产品，以及具有创新意义的产品。就现今各企业强势产品及品牌格局而言，各企业都有自己的强势产品和强势市场区域。酱油品类有广东海天、湖南加加、上海淘大；食醋品类有江苏恒顺、山西水塔。

随着消费者越来越重视调味品的健康程度和调味品是否对人体健康有影响，消费者对调味品的需求也在不断提高，需求向高档化和品牌化发展。另外，考虑到调味品行业的进入门槛比较低，较易争取到生产资质，对调味品行业来说，潜在的进入者就是国内私营调味品小企业。这类企业会抓取调味品健康化、高档化升级的趋势，进行简单的调味品升级，上市一些包装较为新颖、风味较为独特，但价格较为平价的产品，进行市场推广。这类潜在的新进入者如果用以上所述的低技术含量的新品进入市场，将会造成调味品市场的震动。

调味品的最大替代品是香辛料。香辛料是指一类具有芳香和辛香等典型风味的各种天然植物性制品，或从植物的花、叶、茎、根、果实或全草中提取的某些香精油或粉状物。20 世纪初，人们相继发现了丁香、迷迭香、鼠尾草、花椒、茴香、姜等各类香辛料。香辛料作为调味品的替代品，其威胁在于，有一类消费者乐于提升厨艺，有使用辛香料自主研发菜品风味的热情。他们并不喜欢调味品中添加的辛香料的粉末和配比，而是追求通过自主配比香辛料，让食物通过香辛料在口味和色彩上更具魅力、更好地激发食材的鲜味。

调味品企业的供应商大都隶属于食品添加剂及原料供应商。食品添加剂中的呈味核苷酸供应商主导行业话语权，因为呈味核苷酸是调味品的命脉，是调味品最重要的提鲜物质。原料供应商还包含玉米淀粉供应商、大豆供应商、糯米供应商、高粱供应商、鸡骨架供应商、鸡肉供应商。

中国消费者在持续增高的信心推动下，对快消品的需求呈高端化的趋势，平价商品和廉价商品的产品份额持续走低，即消费者对单位价格相对较小的快速消费品价格不太敏感。因此，买方的讨价还价能力在快消品中的调味品品类的发展中并不是最重要的因素。只要产品的升级与价格的提升具有相对的匹配性，买方不会过于拒绝相对提升的价格。

资料来源 观研天下.我国复合调味品行业市场需求与波特五力模型分析 [EB/OL]. (2022-03-14) [2022-04-20].https://www.163.com/dy/article/H2E16JPC0518H9Q1.html.

请运用波特五力分析模型对我国调味品行业的竞争环境进行分析。

利用波特五力分析模型，可以掌握产业竞争的性质和该产业所具有的潜在利润，从而对一个产业的竞争环境进行结构性的把握。

这五种竞争力量的状况及其综合强度决定着产业的竞争激烈程度和产业的获利潜力。这些力量越强，产业的竞争程度越激烈，就越少有企业能通过提高价格来获取更多利润。不同产业的竞争力量的综合强度是不同的，因此各产业最终的获利潜力也不同。在竞争激烈的产业中，例如家电业、食品加工业和机械制造业，多数企业获利较低，一般不会出现某个企业获利很大的状况。在竞争相对缓和的产业中，例如烟草、电信和电力等垄断产业，多数企业能获得较高的收益。对于盈利水平高的产业，较高的收益率将会刺激资本流入该产业。流入方式可能是新进入者带入或是现有竞争者追加投资。但是，随着产业竞争的不断加强，可能会使投资收益率下降，直至接近竞争的最低收益水平。从我国复合调味品行业市场现状中可以发现，现有企业间的竞争较为激烈，在主要产品品类领域都具有强势产品，市场格局相对稳定。调味品行业的进入门槛比较低，低端产品市场面临较为严重的行业新进入者威胁。在替代品方面，主要面临香辛料的威胁，尤其在厨艺提升、精致菜品等领域面临的替代威胁较为严重。调味品企业的供应商大都隶属于食品添加剂以及原料供应商，原材料是调味品行业的核心成本，供应商议价能力较强，能够直接影响调味品价格的市场波动。调味品的产品相似度较强，顾客可选择范围较大，具有很大的议价空间。

　　虽然波特五力分析模型为人们进行产业竞争分析提供了一个框架，但关于该模型的实践运用一直存在许多争论。因为该模型的理论建立在以下三个假定基础之上：①战略制定者可以了解整个产业的信息；②同产业之间只有竞争关系，没有合作关系；③产业的规模是固定的。只有通过夺取对手的份额来占有更大的资源和市场。但在现实中战略制定者显然难以了解整个产业的信息，而且现实中企业之间存在多种合作关系，不一定是"你死我活"的竞争关系；企业之间也可共同做大产业的"蛋糕"来获取更大的资源和市场，同时，市场也是可以通过不断的开发和创新来增大容量。而且，该模型也没有考虑到不同企业的差异特点，仅仅从企业的外部竞争因素对比来分析产业吸引力问题，忽略了企业内部的能动力量，特别是企业所拥有的与众不同的独特能力。这些局限都影响了波特五力分析模型在实践中的运用，因此该模型更多地被认为是一种企业进行战略思考的理论性工具。

第 5 章

战略风险管理

学习目标

1. 理解企业战略的概念与特征。
2. 掌握企业战略管理的概念与层次。
3. 掌握企业战略风险的概念与特征。
4. 掌握企业战略风险的分类与成因。
5. 了解企业战略风险的应对策略。
6. 了解企业战略风险的管控措施。

逻辑框架

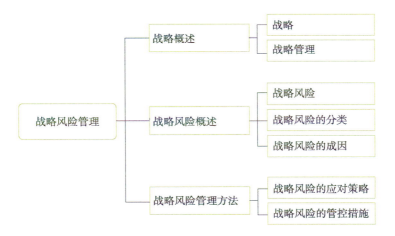

引导案例

管理者与公司战略愿景不一致，失败就只是时间问题

愿景式领导被广泛视为战略变革的关键。理论与实践都认同愿景式领导是一种重要的领导能力。然而研究发现，如果中层管理者与高层管理者的战略愿景不一致，愿景式领导的正面作用就会消失，导致战略变革减慢乃至失败。

西欧有服务机构对一个能源业公司和一个交通运输业公司的愿景式领导和战略一致性进行了研究。两家公司经历了相似的战略变革，都将实现组织的战略一致性作为重要目标。服务机构对 136 名管理者及其团队开展调查，评估愿景式领导、团队战略一致性和中层管理者与高层管理者的战略一致性。研究结果表明，愿景式领导是一把双刃剑。只有中层管理者与高层管理者战略愿景一致，愿景式领导才会发挥效果，中层管理者参与愿景式领导的程度越高，团队成员就越了解战略，进而能够更好地投身于战略实施。如果中层管理者与高层管理者的战略愿景不一致，愿景式领导的负面效果就会出现，中层管理者越表达愿景，团队中的战略一致性与投入程度就越低。

资料来源 改编自阿特斯，塔拉克哲，迪克，等.愿景式领导为何失败 [J].哈佛商业评论简体中文版，2019(4)：54-56.

如何确保管理者与公司战略愿景一致？

首先要在中层管理者中建立战略一致性，然后再着手实施战略。建立战略一致性并不是一次单向的沟通，而是相互对话。员工要始终信服战略变革体现的价值观，才会真正主动负起责任。研究表明，相互对话的措施能够很好地保证公司通过培养管理者的愿景式领导能力获得益处，不必受愿景式领导的负面影响。

5.1 战略概述

5.1.1 战略

1. 战略的定义

"战略"一词原为军事用语，意为作战的谋略。英文"战略"一词为"strategy"，源于希腊语"stratagos"，意为"将军的技艺"，也与战事有关。"战略"一词与企业经营联系在一起并得到广泛应用的时间并不长。最早把战略思想引进企业经营管理领域的是美国管理学家切斯特·巴纳德，在其代表作《经理人员的职能》（1938）中运用了"战略因素"这一概念对企业诸因素及其相互影响进行分析，用以说明企业组织的决策机制，但该词的应用并不广泛。直到 1965 年美国管理学家伊戈尔·安索夫所著的《企业战略》问世之后，"企业战略"一词才开始广泛应用。

　　由于企业战略的概念来源于企业生产经营活动的实践，不同管理学家和实践工作者其自身的管理经历和对管理的认识不同，因此在如何界定企业战略的问题上，国内外学术界还未达成统一的认识，不同学者从不同的角度赋予企业战略不同的含义。例如，哈佛大学商学院教授肯尼斯·安德鲁斯认为企业战略是目标、意图或目的，以及为达到这些目的而制订的主要方针和计划的一种决策模式。钱德勒把战略视为决定企业基本的长期目标和目的，并明确实现目标所必需的一系列行动及资源配置。美国学者库尔特在其《战略管理：实践导向》一书中指出，战略是指以将组织的能力和资源与它所在环境的机会和威胁相匹配为目标的决策和行动。综合上述观点，本书将企业战略定义为，企业为了长期生存和不断发展，根据内部资源条件和外部环境的变化，对企业的发展目标及其达成途径和手段进行的具有全局性、长远性、纲领性的谋划和决策。

2. 战略的特征

　　虽然学者们对企业战略的内涵各有不同的认识，但对于企业战略特征的理解却大致相同。总体来说，企业战略的特征有如下几个方面。

　　（1）全局性　企业战略是指以企业全局的发展规律为研究对象，根据企业总体发展的需要而制定的、指导企业一切活动的谋划和指南。企业战略规定的是企业的总体行为，追求的是企业的总体效果，它是对企业各项经营活动和企业各部门的整体规划，而不是对企业各项经营活动的简单汇总，也不是对企业单一部门的规划。换句话说，企业战略的重点不是研究企业的某些局部性问题，而是研究企业的整体发展。这就提醒企业在整体经营管理中要以企业战略为目标，关注全局、关注整体，指导整体的发展。

　　（2）长远性　长远性企业战略是企业谋求长远发展的行动指南，它的着眼点在于企业未来的生存和发展，它是企业对未来较长时期内（3~5 年，甚至更远）如何生存和发展的通盘筹划。企业战略考虑的不是企业经营管理中一时一事的得失，而是企业在未来相当长一段时间内的总体发展问题。因此，企业战略不仅要研究企业的当前利益，更要着重研究企业的长远利益，使当前利益服从长远利益；企业战略既要从企业外部环境和内部条件的当前情况出发，研究外部环境和内部条件未来变化的趋向及其相互影响，又要以经理人员所预测或期望的将要发生的情况为基础，创造条件使企业战略决策向有利于接近战略目标的方向转化。

　　（3）适应性　适应性是指企业战略为企业确定了发展方向和战略目标，同时以原则性和概括性的规定，强有力地引导和号召企业全体人员。企业内外部环境时时刻刻发生着变化，并且难以准确预测，企业战略往往面临着很大的市场风险。就战略决策的本质而言，企业战略正是在企业无预先计划的情况下对环境变化做出的反应。因此，企业战略应该保持对环境的动态适应性，要具备较强的灵活性。

　　（4）竞争性　企业最直接的目的就是生存和发展，这种生存与发展是在一个具有竞争性的环境和背景中实现的。企业战略是关于企业在激烈的竞争中如何与竞争对手抗衡的行动方案，同时也是针对来自各方面的冲击、压力、威胁和困难，迎接这些挑战的行动方案。可见，企业战略是为应对市场竞争的压力，赢得生存与发展的机会服务的。

（5）合作性　企业战略制定的目的在于获取竞争优势，克敌制胜。然而，企业为了赢得自身的发展和实现资源的优化配置，单纯地依靠竞争已经不能保证其长久生存，这就对企业之间的合作提出了要求。此时，企业战略的制定就可能是基于合作企业双方的共同利益，甚至是企业生死存亡的关键，这样的战略更具互动性、现实性和可行性，从而帮助企业最终打败共同的竞争对手，实现共同的战略目标。

5.1.2　战略管理

1. 战略管理的内涵

企业战略管理是对分析、选择和实施企业战略的全部活动的总称，是企业找到并实现未来生存与发展的目标、途径和方式的动态管理行为。企业战略管理的重点是制定和实施战略，而制定和实施战略的关键在于寻求企业外部环境、内部条件和企业目标三者之间的一种动态平衡，从而保证企业战略目标的实现。要正确理解上述战略管理的内涵，需进一步掌握以下三个要点。

1）企业应该把未来的生存和发展问题作为制定战略的出发点和归宿，也就是说，一个好的战略应有助于企业实现长期生存和发展的目标。而要做到这一点，企业不仅要了解本身所处行业的过去和现在，尤其需要关注行业内外环境因素以及将来发展变化的趋势，从而把握自身的未来。

2）企业战略管理应该是在经营活动之前有目的、有意识制定的，应体现一种主动精神。战略的制定必须建立在对影响企业内外部环境因素的全面了解和分析的基础上，战略管理体现了企业为了获得持久竞争优势而对外部机会和威胁以及内部优势和劣势的一种主动反应性。

3）战略管理的实质是帮助企业建立和维持持久的竞争优势，即帮助企业保持一种强大而灵活的态势。战略应为企业提供若干个可以实现企业目标的途径，以应付外部环境可能出现的意外情况。正像军事战略谋求"进可以攻，退可以守"一样，企业战略应使企业在市场竞争中保持一定的灵活性和机动能力，保持良好的市场扩张和收缩通道。

2. 企业战略的层次

一个完整形态的企业战略包括公司层战略、业务层战略与职能层战略三个层次，分别与组织的目标层、方针层、行为层相对应。

（1）公司层战略　公司层战略又称总体战略，是公司最高层次的战略。公司层战略决定了企业从事哪些业务，进入哪些行业，以及不同业务之间如何进行资源的配置等问题。

（2）业务层战略　业务层战略又称事业层战略，是决定组织如何在每项业务上展开竞争的战略。当一个组织从事多种不同业务时，建立战略业务单元更便于计划和控制。战略业务单元代表一种单一的业务或相关的业务组合，每一个业务单元应当有自己独特的使命和竞争对手。

（3）职能层战略　职能层战略是根据公司层战略或业务层战略对企业各方面职能活动进行的谋划，主要涉及企业各职能部门，其主要职责是更好地配置企业内部资源，为各级战略服务，并提高组织效率。

5.2　战略风险概述

5.2.1　战略风险

1. 战略风险的定义

战略风险研究是战略研究和风险研究的交叉领域。战略管理学者对风险的系统研究开始于 20 世纪 70 年代末，从 20 世纪 90 年代初开始快速发展，目前已经成为风险和战略管理交叉领域的前沿课题之一。虽然战略风险研究已经有 20 多年的历史，但目前学术界对战略风险的概念尚未达成一致。

肯尼斯·安德鲁斯（1971）从决策理论观的角度提出，战略风险是战略本身存在的风险，是由于领导者做出影响公司全局的决策而造成的风险。其他部分学者则从风险理论的角度入手，将战略风险视为一种战略层面的风险，即引发企业的行业竞争力下降或企业盈利能力下降的因素。另外一部分学者从战略目标出发，将战略风险定义为阻碍战略目标实现的可能性。该观点认为，在企业对战略制定和实施的过程中，战略风险是指那些实现企业战略目标所需要的条件不充分或是不存在而无法保障企业战略目标得以实现的可能性。这一观点突出了战略风险和其他类型风险的区别，适用于战略风险的识别、分析以及防范等各个环节。因此，本教材采用该项定义。

　小阅读

战略敏捷性的 6 条构建原则

2020 年年初，爱彼迎（Airbnb）迎来了辉煌的一年——预订量增加，扩张计划到位，首次公开募股（IPO）将于春季进行。随后，新冠疫情袭来，超过 10 亿美元的订单化为乌有，扩张计划被推迟，1/4 的员工被裁减。然而，到当年年底的时候，他们的收入已经恢复，而且该公司完成了史上最成功的科技 IPO 之一。

California Pizza Kitchen（CPK）以其创新产品而闻名。在新冠疫情危机期间，该公司迅速采取行动，提供路边配送服务，并提升其线上功能。然而，尽管该公司以创新和前瞻性思维著称，但它还是在 2020 年 7 月申请了破产保护。

资料来源　改编自韦德，乔希，泰拉奇诺. 战略敏捷性的 6 条构建原则 [J]. 哈佛商业评论简体中文版，2022(1): 28-34.

问题思考

爱彼迎和 CPK 同样受到新冠疫情的影响，为何一家企业欣欣向荣，而另一家却举步维艰？

　　研究发现，企业如果具有以下三种特性，则该企业是具有战略敏捷性的3A：①企业足够灵活，可以避免最坏的影响；②当遭遇打击时，企业足够强健，能够化解大量的损害；③企业有足够的应变力，能够比同行更快、更有效地加速前进。

　　3A评级背后的六项原则。

　　（1）优先考虑速度而非完美　　在我国春节假期中，电影院通常人满为患。然而，2020年1月的春节，由于新冠疫情的影响，大多数影院空无一人，许多影院甚至关门歇业。此时欢喜传媒集团有限公司与麦动一时的应用程序抖音（TikTok）背后的中国公司字节跳动（Bytedance）进行了接触。电影《囧妈》放弃院线上映，转而在字节跳动平台上免费观看，短短两天时间平台得到了6亿次浏览量。这部电影不仅获得了大量的观众，还引发了民众如潮的善意。由于坐等观望，其他制片厂错失了一个扩大市场份额和利用限时时机的重大机会。

　　（2）优先考虑灵活性而非计划　　面对疫情期间收入的大幅下降，澳洲航空公司放弃了其五年战略计划，重拾20世纪80年代的旧想法，推出了"无目的地航班"。这些短途旅行包括低空飞越大堡礁和乌鲁鲁国家公园等澳大利亚一些主要旅游目的地。所有座位在10分钟内售罄，成为澳航历史上销售最快的促销活动。

　　（3）优先考虑多种经营和"效率宽松"而非最优化　　印度最大的食品配送初创企业Swiggy建立了一个平台，该平台包括500个城市的160000多家餐厅。在新冠疫情封城期间，包括送货在内的餐厅活动下降了50%以上。Swiggy意识到自己过分依赖于将地点固定、传统"入座式"餐厅作为其送货伙伴是一个严重的弱点。作为回应，该公司启动了一项计划，将街头食品摊贩添加到其平台上，最终增加了36000多家这样的摊贩。

　　（4）优先考虑赋权而非等级制度　　全球动物健康领军企业Zoetis在疫情期间采用了这种方法。新冠疫情到来时他们正准备推出自己有史以来最大的新产品，一种狗用药物。但是疫情的到来导致供应链中断、营销延迟、测试中心和实验室开放时间缩短在内的一系列挑战，产品的发布有可能化为泡影。作为回应，Zoetis的CEO决定允许全球45个市场的本地的领导以最合适的方式自主开展产品发布。

　　（5）优先考虑学习而非怪罪于人　　Evalueserve是一家中型全球IT服务公司，在印度设有多家办事机构。当印度提前六小时宣布严格封城时，它别无选择，只能让3000名员工转为居家办公。这一举措提升了员工幸福感和士气方面的风险。作为回应，该公司进行了几项改革，以促进"不怪罪"氛围的形成。

　　（6）优先考虑资源模块化和流动性，而非资源锁定　　"偏执狂粉丝（paranoid fan）"应用程序让美国全国橄榄球联盟（NFL）粉丝订购的食物可以配送到他们在体育场的座位处。但由于现场赛事因新冠疫情而缩减，该应用程序失去了用户。当创建人阿古斯丁·冈萨雷斯看到纽约市食品银行外排起长队的时候，他意识到了有机会重新配置该应用程序地图绘制与配送技术。该公司推出了一款名为Nepjun的新应用程序，它允许食品银行设置菜单和创建配送协议，同时还允许用户在他们的小区附近中找到运营中的食品银行。

资料来源 改编自韦德，乔希，泰拉奇诺.战略敏捷性的 6 条构建原则 [J]. 哈佛商业评论简体中文版，2022(1)：28-34.

2. 战略风险的特征

战略风险有以下典型特征。

（1）损失的不确定性 损失的不确定性是一切风险所具备的特征，战略风险也不例外。战略是较长时期内的规划，涉及企业长远发展目标，其面临的不确定性程度高，损失的不确定性大。

（2）动态性 战略实施是一个漫长的过程，在不同的时间段上，由于外部经营环境和内部资源的变化，企业的战略风险也会随之发生改变。

（3）特质性 战略风险的特质性是指不同的企业由于其战略目标、企业规模、资源禀赋、管理者能力等方面的差异，导致同一风险事件对于不同企业的影响不同。例如，有些风险对中小型企业而言属于战略风险，对大型企业来说可能仅仅是一般的风险。

（4）主观性 战略风险的主观性是指对战略风险的识别、评估受到战略管理者个人因素的影响，其阅历、经验、能力以及风险偏好都会对企业战略风险产生影响。

（5）不可消除性 战略风险伴随着企业战略实现的全过程。战略风险管理的目标不是消除风险，而是有效控制风险。

5.2.2 战略风险的分类

企业战略风险是动态的，在不同的战略执行阶段表现为不同的风险，这些共同组成了企业战略风险的整体。

（1）战略假设风险 战略分析是企业制定战略的第一步。企业通过对内外部环境的分析得出一系列战略依据和条件假设，再根据这些依据和假设制定出战略方案。在战略分析过程中，管理者能否全面、系统、准确地获取内外部环境信息，识别关键因素，与此后的战略选择及实施息息相关。如果管理者在战略分析阶段忽略了某些关键因素或是对战略的边界条件做出了错误的判断，就会产生战略风险，这种战略风险被称为战略假设风险。

（2）战略选择风险 战略选择是指在战略分析的基础上从战略假设条件决定的多种可供选择的战略方案中挑选和确定最终实施方案的过程。战略决策对各主要利益相关者的利益均有重大影响，战略决策过程本身是一个"博弈过程"，与企业的治理结构密切相关。如果企业治理结构安排不当，则会出现权力失衡、利益失衡和战略失衡，其结果势必影响企业的生存与发展。这种由于治理结构安排及运作导致的战略决策风险被称为战略治理风险。

（3）战略实施风险 战略方案确定后，企业需要协调一切资源能力来推动战略目标的实施。如果企业已有的资源、能力和条件无法支持企业战略目标的实施，就会导致战略错位风险。如果企业的资源和能力条件与既定战略实现良好匹配，企业就能够成功进行战略实施并以此为基础形成核心能力。核心能力只有在适应动态环境的前提下才有可能恒久，形成真正的核心竞争力。如果这种核心能力不能随环境的变化而发展，就极有可能转变为战略实施的阻力，导致战略刚性风险。战略错位风险和战略刚性风险是战略实施过程中的主要风险。

5.2.3 战略风险的成因

多方面原因都可能形成企业战略风险，包括客观和主观两个方面。不同类型的战略风险，主要成因也各不相同。

1.战略假设风险的成因

战略假设风险出现在战略分析阶段，导致战略假设风险的主要因素包括企业高层领导和战略管理人员的战略分析能力、企业愿景和信息化水平等。参与战略分析人员的战略意识、分析能力、信息获取能力、经验技能等都会制约其分析结果，从而影响整体战略分析的完整性、准确性和系统性，决定战略制定的风险及其大小。其中，企业高层领导对战略假设风险的影响最大。战略分析在企业愿景的指导下完成，如果企业没有稳定、清晰和共同认可的愿景，那么战略分析就无所依凭，一些潜在的风险因素就可能被排除在战略分析者的视野之外。战略分析的首要条件是全面、系统和准确地获取各种信息。如何从大量信息中提取有用信息并提升关键信息的分析能力，是企业规避战略假设风险的关键所在。

2.战略选择风险的成因

战略选择风险的形成与公司治理结构密切相关，其风险水平主要取决于企业主要利益相关者之间的权力均衡度、信息对称度、价值观认同度以及企业治理结构的健全度等因素。由于企业的战略选择会对主要利益相关者的利益产生深远而长久的影响，所以各主要利益相关者都会通过各种途径来影响企业的战略选择。如果企业的某个或某些主要利益相关者不具备影响企业战略抉择的足够权力，那么他们的利益就有可能被侵蚀，久而久之，这种利益侵蚀会反过来侵蚀企业的战略根基，导致企业的战略风险。企业主要利益相关者之间权力失衡的原因之一，是他们之间存在信息不对称。企业主要利益相关者之间的矛盾还取决于他们各自的价值观。如果各利益相关者都固执地坚持自身利益价值最大化而互不让步，那么企业的战略选择就无从谈起，企业战略选择过程就会演变为遥遥无期的争论，进而错失良机，造成重大损失。企业治理结构方面的缺陷会导致某些利益相关者权力过于膨胀，同时其他利益相关者失去参与决策的机会和权力，这样会引发决策风险。

3.战略错位风险的成因

战略错位风险是战略实施阶段的主要风险之一。如果战略目标和战略本身没有问题，那么如何创造性地筹备和动态均衡地配置战略实施需要的各种资源与能力则主要取决于企业的执行力、应变力和控制力。执行力是将既定的战略转化为具体行动从而实现战略目标的能力体系。不具备相应的执行力，会导致企业战略无法实施，从而出现战略错位。应变力是在实施既定战略的过程中应对内外部突发事件的能力体系。企业战略执行过程中面临内外部环境的持续变化，必须能够动态修正战略假设并据此调整战略。控制力是结合战略目标和战略环境的变化来不断调整战略实施进程和绩效的能力体系。控制力的缺失，会导致企业无法识别战略目标与战略实施进程和绩效之间的错位并及时予以纠正，从而引发战略错位风险。

4.战略刚性风险的成因

战略刚性风险是战略实施后期阶段的主要风险。伴随企业战略成功实施而形成的特定核心能力，是企业核心竞争力的关键来源。但企业核心能力是特定的战略环境和特定战略相联系的产物，如果战略环境发生变化而企业依然坚守特定的核心能力，就会出现战略刚性风险。

📖 **小阅读**

战略频频失败，谁之过

在许多创新型的新企业中，CEO 擅长通过解决未得到满足的客户需求来找到产生价值的方法，但却没有充分分析如何才能获得足够的价值。他们被自己新商业模式的初步成功所诱惑，忽视了对维持长期竞争优势所需的能力进行投资。传统企业的领导者通常会犯不同的错误：有些人低估了新技术和商业模式能为客户增添价值；另一些人则让公司运营与公司独特的市场定位过于紧密地保持一致，以至于在客户的兴趣发生变化时无所适从。这些领导者要么忽略了完整战略格局的某些要素，要么未能认识到各要素之间的相互依赖关系。

资料来源　改编自 COLLINS J. Turning goals into results (harvard business review classics): The power of catalytic mechanisms[M]. Harvard business review press, 2017.

5.3　战略风险管理方法

5.3.1　战略风险的应对策略

企业需要根据自身实际情况，采取相应策略来减少战略风险发生的概率，降低损失程度并有效利用战略风险背后蕴藏的机会。根据战略风险的类型，主要有以下几种战略风险的应对策略。

（1）战略风险回避策略　战略风险回避策略是以放弃或拒绝承担风险作为控制方法来回避损失的可能性。风险回避是最为消极的风险应对策略。通过战略风险回避，企业能够有效地避免战略风险的发生。但风险回避策略不可避免地存在局限性，即成功回避风险的同时，也失去了盈利的机会，毕竟利润和风险在市场环境中是共生的。

（2）战略风险减弱策略　战略风险减弱策略是通过减少战略风险发生的可能性或削弱损失的严重性以控制战略风险造成的损失。战略风险回避策略旨在将风险发生的可能性降为零，完全避免损失的发生。战略风险减弱策略则以降低风险发生概率、减少风险损失为目的。

（3）战略风险转移策略　战略风险转移策略是指企业以付出一定的经济成本（如保险费、盈利机会等），采取某种方式（如参加保险、套期交易、票据贴现等）将风险损失转嫁，由他人承担风险损失，以避免战略管理过程中出现的风险给企业带来灾难性损失。转移战略风险的基本方式包括保险转移与非保险转移。战略风险转移策略并未降低风险发生的可能性和风险损失程度，而是将战略风险的后果转移到其他地方。

（4）战略风险自担策略　如果企业有足够的战略资源承受该风险损失时，可以采取风险自担和风险自保自行消化风险损失。战略风险减弱策略属于事前风险控制，即在风险发生之前就采取措施降低风险发生的概率。战略风险自担策略则属于事后风险控制，是在战略风险发生之后开展的风险处置，将风险损失摊入成本费用或冲减利润。

因承受风险能力不同并且面对的战略风险存在差异，企业要根据上述战略风险管理策略而选用合适的战略风险应对策略，一般是将几种战略风险应对策略进行组合，实现边际利益最大化。

5.3.2 战略风险的管控措施

企业战略风险是不可避免的和无法根除的，企业应持续对战略加以监控，合理控制战略风险水平，制定有针对性的战略风险管控策略。

1. 战略假设风险管控措施

企业可以采取一定的措施管控战略假设风险：①企业要培养具备开阔战略视野、全面战略素养和敏感战略直觉的高层管理者，从而能够洞察企业内外部环境的变化并动态调整自己的战略假设。②企业要确立明确的使命和愿景，为企业的战略分析提供聚焦点和范围。③大中型企业应该结合自身实际情况建立专业的战略管理团队，持续地对企业的战略环境进行扫描、监控、预测、评估，并据此动态地修正企业的战略假设。④企业要加速信息化、数字化进程，制定和实施正确的数字化战略，提升企业的数字技术应用水平和知识管理水平，为企业战略分析提供技术保障。

2. 战略选择风险管控措施

企业可以采取一定的措施管控战略选择风险：①平衡利益相关方的期望与需求，建立完善的利益相关方保证机制。②制定利益相关者管理策略，建立利益相关者信息沟通制度，使利益相关者能够适时了解企业战略的制定和实施情况，在明确企业动态的情况下参与企业决策。③通过自上而下的探索，循序渐进地形成企业文化，宣扬合作多赢、以人为本、持续发展等积极思想，减少个体与集体的利益冲突，营造和谐团结的工作氛围，建设积极向上的企业文化。

3. 战略错位风险管控措施

企业可以采取一定的措施管控战略错位风险：①企业要持续提高战略执行力。战略一经确定，就要立刻采取行动，对组织结构、企业文化、薪酬激励等要素渐次进行调整，对企业所需要的内外部资源进行充分整合，使企业的资源和能力与战略目标的要求相匹配。②企业要培养并持续提高企业的应变能力，培育崇尚变革的企业文化，建立风险预警系统。③企业要加强战略控制，充分应用先进的数字技术，实时获取企业战略实施过程中的各种信息，对照企业的战略目标分析差距并制定和实施纠偏策略。

4. 战略刚性风险管控措施

企业可以采取一定的措施管控战略刚性风险：①企业要建设学习型组织，培养具备开放进取观念、持续学习态度、突破自我勇气的新型员工。②企业要建立民主决策机制，培育畅所欲言的氛围，协调各方利益相关者就企业战略达成共识。③企业要建立无边界的柔性组织结构，通过内部的重组和外部的合作来化解刚性风险。

─── ● 本章小结 ───

　　企业为了长期生存和不断发展，根据内部资源条件和外部环境的变化，对企业的发展目标及其达成途径和手段的全局性、长远性、纲领性的谋划和决策称之为企业战略，分为公司层战略、业务层战略与职能层战略。战略风险是阻碍战略目标实现的可能性，具有典型的损失的不确定性、动态性、特质性、主观性、不可消除性特征，是战略研究和风险研究的交叉领域。企业战略风险是动态的，在不同的战略执行阶段表现为战略假设风险、战略选择风险、战略实施风险（包括战略错位风险和战略刚性风险）等类型。不同类型的战略风险其成因各不相同，包括客观和主观两个方面。企业应对战略风险可以采取回避、减弱、转移、自担等策略。企业战略风险是长期存在且不可避免的，无法彻底根除，企业必须采取恰当的措施来有效管理战略风险。

✏️ 本章习题

【选择题】

1. 狭义概念下的企业战略管理对象是（　　　）。
　　A. 企业战略　　　　　　　　　　　　B. 风险战略
　　C. 竞争战略　　　　　　　　　　　　D. 经营战略

2. 战略风险的动态性更强调（　　　）的变化。
　　A. 环境　　　　　　　　　　　　　　B. 时间
　　C. 领导　　　　　　　　　　　　　　D. 政策

3. （　　　）是根据公司层战略或业务层战略对企业各方面职能活动进行的谋划。
　　A. 职能层战略　　　　　　　　　　　B. 企业战略
　　C. 业务层战略　　　　　　　　　　　D. 营销战略

4. 企业战略的特征主要是（　　　）。
　　A. 全局性　　　　　　　　　　　　　B. 长远性
　　C. 纲领性　　　　　　　　　　　　　D. 竞争性

5. 企业战略管理分为（　　　）。
　　A. 公司层战略　　　　　　　　　　　B. 业务层战略
　　C. 职能层战略　　　　　　　　　　　D. 人力层战略

6. 战略风险性质包括（　　　）。
　　A. 损失的不确定　　　　　　　　　　B. 动态性
　　C. 特质性　　　　　　　　　　　　　D. 不可消除性

【判断题】

1. 企业战略是企业为了适应环境的变化，寻求中长期利益而制定的总体性和长远性的策略。
（　　　）

2. 企业战略管理是为了确定企业使命，根据企业外部环境和内部经营要素确定企业目标。
（　　　）

3. 外部经营环境和内部资源的变化，企业的战略风险也很有可能随之发生改变。（　　　）

4. 战略风险回避策略是指通过减少战略风险发生的可能性或削弱损失的严重性以控制战略风险造成的损失。
（　　　）

5. 企业战略的一个本质特点就是风险性。　　　　　　　　　　　　　　　　（　　　）

6. 竞争风险是指企业在核心运作过程中产生的风险。　　　　　　　　　　（　　　）

7. 有些风险对小企业来说是战略风险，对大企业来说可能仅仅是一般的风险。（　　　）

8. 战略风险管理的目标不仅是消除风险，更是控制风险。　　　　　　　　（　　　）

9. 根据企业战略风险的构成要素，将战略风险分为外部风险和内部风险。　（　　　）

【简答题】

1. 战略环境是企业赖以生存的土壤，谈谈你认为有哪些因素影响战略环境。
2. 阐述战略风险的成因。
3. 阐述企业如何提高对战略风险管理的重视程度。

流动性触礁，海航"归航"

海航集团有限公司（简称"海航集团"），以 1993 年 5 月 2 日成功首航为起点，驰骋于天地之间。创业至今，它成功实现了从传统航空企业向多元化巨型跨国集团的转型。2011 年 1 月，海南航空荣膺世界第七家"SKYTRAX 五星航空公司"，并连续多年蝉联该荣誉，跻身"全球最佳航空公司 TOP10"榜单第七位，是国内唯一一家获此殊荣的航司，它传承海航人"店小二"的服务精神，为旅客提供世界级水平的航旅服务，成为中华民族品牌的一张亮丽名片。

截至 2015 年 11 月，海航集团在法国、巴西、土耳其、南非、加纳等境外市场均有战略部署，境外投资遍地开花。2009 年，海航集团旗下公司还不到 200 家，而经过一系列的境外并购后，截至 2017 年，海航集团旗下公司数量已高达 454 家，海航集团已成为一个跨国家、跨行业的多元化巨型国际集团，就其资产规模来看已超越其他三大航空公司，率先跻身世界 500 强，2017 年更是排在第 170 位，一时风光无限。

海航集团通过连续杠杆收购实现了滚雪球般的高速发展，尝到了举债扩张的甜头，但与此同时也面临着一份巨额账单。自 2016 年起，大额债务逐笔累积、接连到期，一年内到期的流动性负债、应付票据及短期借款分别为 265.78 亿元、925.54 亿元及 1201.47 亿元，同比增长 36%、91% 及 52%，集团负债总规模高达 6034.12 亿元，面临着巨大的还本付息压力。2018 年集团总资产达到 10705.13 亿元，但其负债规模也不小，高达 7552.68 亿元，资产负债率从 59.78% 涨到 70.55%，高于行业平均水平，其庞大的资产体量背后是节节攀升的资产负债率在苦苦支撑。

从 2015 年开始，海航集团的资金链问题就初露端倪，公司持有的现金资产无法抵偿全部流动性负债，海航集团的流动性负债数额节节攀升，债务缺口在逐年拉大。与此同时，由于准备金、保证金和质押等原因，货币资金中受限资产的比例和绝对额都有明显增加，资金流动性水平降低，且自 2017 年后，集团现金资产的持有规模反而缩减了。2018 年，海航集团经营活动净现金流入仅有 412.29 亿元，难以填补千亿级债务，且长期以来作为集团主要"输血机器"的海航控股也受到了集团流动性危机的牵连，取得上市以来最大的业绩亏损，净利润跌至 -36 亿元。从筹资情况来看，2018 年海航集团筹资活动产生的现金流净额由正转负。为了缓解债务危机，集团开始进行一系列的资产处置，总计出售 3000 亿元的资产，清理了 30 多家公司，投资活动现金流量净额由负转正，给予公司一时的喘息机会。可见，海航集团主要是通过变卖资产的方式填补资金缺口，但从效果来看，3000 亿的家当只是给公司短期续了命，想要摆脱财务困境，这还远远不够。在2018年处置了巨额资产后，集团仍面临着150亿元的资金缺口，公司资产规模缩减了1614.23亿元，而负债却继续增加187.66亿元，资产负债率不降反升，2019年将有更高数额的债务即将到期，股票价值大幅缩水，此外，在尝试"借新还旧"失败后，海航集团无奈之下掀起了"海航系"债券违约狂潮，一直在大力处置资产、积极"自救"的海航最终还是陷入了债券违约的境地。

海航"瘦身"第一步：去地产化。疯狂甩卖国内外地产项目，逐步缩减海航地产业务，直至完全"去地产化"，主要集中于存量项目的去化，例如住宅尾盘、写字楼、部分在建工程项目等。

海航"瘦身"第二步：去金融化。公司为了及时止损，放出"剥离金融资产、聚焦主业"的信号。在流动性危机爆发与金融监管持续高压的双重打压之下，公司只能做出"去金融化"的战略调整。

海航"瘦身"第三步：股权重组。秉承"政府出资，海航管理"的合作理念，当地政府及事业单位的定向注资给予集团喘息的机会，使得海航能够在不剥离航空板块的情况下，以"减持股份、输出管理"的方式保持对各航空子公司的经营管理权，进一步推动公司回归主业，做精做强航空核心产业。

海航最终能否通过"他救"实现"聚焦主业，向死而生"？这或许需要时间给出答案……

资料来源 改编自杨克磊，朱玉萍，隋爽.流动性触礁，海航"归航"[DB/OL].中国管理案例共享中心.（2022-01-04）[2022-04-20].http://www.cmcc-dlut. cn/Cases/Detail/5816.

1. 结合海航集团早期的战略，分析风险爆发的根源是什么。
2. 海航集团"自救"失败的案例对其他企业应对和预防流动性风险有何启示？

1. 海航集团流动性风险

海航集团流动性风险的根源：过度交易、融资成本高、资本结构不合理、外部环境变化。

集团盲目的多元化战略加速了对核心能力的侵蚀，使得航空主业在新冠疫情的冲击下资金链出现断流，海航集团令人眼花缭乱的境外收购计划带来了大额的资金消耗却没能够带来预期的高回报收益，其流动性危机爆发最本质的根源是曾助它走上巅峰的资本运作属性。

2. 启示

（1）建立完善的财务预警系统　在流动性危机出现之前，企业如果能够及早发现财务危机信号，寻找危机根源并及时提出防范措施，就能够有效规避风险、化解危机。

（2）强化企业现金流量管理工作　在现金流数额方面，企业规模越大，对营运资金的需求越大，对资产流动性的要求也会提升，所以公司在扩张过程中应注意企业规模是否与资产流动性相匹配。

（3）严格控制企业资本负债水平　企业在事前应当强化财务约束，抑制投资冲动，做好融资规划，严格把控负债规模，防范流动性风险。

▶ 补·充·阅·读

2018 年 11 月，海航得到了以国家开发银行为牵头行，以中国进出口银行、中国邮政储蓄银行、中国工商银行等六家银行为参贷行组成的银团的 75 亿元贷款。其中，牵头行提供 15 亿元贷款，其他银行各提供 10 亿元贷款。在海南省政府的全力支持下，中国银行、中国建设银行、中国农业银行、中国交通银行等八大银行也均为海航"保驾护航"，达成战略合作并同意增加授信额度，海航共获得各大金融机构授信额度超 8000 亿元。继 75 亿元贷款后，2019 年国家开发银行再次出手，发放两次贷款，共计 91.174 亿元。这几次贷款相比于其他融资项目，具备银团阵容"豪华"、贷款期限长、利率低的特点。

第 ⑥ 章

财务风险管理

学习目标

1. 掌握财务风险的概念和分类。　　　2. 了解财务风险的成因。

3. 掌握筹资风险的概念和分类　　　　4. 了解筹资风险的成因和管控措施。

5. 掌握投资风险的概念和成因。　　　6. 掌握流动性风险的概念和成因。

逻辑框架

引导案例

这个工具，让管理者看到可持续投资带来的"真金白银"

研究表明，可持续性投资与财务业绩之间存在相关性。对于许多企业而言，碳排放等非财务指标可以让人看到，与可持续性投资相关的资金节省与经济增长达数亿美元。在大型企业，这一数字可能是数十亿美元。

为何没有更多的 CFO（首席财务官）看到这种关联？

1）他们不理解可持续性部门的同事所使用的语言和指标。CFO 谈论的是息税前利润（EBIT）和投资回报率。可持续性部门的工作人员关注的则是减少废水或排放等措施。在目前的管理、报告和会计架构下，这两者之间没有明显的联系。

2）企业很少对它们现有可持续性投资的回报进行充分的了解，或者很少对未来可持续性投资的回报进行过仔细评估。在衡量收益时，不同部门使用了不同的指标。

3）财务部门认为，可持续性投资的货币收益不足以保证对它们的跟踪。不过，随着可持续性投资与经济表现之间的联系变得愈加明朗，来自投资者、董事会和高管领导层要求跟踪和报告其收益的压力会增加。

资料来源 改编自 WHELAN T, FINK C. The comprehensive business case for sustainability[J]. Harvard business review, 2016(10)：100-112.

上市公司协会倡议做好信息披露

中国上市公司协会向全体上市公司发布"做好信披和新闻工作、加强声誉管理，共同维护资本市场良好舆论生态环境"的倡议书，内容包括提高上市公司质量、扎实做好信息披露、切实加强声誉管理、强化投资者关系管理、共建良好舆论生态等倡议。为充分发挥好协会自律管理作用，中国上市公司协会组建了"上市公司新闻工作联络员"队伍，全力支持上市公司做好新闻工作。

资料来源 人民日报.上市公司协会倡议做好信息披露 [EB/OL].(2022-02-14)[2022-04-20]. http://www.finance.people.com.cn/n1/2022/0214/c1004-32351198.html.

可持续性投资回报率（Return On Sustainability Investment，ROSI）分析法主要可以帮助企业的财务分析改善哪些方面？

企业可以用 ROSI 分析法衡量可持续发展活动的财务回报。通过实施 ROSI 分析，计算可持续性投资带来的实际收益，在实现企业自身价值的同时承担社会责任。

实施 ROSI 分析法通常有五步流程。

（1）确定当前的可持续性策略　许多企业并没有明确表明它们重要的可持续性策略，这些策略包含有可持续性成分但尚未得到认定的活动。

（2）确定运营或管理实践中的相关变化　在许多企业，与某一特定策略相关联的做法是随着时间逐步实施的。没有人可以看到发生的所有变化。

（3）确定产生的收益　探究可持续性策略和已改变做法的非货币性收益。

（4）量化收益　确定了非货币性收益之后，下一步决定如何评估它们的财务价值。

（5）计算整体的货币价值　通过对策略中每一个做法创造（或损失）的财务价值进行总计，确定哪些策略产生了最大的价值以及希望将资源集中在何处。

6.1　财务风险

6.1.1　财务风险的概念

任何企业的生产经营过程都离不开资金。资金是一种重要的投入要素，也是企业生产经营结果的最终表现。资金在企业外部供应链以及生产运作过程中发生流动并形成资金流，是企业价值流的重要体现。企业资金流动过程中会发生不确定性与风险，由此引发财务风险。

财务风险的概念有狭义和广义之分。从狭义角度讲，财务风险是指企业筹资时因债务过多或举债不当而引起的风险。从广义的角度讲，企业的财务风险包含了股东未来收益的可变性和企业丧失偿债能力的可能性，贯穿于生产经营的整个过程中。财务风险有以下典型特征。

（1）客观性　财务风险是企业管理过程中必须面对的一个现实问题，是客观存在的。企业管理者只能采取有效措施来降低财务风险，而不可能完全消除财务风险。

（2）全面性　财务风险存在于企业财务管理工作的各个环节，资金筹集、资金运用、资金积累、分配等财务活动中均会产生财务风险。

（3）不确定性　财务风险在一定条件下、一定时期内有可能发生，也有可能不发生。

（4）收益与损失共存性　财务风险与收益成正比，风险越大收益越高，反之风险越低收益也就越低。

6.1.2　财务风险的分类

按照不同的分类标准，可把财务风险分为以下不同的类型。

1）根据财务活动的主要过程，可以将财务风险划分为筹资风险、投资风险、流动性风险、信用风险、收益分配风险。

2）根据企业不同层次、不同部门面临的风险，可以将财务风险划分为战略性财务风险、总体性财务风险、部门性财务风险。

3）根据风险管控程度，可以将财务风险划分为可控财务风险与不可控财务风险。

4）根据能否通过多角化的方式分散风险，可以将财务风险划分为可分散财务风险和不可分散财务风险。

5）根据是否与现金有关，可以将财务风险划分为现金性风险和非现金性风险。

6）根据财务风险产生的原因，可以将财务风险划分为制度性财务风险、固有性财务风险和操作性财务风险。

6.1.3 财务风险的成因

财务风险客观存在，企业要采取有效措施将财务风险的危害降到最低。财务风险的成因有很多，主要体现在以下几个方面。

（1）外部环境复杂多变　无论从长期还是短期看，外部环境是影响公司生存、发展的最基本的因素。外部环境中既有有利因素，也有不利因素，企业的经营发展受到环境因素的制约。经济、政治、社会、法律、市场等外部环境因素对企业财务风险有着重要影响，其中经济因素的影响最为直接。企业的经济效益会随着宏观经济运行周期、宏观经济政策、利率水平和物价水平等经济因素的变动而变动。如果宏观经济运行良好，企业总体盈利水平提高，财务状况趋好，财务风险降低；如果宏观经济运行不容乐观，企业的投资和经营则会受到影响，盈利下降，可能面临财务风险。当国家经济政策发生变化，例如，采取调整利率水平、实施消费信贷政策、征收利息税等政策，企业的资金持有成本将随之变化，给企业财务状况带来不确定性。例如，利率水平的提高，企业有可能支付过多的利息或者不能履行偿债义务，由此产生财务风险。

（2）内部财务管理与监审制度不健全　企业的财务管理涵盖了企业基本活动的各个方面，总的来说包括筹资、投资和营运资本管理。财务管理制度应该是对财务管理内容的进一步细化，包括制定财务决策、制定预算和标准、记录实际数据、对比标准与实际、评价与考核等各个环节。如果财务管理制度不能覆盖企业的所有部门和所有操作环节，很容易造成财务的漏洞，给企业带来财务风险。企业的财务监控管理则承担着对企业财务信息、资金使用等情况的监督与控制。要实现企业财务管理的科学化，建立一套科学合理的内部监督机制是至关重要的。

（3）收益分配政策不科学　企业在不同的经营发展阶段，应该采取不同的收益分配政策。收益分配政策能够影响投资者对企业目前状况和未来发展的判断，进而影响投资者的投资决策。如果对企业利润的分配脱离企业实际情况，缺乏合理的控制制度，必将影响投资者的投资决策，进而影响企业的财务结构，从而引发财务风险。

（4）资本结构不合理　当企业资金中的借入资金和自有资金比例失调，就会导致企业资本结构不合理，从而引发财务风险。如果举债规模过大，会加重企业支付利息的负担，企业的偿债能力降低，容易引发财务风险。

（5）管理者风险意识淡薄　企业的财务风险在市场经济中是不可避免的，任何一个企业都会存在一定的财务风险，只要存在经济活动，就伴随着财务风险。但是，当前许多企业的管理者和财务人员对市场的变化信息掌握不及时，同时也缺乏必备的财务风险意识，认为只要管理好企业的生产和备用资金，企业就处于一个稳定的、安全的发展环境之中，但这实际上把企业推向了财务风险。

CEO 任期过长损业绩

调查研究发现，CEO 的任期会影响公司的两大利益相关方——员工和客户，最终对公司业绩产生影响。CEO 的任期越长，公司与员工间的动态关系就越能得到改善。然而，公司与客户间的关系，却只能在 CEO 上任的初期得到加强。CEO 上任初期会快马加鞭，从公司内外广泛获取各方面信息，使得他们与客户、员工间的关系都得到巩固和加深。之后，无论员工队伍多么团结、工作多么尽职尽责，公司与客户之间的关系都会被削弱，公司业绩也会随之下滑。

资料来源 改编自 LUO Xueming, KANURI V K, ANDREWS M. Long CEO tenure can hurt performance[J]. Harvard business review, 2013, 91(3): 26-27.

6.2 筹资风险

6.2.1 筹资风险概述

1. 筹资风险的概念

筹资风险是指企业在筹资活动中由于资金供需市场、宏观经济环境等的变化，或筹资来源结构、币种结构、期限结构等因素而给企业财务成果带来的不确定性。一些企业在筹资过程中，由于筹资规模不当、成本费用过高、资本结构不合理等原因导致财务危机。企业承担风险程度因不同的负债方式、期限及资金使用方式等面临不同的偿债压力。因此，筹资决策除了规划资金需要的数量，并以合适的方式筹集所需的资金外，还必须正确衡量不同筹资方式下的风险程度，提出规避风险的措施。

2. 筹资风险的分类

按照不同的分类标准，可把筹资风险分为不同的类型。

（1）按照风险的成因 按照风险的成因不同，筹资风险可以分为现金性筹资风险和收支性筹资风险。

现金性筹资风险又称资金性筹资风险，是指企业在特定时点上，现金流出量超过现金流入量，而产生的到期不能偿付债务本息的风险。现金性筹资风险产生的根源在于企业理财不当，使现金预算安排不妥或执行不力造成支付危机。这种风险一般只要通过合理安排现金流量就能回避，而对企业盈利和所有者的收益影响不大。

收支性筹资风险是一种整体风险，是指企业在收不抵支情况下出现的不能偿还到期债务本息的风险。收支性筹资风险对企业债务的偿还有严重负面影响。它不仅是一种理财不当造成的支付风险，而且是企业经营不当造成的净资产总量减少风险。收支性筹资风险发生时，债权人的权益将会受到威胁，而且企业所有者将面临更大的风险和压力，意味着企业经营的失败或者正处于资不抵债的破产状态。

（2）按照筹资方式　按照筹资方式的不同，筹资风险可以分为债务筹资风险和股票筹资风险。

债务筹资是指企业按约定代价和用途取得且需要按期还本付息的一种筹资方式。债务筹资风险是指企业受到经营活动失败、负债结构失衡、利率汇率变动等因素的影响，丧失偿债能力，导致企业遭受损失甚至到期不能偿还债务的风险。

股票筹资风险有狭义和广义之分。从狭义的角度讲，股票筹资风险是指发行股票筹资时，由于发行数量、时机以及筹资成本等原因给企业造成损失的可能性。从广义的角度讲，股票筹资风险还包括筹资后资金营运风险和退市风险等。

6.2.2　筹资风险的成因

对于负债企业而言，导致筹资风险的因素很多，既有举债本身的因素，也有举债之外的因素，具体可划分为外部因素和内部因素两类。

1. 筹资风险的外因分析

（1）金融市场　金融市场是资金融通的场所。企业负债经营要受金融市场的影响，例如负债的利息率就取决于取得借款时金融市场的资金供求情况。金融市场的波动，例如利率、汇率的变动，会导致企业的筹资风险。当企业主要采取短期贷款方式融资时，例如遇到金融紧缩，银根抽紧，负债利息率大幅度上升，就会导致利息费用剧增，企业利润下降，严重时，一些企业由于无法支付高涨的利息费用而破产清算。另外，金融市场利率、汇率的变动都是企业筹资风险的诱导因素。

（2）经营风险　经营风险是企业生产经营活动本身所固有的风险。经营风险不同于筹资风险，但又影响筹资风险。它是指因企业无法对未来经营过程中发生的不确定因素进行正确预测，从而造成收益偏离实际而产生的风险。导致企业产生经营风险的因素很多，主要来源于产品需求、产品售价、产品成本、调整价格的能力、固定成本的比重等要素的变动及不确定性。

（3）预期现金流入量和资产的流动性　负债的本息一般要求以现金（货币资金）形式偿还。因此，即使企业的盈利状况良好，但其能否按合同、契约的规定按期偿还本息，还要看企业预期的现金流入量是否足额及时和资产的整体流动性如何。现金流入量反映的是现实的偿债能力，资产的流动性反映的是潜在的偿债能力。如果企业投资决策失误或信用政策过宽，不能足额、及时地实现预期的现金流入量以支付到期的借款本息，就会面临财务危机。此时企业为了防止破产可以变现其资产。各种资产的流动性（变现能力）是不一样的，其中库存现金的流动性最强，固定资产的流动性最弱。企业资产的整体流动性，即各类资产在资产总额中所占比重，对企业的财务风险影响甚大，很多企业破产不是因为没有资产，而是因为其资产不能在较短时间内变现，结果不能按时偿还债务而宣告破产。

2. 筹资风险的内因分析

（1）负债规模　负债规模是指企业负债总额的大小或负债在资金总额中所占的比例的高低。合理确定企业的负债规模是筹资风险管理的重要组成部分。企业负债规模大，利息费用支出增加，由于收益降低而导致丧失偿付能力或破产的可能性也增大。同时，负债比重越高，企业的财务杠杆系数越大，股东收益变化的幅度也随之增加，所以负债规模越大，财务风险越大。

（2）负债的期限结构　负债的期限结构一方面是指短期负债和长期负债的安排，另一方面是指取得资金和偿还负债的时间安排。企业举借长期资金的融资速度慢，取得成本较高，而且还会有一定的限制性条款。因此，企业往往倾向于大量举借短期资金用于长期投资。当短期资金到期时，可能会出现难以筹措到足够的现金来偿还短期借款的风险。此时，若债权人由于企业财务状况差而不愿意将短期借款延期，则企业有可能被迫宣告破产。企业在举债时也要考虑债务到期的时间安排及举债方式的选择，使企业在债务偿还期不至于因资金周转出现困难而无法偿还到期债务。

（3）负债的利息率　负债的利息率决定了企业的直接债务成本。在同样负债规模的条件下，负债的利息率越高，企业所负担的利息费用支出就越多，企业付息的压力和破产危险的可能性也随之增大。同时，利息率对股东收益的变动幅度也大有影响，因为在税息前利润一定的条件下，负债的利息率越高，财务杠杆系数越大，股东收益受影响的程度也越大。

（4）筹资方式　目前可供企业选择的筹资方式主要有银行贷款、发行股票、发行债券、融资租赁和商业信用。不同的筹资方式在不同的时间会有各自的优点与弊端，如果选择不恰当，就会增加企业的额外费用，减少企业的应得利益影响企业的资金周转而形成财务风险。

筹资风险的内因和外因，相互联系、相互作用，共同诱发筹资风险。一方面经营风险、预期现金流入量和资产的流动性及金融市场等因素的影响，只有在企业负债经营的条件下，才有可能导致企业的筹资风险，而且负债比率越大，负债利息越高，负债的期限结构越不合理，企业的筹资风险越大。另一方面，虽然企业的负债比率较高，但企业已进入平稳发展阶段，经营风险较低，且金融市场的波动不大，那么企业的筹资风险相对就较小。

6.2.3　筹资风险的管控措施

负债筹资是现代企业的主要经营手段之一，筹资得当会给企业带来收益，成为发展企业的有效杠杆，反之就会带来很大的风险。企业筹集和使用资金是企业生产经营过程中一项重要的财务活动。因此，企业在筹资和使用资金过程中，必须了解筹资风险的本质特征，加强对筹资风险的管理力度，规避与防范筹资风险。

（1）树立企业整体风险意识　企业在日常财务活动中必须居安思危，树立风险观念，强化风险意识。企业要在财务管理工作过程中做好以下工作：①系统分析财务管理的宏观环境变化情况，使企业在生产经营和理财活动中能保持灵活的适应能力。②打造高效的财务管理机构，提升财务管理人员综合素质，强化财务管理的各项工作。③理顺企业内部财务关系，不断提高财务管理人员的风险意识。

（2）确定最佳资本结构　最优资本结构是指在企业可接受的最大筹资风险以内，总资本成本最低的资本结构。这个最大的筹资风险可以用负债比例来表示。一个企业只有权益资本而没有债务资本，虽然没有筹资风险，但总资本成本较高，收益不能最大化。如果债务资本过多，则企业的总资本成本虽然可以降低、收益可以提高，但筹资风险却加大了。因此，企业应确定一个最优资本结构，在融资风险和融资成本之间进行权衡。只有恰当的融资风险与融资成本相配合，才能使企业价值最大化。

（3）加强财务预算管理　任何一个企业，不论规模大小，它所掌握的人力、物力、财力的资源总是有一定限度的。一般来说，企业的全部资源，主要是为了能够满足生产和经营，并达到企业目标所必需的数量。为了以较少的资源取得尽可能大的经济效益，为了提高企业的市场竞争力和它的抗风险能力，就需要做好企业的财务预算。企业应加强对财务预算的管理，根据预测的筹资情况来确定资金是否能够满足企业资金的需求，并以此安排企业的生产经营活动，从而把企业的生产经营和资金筹集有机地联系在一起，避免由于两者脱节造成企业的资金周转困难，防范企业的筹资风险。

（4）科学预测利率及汇率的变动　货币的供求关系变动和物价上涨率以及政策干预均有可能引起利率变动。企业的筹资也会因利率的变动而产生巨大的风险。这就需要企业根据利率的走势，认真研究资金市场的供求情况，做出相应的筹资安排。在利率处于高水平时期，尽量少筹资或只筹集急需的短期资金。在利率处于由高向低的过渡时期，也尽量少筹资，或采用浮动利率的计量方式去筹集必要的资金。在利率处于低水平时，筹资较为有利，而且在利率由低向高的过渡时期，应积极筹措长期资金并尽量采用固定利率的计息方式。

（5）建立风险预警体系　企业应建立风险自动预警体系，对事态的发展形式、状态进行监测，定量测算财务风险临界点，及时对可能发生的或已发生的与预期不符的变化进行反映。利用财务杠杆控制负债比率，采用总资本成本比较法选择总资本成本最小的融资组合，进行现金流量分析，保证偿还债务所需资金的充足。

6.3　投资风险

6.3.1　投资风险概述

1. 投资风险的概念

在市场经济体制下，投资是企业扩张的需要，有效的投资活动能达到企业资源的最佳配置和生产要素的最优组合，是企业转型、升级、培育新的利润增长点的重要途径。投资风险是指企业以现金、实物、无形资产方式或者以购买股票、债券等有价证券方式向其所选定的特定对象进行投资，由此遭受经济损失的可能性，或者说不能获得预期投资收益的可能性。企业对外投资主要有直接投资和证券投资两种形式。

企业投资风险有三种：①投资项目不能按期投产，不能盈利；或虽已投产，但出现亏损，导致企业盈利能力和偿债能力的降低。②投资项目并无亏损，但盈利水平很低，利润率低于银行存款利率，导致机会成本高于收益。③投资项目既无亏损，利润率也高于银行存款利率，但低于企业目前的资金利润率水平。

2. 投资风险的识别

投资风险是风险现象在投资过程中的表现。具体来说，投资风险就是从做出投资决策开始到投资期结束这段时间内，由于不可控因素或随机因素的影响，实际投资收益与预期收益相偏离。投资的不同阶段有不同的风险，投资风险也会随着投资活动的进展而变化，投资不同阶段的风险性质、风险后果也不一样。整体而言，投资风险的识别有以下典型特征。

（1）投资风险的识别是一项复杂的系统工程　风险无处不在，投资风险伴随投资的全过程。为了准确、全面的发现和识别风险，需要风险管理部门和生产部门、财务部门等方面密切配合。

（2）投资风险识别是一个连续的过程　投资活动及其所处的环境随时都处在不断地变化

中。风险管理人员要根据投资活动的变化适时、定期进行风险识别，才能连续不间断地识别各种风险。

（3）投资风险识别是一个长期过程　投资风险是客观存在的，它的发生是一个渐变的过程，在投资风险发展、变化的过程中，风险管理人员需要进行大量的跟踪、调查。

（4）投资风险识别的目的是衡量和应对风险　投资风险识别是否全面、准确，直接影响风险管理工作的质量，进而影响风险管理的成果。

6.3.2　投资风险的成因

掌握投资风险的成因，是有效实施投资风险管理的前提。导致投资风险的因素很多，可以分为客观因素和主观因素两类。

1. 投资风险的客观因素

企业投资的宏观环境复杂多变，包括国内外政治、经济、法律、文化教育、科学技术等多种因素，每一项因素的变动都会使投资活动有遭受风险的可能性。

（1）政治因素　政局稳定性、国家间关系等政治因素对企业投资有着重要的影响。尤其是企业在对境外项目进行投资时，难以确保投资项目所处国家或地区不会出现政治时局的动荡或战争，而战争等不可抗力因素对投资项目的影响往往是极大的。

（2）宏观政策因素　国家相关的政策是影响企业投资的重要因素，在国家政策鼓励下的投资环境有利于企业降低投资成本，从而减小投资风险；相反，则投资风险升高。例如，我国提出碳达峰与碳中和目标后，相关配套性政策陆续出台，新能源、循环经济等领域的投资项目备受市场青睐，而一些高能耗、高污染投资项目则面临较大风险。

（3）利率及汇率因素　企业投资往往周期较长，而此期间的利率因受国家财税政策、金融政策、市场环境等因素的影响，经常出现波动，从而增加了企业投资收益率的不确定性。当银行利率下降时，企业投资的财务成本下降，投资收益率上升，投资项目的盈利就可能增加；反之，当银行利率上升，企业投资的财务成本加大，投资收益率就会下降，企业投资项目亏损的风险增加。

（4）基础设施因素　企业对外投资所涉及的地域十分广泛。不同地区之间在地理区位、交通设施、物流通信等方面的差异，会给企业投资带来很大影响。基础设施条件优越的地理区位有利于新的投资项目的出现、发展以及扩张。同时，交通便利通信发达的地理区位有利于商品、信息、材料资源的快速传输，尤为重要的是，生产过程中原材料供给的及时性是保证生产高效运转的关键。如果企业投资项目处于通信、交通欠发达的偏远地区，则生产所需原材料供应的及时性连续性无法得到保证，因此企业会面临更大的投资风险。

📖**小阅读**

欧洲隧道：成功带来的灾难

很多看起来像是人类智慧凝结出的奇迹的大型项目，都被证明是一场经济灾难。欧洲最长的水下铁路隧道——英法海底隧道，1986 年 2 月确定开工，约九年后的 1994 年 12 月才开始全面投入运营。隧道和列车的定制设计，实际难度和费用大大超出预期，建设成本实际超支 80%，贷款超出预计 140%，这部分开支和债务必须在施工期间解决，但项目还要再过几年才能产生收益。1995 年隧道终于开始盈利，却只有预测的 1/5，于是该项目第一次破产，进行财务重组。2020 年，新冠疫情让乘客人数锐减，英法隧道再度破产。

资料来源 改编自弗莱夫别格. 大项目拆成小模块：欧洲隧道：成功带来的灾难 [J]. 哈佛商业评论中文版，2021(11)：117-119.

2. 投资风险的主观因素

除客观因素之外，许多主观因素也影响着投资项目的风险。

（1）投资决策 目前许多企业存在决策机制不健全的问题，投资决策制定过程中带有明显的主观性、冲动性、独断性。投资负责人可能缺乏对投资项目的系统分析，仅凭个人经验和主观判断做出投资决策。与此同时，企业在投资过程中往往盲目跟风，给企业投资带来巨大风险。

（2）投资规模 企业在投资过程中，可能会高估自身经济实力而盲目扩大投资规模，延长投资周期，导致企业资金链存在断裂风险。反之，如果企业投资规模不足，注入资金过少，则导致项目缺乏必要的设备、工艺和技术，项目缺乏竞争优势，抵御风险的能力较低。整体而言，企业应该审慎确定投资规模，以有效降低投资风险。

（3）法律因素 企业在投资过程中与合作方签订的合同可能由于一方无法履约或合同存在争议而引起双方的法律或诉讼纠纷，最终结果可能不利于投资主体，即投资主体可能要承受败诉或违约带来的损失。另外，我国社会经济的法规体系尚在变动和完善中，因此投资项目在变动的市场中需要不断适应法律法规的要求，这给企业投资增加了风险和难度。

（4）企业信用 有的企业通过将资金、资产注入被投资方的方式寻求被投资方向其支付红利或分红，但在选择被投资方时，如果不能准确判断被投资方的经营管理能力和信用情况，企业投资会面临较高的风险。一方面，如果被投资方因管理不善出现经营性亏损或因资金周转问题无法按时支付红利或分红，可能会给投资方带来严重的损失。另一方面，信用不佳的被投资方可能存在供货、产品订货不及时等违约行为，对企业的投资项目造成了严重的阻碍。

（5）投资形式 企业在进行投资决策时，如果将大量投资使用在单一或相似的项目上，企业抵抗风险的能力就会降低，一旦投资项目所处行业受到重创或由其他原因导致投资项目严重亏损，企业的投资资金将面临难以收回的状况。

（6）信息沟通 企业规模越大，经营业务越复杂，投资越分散，信息沟通的及时性就更难以保证，企业在投资过程中越容易面临着控制链断裂的风险。

6.3.3 投资风险的管控措施

企业要采取有效合理的防范举措来有效防范投资风险，保证企业的健康持续发展。结合自身实际情况，企业可以从以下方面实施风险防范。

1. 提升宏观环境分析能力

企业投资环境日趋复杂多变，导致投资决策的难度和面临风险的机会大大增加。企业在进行投资行为时，应对投资环境进行仔细分析，准确把握投资环境的变化趋势与规律，提升企业自身对投资环境波动的应对能力。企业要注重政策分析，把握政策导向，增强对政策的嗅觉灵敏度。企业要加大创新力度，积极投身于政府倡导的产业领域。企业要提升风险防范意识，在境外投资过程中关注国际关系变化，并学会用法律法规保护自身的权益。企业要通过提升专业分析能力，有效规避由利率、汇率变动所带来的投资风险。企业要善于收集、分析市场信息，对竞争格局形成准确研判，减少市场不确定性对投资价值的影响。

2. 提升管理者的风险防范意识

企业管理者要不断提升自身的管理能力与综合素质水平，树立牢固的风险防范意识，对企业投资行为过程中可能存在的各种风险因素有着充分的认识和研判。管理者要提升专业技能，制定科学合理的风险分析方案，对投资风险进行有效识别、评估和处置。企业要加大人才引进力度，提升企业整体经营管理水平。企业鼓励员工建立风险防范与控制意识，动员员工加入企业的内部控制、风险防范与控制建设当中。在投资收益的分配上，企业应充分考虑各方的利益，建立与完善激励体系，充分激发员工在工作上的主动性与积极性，实现权、责以及利的和谐统一。

3. 完善财务风险防范体系

财务管理伴随企业投资行为的整个过程。企业应高度关注财务管理工作，尤其是与投资项目相关的财务工作。企业要建立与完善全面、动态以及实时的财务风险防范体系，一经发现的问题应当及时有效地处理，尽可能将风险损耗控制到最小。与此同时，企业还应建立起规范与系统的财务决策体系，对项目的投资程序进行严格的规范，将企业的实际经营管理现状与时刻发展变化的市场趋势相结合，及时合理地调整投资方向。比如当企业的资金流动较为薄弱时，应选取有竞争优势以及变现性较高的投资项目，适量降低和主业经营不直接相关的投资行为。

4. 重视投资组合与投资风险转移

投资组合是将企业资金均匀地分配到多个项目上，投放到企业发展的各个阶段上，在一定程度上能减少企业的投资风险。以往经验证明，兼并、联营以及重组等都是较为合理的投资模式。遵循企业投资的风险分担原则，企业在进行投资时，可采用非保险转移与保险转移的方法，将少量或者整体投资风险转移到其他企业。保险转移是指企业因某一项目的投资风险向保险公司投保，缴纳一定的保险金额，将投资风险转移到保险公司。非保险转移是指将某些特定的投资风险转移给其他企业承担，比如将部分特定的业务交给较为专业的公司去完成，对外投资时采取联营的投资模式，与其他投资企业共同承担风险。

■小阅读

23 家公司年报非标财务细节被"重点关注"

同花顺数据统计显示，截至 2021 年 4 月 12 日，沪深两市有 23 家公司的年报被非标，包括无法表示意见、带强调事项段的无保留意见和保留意见。具体来看，这些公司年报被非标的原因包括：审计机构认为上市公司的财务报告让他们无法取得与评估持续经营能力相关的充分、适当的审计证据；存在重大诉讼，表明存在可能导致对公司持续经营能力产生重大疑虑的重大不确定性等。年报被非标意味着会计师对于公司财务数据的准确性存疑，同时也意味着公司披露的财务数据有可能存在虚假记载。

资料来源 改编自桂小笋.23家公司年报非标财务细节被"重点关注"[EB/OL].（2021-04-13）[2022-04-20].http://www.finance.ce.cn/bank12/scroll/202104/13/t20210413_36465390.shtml.

请选择你感兴趣的1～2家上市企业，分享下它的年报中财务分析的部分。

6.4 流动性风险

6.4.1 流动性风险概述

1.流动性的概念

流动性是企业财务管理领域的热点研究问题之一。流动性在不同的情境中，有三种不同的含义。在宏观经济领域，流动性是指在经济体系中货币投放量的多少。流动性过剩是指有过多的货币投放量，表现为经济过热或通货膨胀。在股票市场，流动性是指整个市场中参与交易资金相对于股票供给的多少，这里的资金包括场内资金和场外资金，前者是已经购买了股票的资金，后者是还在股票账户里准备随时入场的资金。

在企业财务管理领域，流动性有其独特的内涵。在早期的研究中，范霍恩将流动性定义为用货币实现价值的能力。萨托理斯和希尔在1994年提出：如果资产能很快地以最小的价值损失和最低的交易成本转化为现金，则称该资产具有流动性。张俊瑞也将流动性视为资产转换为现金的能力。车嘉丽将流动性定义为企业获取现金的能力和随时满足当时现金支付的能力。车嘉丽认为，资产转化为现金的速度和成本代表着企业获取现金的能力，能偿还债务代表着企业的支付能力。车嘉丽对流动性的界定较为系统全面，本文采用这一定义。

2.流动性的类型

除拥有的现金之外，企业还可以通过其他方式具备流动性，主要有以下四种类型。

（1）实物流动性 企业的偿债能力不仅取决于拥有的现金，还与其拥有的经济物品相关。企业支配经济物品以不同的强度、方式服务于企业运营。除了钱之外，这些经济物品也是流动性的载体，它们给予企业交换能力。这些交换能力是由这些物品在市场上的销售能力得出的。实物流动性就是企业所支配的经济物品的销售能力，它受到经济物品的技术属性、社会属性、交易成本等因素的影响。

（2）抵押流动性 除了用现存物品的销售能力表示的流动性外，一个企业的流动性还取决于其现存物品的抵押能力。物品的抵押能力与物品自身的可抵押性以及信贷机构提供抵押贷款的意愿有关。通过抵押获得流动性，能够使企业保持对物品的所有权，避免因急于出售可能导致的价值损失。但通过抵押获得的资金可能要比物品出售获得的更少，并且要承担利息成本。

（3）未来流动性　根据企业的物品存量及其在评价时的实物流动性来判断一个企业的流动性可能是片面的。当仅仅通过对现存物品出售收入的估计或仅通过对这些物品的抵押来测定企业的偿债能力时，并未考虑企业未来收入对流动性的影响。企业未来流动性是财务管理工作必须考量的一项关键指标。为了有效评估企业未来流动性，要将企业未来一段时间内的支出和收入纳入测算范围。

（4）预支流动性　企业可以通过现存物品的抵押获得贷款，也可以在信贷机构用未来盈余（利润、净收入）进行抵押。预支流动性是指企业通过对未来盈余进行抵押从而获得资金的能力。

3. 流动性风险的概念

流动性管理是典型的风险管理活动。因为流动性不足是导致企业财务风险甚至破产清算的重要原因。流动性风险是指由于资金筹措不力，现金流动不畅，甚至停滞、断流等，导致不能偿还到期债务形成的风险。

形成企业流动性风险的因素主要来源于经营活动，即对营运资本（流动资产 − 流动负债）的管理。企业的营运资本管理具体涉及对短期投资、存货、应收账款和应付账款等项目的管理，同时也包括设备投资、经营活动中资金调度安排等，这些都影响企业的流动性，有可能导致企业的流动性风险。

反映企业流动性风险大小的指标很多，常用的有两项：流动比率和速动比率。

流动比率是流动资产与流动负债的比值，计算公式为

$$流动比率 = 流动资产 / 流动负债$$

速动比率是从流动资产中扣除存货部分，再除以流动负债，计算公式为

$$速动比率 = （流动资产 − 存货） / 流动负债$$

6.4.2　流动性风险的成因

企业流动性风险的成因很多，从风险成因的来源可以划分为内生流动性风险和外生流动性风险。

1. 内生流动性风险

企业的内生流动性风险是指企业资产不能正常和确定性地转移为现金或企业债务和付现责任不能正常履行的可能性。导致企业出现内生流动性风险的原因主要有，①经营不善。当企业经营不善甚至亏损时，产生的营业现金流量会大幅下降。由于缺乏现金资产，企业就丧失了偿付股利和债务的基础。②流动资产结构不合理。在企业的全部资产中，流动资产变现能力的强弱对资产变现有着重要影响。流动性资产品质越差，资产变现能力越低，企业的流动性风险就越高。例如，有些企业的流动资产中，由于积压存货和难以收回的应收账款占比过高，导致其资产变现能力较弱。③管理不善。企业缺乏现代管理理念，对现金利用效率不高，同时过于依赖外部资金，一旦外部融资条件变化，则发生偿付危机。④筹资结构不合

理。企业在筹资过程中，如果流动负债过多，并且以流动负债去支持长期投资，则会加大企业偿债压力。一旦现金流量不足或融资市场利率变动，将导致企业发生偿付困难甚至破产。

2. 外生流动性风险

企业的外生流动性风险是指企业在从事证券投资活动时，由于来自企业外部的冲击造成证券流动性的下降，增加变现损失或交易成本。外生流动性风险是由金融市场基础金融变量的变化所引起的风险，是企业面临的一种外部客观存在。导致企业出现外生流动性风险的原因主要有两个：①市场变动的不确定性。宏观经济政策、国际国内政治局势变动、自然灾害和其他一些偶发事件等不可抗力导致证券市场的变动难以预测，对企业所持证券的价格产生影响，可能引发企业的流动性风险。②企业资产结构配置不合理。不同资产具有不同特征属性，其中在流动性方面存在较大差异。当受到外部冲击时，其流动性程度受到的影响也不一样。高流动性资产往往具有较低收益率，低流动性资产往往具有较高收益率。如果企业盲目追求高收益率，在资产配置中低流动性资产占比过高，那么企业抵御市场波动的能力就会较弱，容易产生流动性风险。

6.4.3 流动性风险的管控措施

依据内生与外生流动性风险的特点及根源，企业可以采取以下措施管控流动性风险。

1. 内生流动性风险管控措施

企业应当建立科学的财务管理制度，运用先进的财务管理技术来防范内生流动性风险。

（1）完善财务管理制度　针对内生流动性风险的根源，财务管理制度主要通过建立和细化现金、存货、应收账款等财务管理制度，均衡企业物流和资金流来控制流动性风险。企业要提升现金流管理能力，通过现金流集中控制、收付款控制等措施，确保满足企业预期经营规模的资金需求，保持充分的流动性。企业需要设计科学的企业流动性风险管理信息系统来保证流动性风险信息的收集、加工、传递和使用。科学的流动性风险管理信息系统是防范流动性风险的信息保障。

（2）优化资产配置　不同资产的流动性差异较大，当面临危机时，其流动程度受到的影响各不相同。流动性和收益性密切相关，资产配置必须保持收益性和流动性的均衡。首先，企业要保持适度的现金持有量，以降低潜在的流动性风险。其次，企业应在资产组合中合理配置长短期资产的比例，确定一个既能维持企业正常生产经营，又能在减少或不增加风险的前提下给企业带来尽可能多利润的流动资产水平，使资产组合既保持较高的盈利性，又具有较好的流动性。

（3）加强购入流动性管理　购入流动性是靠筹集新资金来实现的，包括举债和增加资本，两种方法各有利弊。企业可以通过提高负债能力实现流动性，但受到自身借入资金的能力和负债成本的约束。如果企业不能有效地控制负债率，势必导致其盈利水平下降，甚至收入小于成本。企业在筹措和使用增量资金时，要通过资金成本与风险的分析确定最优资本结构，并以此为目标来组织资金，才能通过增量资金的投入提高流动性。

2. 外生流动性风险防范措施

外生流动性风险管理主要通过风险价值（Value at Risk，VaR）技术来对个别资产层面、资产组合层面、市场层面测量风险，有效地调整投资组合。VaR是指在正常的市场条件和给定的置信度内，用于评估和计量任何一种金融资产或证券投资组合在既定时期内所面临的市场风险大小和可能遭受的潜在最大价值损失，VaR 技术是对市场风险的总括性评估，要度量一家企业的外生流动性风险，应从以下两个方面入手：①根据企业暴露的外部风险源，计算出市场因子的成分 VaR，再进一步估算企业的总体 VaR；②直接利用企业股票收益的波动性计算。

依据 VaR 的检测结果进行多样化的投资组合或资产组合，降低企业外生流动性风险。为转移不确定性因素给企业可能带来的流动性风险，通过利用不同种类资产的风险相关性来有效转移或减小风险程度。VaR 的检测结果将及时反馈到风险管理系统，财务人员将根据风险控制系统的提示，判断个别证券的 VaR 是否超标，资产组合的 VaR 是否超标。如果超标，将对投资组合方案进行调整规划或重新设计，或即期售出某种市场风险，或通过交易一种在未来某一时刻可转移或消除该种市场风险的金融工具。

─────── ● 本章小结 ───────

狭义的财务风险是指企业筹资时由于债务过多或举债不当而引起的风险，广义财务风险则包含了股东未来收益的可变性和企业丧失偿债能力的可能性。财务风险具有客观性、全面性、不确定性、收益与损失共存性特征。导致财务风险的原因主要有外部环境复杂多变、内部财务管理与监审制度不健全、收益分配政策不科学、资本结构不合理、管理者风险意识淡薄等。筹资风险是指企业在筹资活动中由于资金供需市场、宏观经济环境等的变化，或筹资来源结构、币种结构、期限结构等因素而给企业财务成果带来的不确定性。筹资风险按照风险成因可以分为现金性筹资风险和收支性筹资风险，按照筹资方式可以分为债务筹资风险和股票筹资风险。筹资风险的成因可分为内部因素和外部因素两类。投资风险是企业不能获得预期投资收益的可能性，由客观因素和主观因素导致。企业应通过提升宏观环境分析能力、提升管理者的风险防范意识、完善财务风险防范体系、重视投资组合与投资风险转移等措施有效应对投资风险。流动性风险是指由于资金筹措不力，现金流动不畅，甚至停滞、断流等，导致不能偿还到期债务形成的风险，根据其成因可分为内生流动性风险和外生流动性风险。

✎ 本章习题

【选择题】

1. 下列不是管理现金周期公式的是（　　　）。
   A. 经营周期＝生产或提供劳务周期＋应收账款回收期
   B. 现金周期＝经营周期－应付账款付款期
   C. 现金周期＝生产或提供劳务周期＋应收账款回收期－应付账款付款期
   D. 现金周期＝经营周期＋应付账款付款期

2. 下列属于财务风险预测方法的是（　　　）。
   A. 风险识别　　　　　　　　　　　　B. 风险控制
   C. 风险转嫁　　　　　　　　　　　　D. 风险分散

3. 整个财务风险管理的中心环节是（　　　）。
   A. 风险决策　　　　　　　　　　　　B. 风险预测
   C. 风险防范　　　　　　　　　　　　D. 风险处理

4. 从财务活动的主要环节来看，财务风险可分为（　　　）。
   A. 筹资风险　　　　　　　　　　　　B. 信用风险
   C. 投资风险　　　　　　　　　　　　D. 流动性风险

5. 按照筹资方式的不同，筹资风险可以分为（　　　）。
   A. 债务筹资风险　　　　　　　　　　B. 股票筹资风险
   C. 现金性筹资风险　　　　　　　　　D. 收支性筹资风险

6. 投资风险外在性因素的成因有（　　　）。
   A. 产业政策环境　　　　　　　　　　B. 财政、信贷、投资政策
   C. 市场竞争　　　　　　　　　　　　D. 市场需求

【判断题】

1. 财务风险是客观存在的，企业管理者对财务风险只有采取有效措施来降低风险，而不可能完全消除风险。　　　　　　　　　　　　　　　　　　　　　　　　（　　　）

2. 从是否存在有效措施控制风险程度来看，财务风险可分为可分散风险和不可分散风险。　　　　　　　　　　　　　　　　　　　　　　　　　　　　　　　　　（　　　）

3. 如果举债规模过大，会加重企业支付利息的负担，企业的偿债能力不变。（　　　）

4. 利率水平的提高，企业有可能支付过多的利息，产生财务风险。（　　　）

5. 企业财务风险形成的根本原因是外部原因。（　　　）

6. 之所以产生错误的投资决策，往往是因为没有正确评估企业自身承受风险的能力。
　　　　　　　　　　　　　　　　　　　　　　　　　　　　　　　　　　（　　　）

7. 一些企业在筹资过程中，由于筹资规模不当、成本费用过大、利率过高、资本结构不合理等原因造成了财务危机。（　　　）

8. 负债的利息率越低，财务杠杆系数越大，股东收益受影响的程度也越大。（　　　）

9. 盈利能力分析是判断企业是否存在筹资风险的前提条件，也是资信评估中的首要考虑因素之一。　　　　　　　　　　　　　　　　　　　　　　　（　　）

10. 加快企业资金周转速度，以最少的资金量获得最大的收益，将提高企业的抗风险能力。　　　　　　　　　　　　　　　　　　　　　　　　　（　　）

【简答题】

财务风险产生的内部原因有哪些？怎么形成的？

案例分析

乘风破浪：牧原股份是否能借百亿短债破万里风浪

河南省南阳市内乡县河西村在改革开放前是一个贫穷且封闭的小村庄，这里不仅消息闭塞，而且家家户户都很贫穷，甚至连基本温饱问题都难以解决，而秦英林就出生于此。但是他一直怀揣着创业梦，不仅想要靠养猪帮家里脱贫，甚至还想要帮助全村人致富。之后经过一点一滴的努力，劈风斩浪，终于成就了属于自己的商业王国。目前，牧原股份经过多年的发展，形成了自己的商业特色，在行业中处于领先地位。公司经过大规模发展，现已形成了一套相对完整的生猪全产业链，主要包括科研、饲料加工、生猪育种、种猪扩繁、商品猪饲养、生猪屠宰。企业的生产包揽了产业链的上游到下游。

在非洲猪瘟疫爆发、新冠疫情全球大流行以及中美贸易摩擦不断升级的三重压力下，生猪养殖行业的发展举步维艰。我国生猪养殖迎来行业大洗牌，中小散户大多加速退出，规模化生猪养殖场迎来大扩张红利期，作为养殖行业龙头企业的牧原股份，在这一轮扩张中一路高歌猛进。牧原股份的财务战略主要体现在筹资、投资、营运和收益分配四个方面。

1. 筹资方面

牧原股份的短期债券融资时间短，频率高。在牧原股份选择的外部融资渠道以及公司的借款情况中，公司更倾向于短期融资，甚至是超短期融资，公司拥有了大量的短期资金，可以更好地用于投资扩张，有利于增强公司的核心竞争力。

2. 投资方面

公司的投资方式可以分为对内投资和对外投资。从财务角度来说，从2016年—2020年，牧原股份用于投资活动的现金流出是巨大的，而经营性活动现金流不足以弥补公司的投资需求，所以公司进行投资活动的资金来源主要是融资性活动现金流入。但融资性活动现金流主要是依靠公司的借债，即公司所进行的各种短期借款融资行为，例如短期融资券、银行借款等。

3. 营运方面

牧原股份流动资产的增长速度较快，在2020年已经将近400亿元，牧原股份的流动负债增长速度同样很快，在 2020 年已经达到了 300 多亿元。

4. 收益分配方面

收益分配战略是财务战略的最后一个环节，牧原股份大多采用现金股利加股票股利的混合分配方式。牧原股份的股利支付率呈现极其不稳定的态势，最高的可以达到 400%，而最低的又会低至 1.77%。在 2019 年和 2020 年，牧原股份的每股收益都相对较高，2020 年已经达到了收益 5.7 元 / 股，但是公司的每股现金分红却没有很高，例如，在 2019 年，虽然收益达到了 2.82 元 / 股，但是公司的现金分红却只有 0.05 元 / 股，股利支付率只有 1.77 元 / 股。在 2018 年以后，牧原股份的股利分配率较低，公司的大部分股利都用于再投资扩规模，期望达成牧原股份增强核心竞争力的最终目的。

资料来源 改编自赵自强，张皖宁，陈紫莹 . 乘风破浪：牧原股份是否能借百亿短债破万里风浪 [DB/OL]. 中国管理案例共享中心 . (2022-01-04)[2022-04-20]. http://www.cmcc-dlut.cn/Cases/Detail/5819.

1. 请结合案例资料，探究牧原股份财务激进政策是否会对公司资金链的稳健性产生威胁？

2. 激进的财务战略是一把双刃剑，牧原股份应如何平衡财务战略与企业核心竞争力之间的关系？

1. 激进型期限错配

资产负债表左端按流动性可以分为流动资产和非流动资产，右端按流动性可以分为流动负债和非流动资本。流动资产是指可以在短期内（通常为一年）变现的资产；非流动资产是指一些固定资产或经营资产；流动负债是指可以在短期内（通常为一年）清偿的债务；非流动资本包括非流动负债和所有者权益。资产负债的期限组合可以分为三种，分别是期限匹配、保守型期限错配和激进型期限错配。其中，激进型期限错配是指流动资产小于流动负债，非流动资本小于非流动资产，有一部分的流动负债充当了非流动资产的资金来源。因此，流动负债较多，企业需要偿付的压力较大，但是非流动资产短期内又无法变现，所以企业有可能会造成"短债长投、资不抵债"的局面，可能会引起财务状况不稳定、出现资金缺口从而导致资金链断裂的严重后果。

2. 牧原股份公司的发展战略

牧原股份公司长久的发展战略是为大众生产安全健康的猪肉食品，以及让人们吃上放心猪肉，让企业成为一家受人尊重的企业。为了达成这一战略目标，公司分别从投资、筹资和利润分配三个方面做出了财务上的战略行动。

截至 2020 年 9 月 30 日牧原股份前十大主要流通股东见下表。

表　截至 2020 年 9 月 30 日牧原股份前十大主要流通股东

前十大流通股东	持股数量	持有比例
秦英冰	14.90 亿股	39.76%
牧原实业集团有限公司	4.89 亿股	13.05%
牧原食品股份有限公司——第二期员工持股计划	1.24 亿股	3.31%
香港中央结算有限公司	1.24 亿股	3.30%
河南鸿宝企业管理有限公司	5629.51 万股	1.50%
钱瑛	4603.23 万股	1.23%
河南鸿宝集团有限公司	3964.57 万股	1.06%
钱运鹏	3870.32 万股	1.03%
李燕燕	2468.76 万股	0.66%
兰考县鸿宝投资管理有限公司	2360.29 万股	0.63%

第 7 章

生产运作风险管理

学习目标

1. 掌握生产运作风险的概念与分类。　　2. 理解质量与质量风险的概念。

3. 了解质量风险管理的发展过程。　　　4. 了解质量风险的成因与管控措施。

5. 理解库存的概念和作用。　　　　　　6. 掌握库存风险的概念和成因。

7. 了解库存风险的管控措施。　　　　　8. 理解供应链与供应链风险的概念。

9. 掌握供应链风险的成因与管控措施。

逻辑框架

DX 汽车零部件公司的库存管理困境

DX 公司是一家汽车零部件企业，成立于 2008 年，主要生产汽车内部照明及控制模块。伴随着 DX 公司业务的快速发展以及汽车市场需求的不断变化，DX 公司的产品线从最初的三条发展到 62 条，平均每天生产 400 多个成品料号，总的物料料号超过 3000 种。

但是公司的库存指标却在不断恶化，首先表现为公司库存金额的增速明显高于销售额的增速。自 2011 年开始，公司的库存周转率不断下降，从 2011 年的 10.5% 降至 2018 年的 5.5%；库存周转天数不断攀升，从 2011 年的 34 天增加到 2018 年的 66 天。库存风险也随之提高，2018 年呆滞库存的比例已达到 15%，金额接近 2000 万元，并且还有 5% 的库存在库时间接近 90 天，正在向呆滞库存转移。可以说，DX 公司面临着巨大的库存风险和压力。其次，DX 公司与客户之间的库存管理模式看似是由供应商替客户管理库存，实则依然是"各自为政"的库存管理方式。客户的决策完全没有考虑供应商的利益，甚至是以损害供应商的利益为前提的，并且客户也没有对供应商进行信息共享，导致供应商承担巨大的库存风险和成本。

资料来源 改编自韩昭君，汪玥琦. DX 汽车零部件公司的库存管理困境 [DB/OL]. 中国管理案例共享中心 .(2020-10-14)[2022-04-20].http://www.cmcc-dlut.cn/Cases/Detail/4807.

DX 公司应该如何改进库存管理的困境？

DX 公司应该改善与客户的合作模式，降低自己的库存水平。首先需要帮助客户建立起供应链系统最优的思想，让客户意识到只有实现双赢，才有利于客户以及整条供应链的长期发展。其次，DX 公司可以从较容易的信息共享入手。通过共享库存信息，DX 公司也可以对客户可能的订单变化做出预判，从而快速做出反应，降低承担多余库存的风险。总而言之，及时获取信息能够让企业在执行层面更加高效。

中企"走出去"须关注供应链风险　借力区域合作机制

中国企业"走出去"正面临前所未有的机遇与挑战。一方面，科技创新和供应链升级为企业提供了新的平台与空间；另一方面，企业人才、风险管理、安全保障等问题依然是中国企业特别是中小企业"走出去"的痛点。

在此形势下，中国企业"走出去"如何规避风险，把握国外布局机遇窗口期，成为业界关注的焦点。业界分析认为，受新冠疫情影响，当前全球供应链网络运行效率显著降低，但区域化、本地化、多元化调整预期变得强烈。中国企业"走出去"所面临的政治、经济、合规、物流人员等供应链风险显著增加。

多位专家表示，对于不断发展壮大的中国企业来说，高质量参与区域合作，识别规避全球供应链风险，需要企业根据投资目标国的政策、法规、疫情控制进展和产业基础条件等情况，制定更加灵活的"走出去"方案。

资料来源　改编自人民网．中企"走出去"须关注供应链风险　借力区域合作机制 [EB/OL]. (2021-06-23)[2022-04-20]. http://www.finance.people.com.cn/n1/2021/0623/c1004-32138647.html．

7.1　生产运作风险

7.1.1　生产运作风险概述

1. 生产运作

生产是大多数人都了解的概念。然而，随着服务业的兴起，生产的概念有了延伸和扩展，生产不再只是工厂里从事的活动了，而是一切社会组织将其最主要的资源投入市场进而进行的最基本的活动。因此，生产这一名词也就拓展为生产运作。

生产运作是指企业投入各种生产要素，通过一系列的转化过程，最终产出有形产品和无形服务的过程。生产运作是企业经营的基本职能之一，生产运作的关键在于如何把投入的人、财、物、信息以及时间等要素有效结合，使它们产生一种有目的的产出。生产运作是企业创造价值的主要环节，是形成企业核心竞争力的一个重要方面。生产运作的改善直接影响着企业的绩效。

从表面上看，服务业与制造业的生产运作几乎没有什么共同之处，但是如果将这两类企业的生产运作方式的特征加以归纳，可以发现两者具有相似之处，都是将输入转化为输出的相互关联、相互作用的活动过程。输入转化为输出的如图 7-1 所示。

图 7-1　输入转化为输出的过程

2. 生产运作风险

与其他领域一样，企业的生产运作过程中也存在着风险。生产运作风险是指企业在运营过程中，由于外部环境的负责性和变动性以及企业对主体环境认知能力和适应能力的有限性，导致的生产运作失败或使生产运作活动不能达到预期目标的可能性。具体而言，生产运作风险是指企业会在原材料、设备、技术人员及生产组织等方面遇到障碍因素，这些因素会导致企业无法按预定成本完成生产计划并遭受损失。

不同行业的企业或组织有着不同的生产运作模式，面临着不同类型的生产运作风险。企业生产运作系统的风险管理应在企业全面风险管理体系的框架下开展，制定生产运作系统风险管理的年度规划，设定管理目标，即在生产运作过程中以最小的代价将系统的风险事故、风险损失及对综合生产运作效率的影响降到最低。

7.1.2 生产运作风险的分类

根据生产运作系统当中的关键活动，可以将生产运作风险分为以下主要类型。

（1）质量风险 质量是指产品满足规定需要和潜在需要的特征和特性的总和。质量风险是指由于产品设计考虑不周、生产技术水平不够、生产过程把关不严、服务过程不完善等原因所造成的质量不确定性风险，主要有市场性风险、道德性风险和法律性风险三种表现形式。产品从准备进入市场开始到被淘汰退出市场为止的整个生命周期当中，存在着不同类型的质量风险。

（2）库存风险 库存是指为了满足未来需要而暂时闲置的资源。企业为了保证生产经营的连续性和产品供给的持续性，会对人、财、物、信息各方面的资源做库存储备。库存在提升响应速度、防止生产中断、平抑需求波动等方面发挥作用的同时，也存在一定的弊端。库存的弊端主要体现在以下方面：库存物资会占用大量的资金；仓库及库存物资需要消耗大量的维护费用（如场地租赁费、管理费等）；库存掩盖了生产经营中的各种矛盾。库存风险是指由库存物资数量、价格波动、损毁、管理费用等因素造成的风险，最终会对企业的生产运作产生消极影响。

（3）供应链风险 供应链是指由获取原材料，加工成半成品直至成品，并将产品送到顾客手中的一些企业或部门组成的网络。企业实际运作过程中存在大量的需求不确定、信息不对称以及供应商不稳定等随机因素，导致供应链存在较大的变动性。供应链风险是指供应链运营过程中出现的可能影响其正常运营的不确定性因素。供应链上的各环节是环环相扣的，彼此依赖，相互影响，任何一个环节出现问题，都可能波及其他环节，影响整个供应链的正常运作。

7.2 质量风险

7.2.1 质量风险概述

1. 质量

质量对于企业的生存和发展有着十分重要的意义。当今，质量成为全世界的共同语言，不论是发达国家还是发展中国家，都提出要高度重视产品质量和服务质量，并且正在纷纷努力寻找提高产品质量和服务质量，不断满足顾客的期望和要求的有效途径。

质量的内容十分丰富，随着社会经济和科学技术的发展，也在不断充实、完善和深化，人们对质量概念的认识也经历了一个不断发展和深化的历史过程。美国著名的质量管理专家约瑟夫·M. 朱兰（Joseph M.Juran）提出了较有代表性的质量概念：质量就是产品的适用性。

约瑟夫·M.朱兰认为，质量就是产品在使用时能成功地满足用户需要的程度，适用性恰如其分地表达了质量的内涵。

约瑟夫·M.朱兰对质量的定义包含了两方面的含义：使用要求和满足程度。人们在使用产品的过程中，会根据使用时间、使用地点、使用对象、社会环境和市场竞争等因素提出不同的使用要求。产品只有满足使用要求时，才被认为具有良好的质量。因此，质量不是一个固定不变的概念，它是动态的、变化的、发展的；它随着时间、地点、使用对象的不同而不同，随着社会的发展、技术的进步而不断更新和丰富。学术界对质量的含义进行了梳理总结，得出质量主要体现在以下方面。

（1）性能　产品拥有的技术水平，例如立体声音响的信噪比、灵敏度等。

（2）附加功能　产品为使顾客更加方便、舒适等而增加的功能，例如电视机的遥控器、照相机的自动卷片功能。

（3）可靠性　产品和服务规定的功能准确性和概率，例如打火机一打就着火的概率，快递信件在规定时间内送达顾客手中的概率。

（4）一致性　产品和服务符合产品说明书和服务规定的程度，例如，汽车的百千米油耗是否超过说明书规定的公升数，化妆品特殊计量的添加是否超过说明书的规定等。

（5）耐久性　产品和服务达到规定使用寿命的概率，例如，灯泡是否达到规定的服务故障使用小时，烫发发型是否保持规定的日数等。

（6）维护性　产品是否容易修理和维护。

（7）美学性　产品外观是否经过精心设计，具备艺术性。

（8）感觉性　产品和服务是否使人产生美好联想，例如服装面料的手感、食物带来的味觉等。

（9）价值　产品和服务是不是最大限度地满足了顾客的希望，使其物有所值。

（10）响应速度　尤其对服务业来说，时间是一个主要的质量性能和要求。例如，超级市场结账处的顾客等待时间超过五分钟，就会产生负面情绪，使得服务质量大打折扣。

（11）人性　这是服务质量中一个最难把握但却至关重要的质量要素。人性不仅是服务中面带微笑，还包括对顾客的尊重、理解、体谅以及与顾客的有效沟通。

（12）安全性　产品和服务无任何风险、危险，顾客无疑虑。

（13）资格　服务者具有必备的能力和知识，提供一流的服务。例如，导游需要具备语言表达能力和对旅游地的知识素养。

随着社会的进步以及人们的收入水平和受教育水平的提高，消费者对产品和服务质量的要求越来越高，越来越具有丰富的文化和个性内涵。因此，正确地认识顾客的需求并将其转化为系统性的产品和服务的标准是现代质量管理首先要解决的重要问题。

2. 质量风险

质量风险是指由于产品设计考虑不周、生产技术水平不够、生产过程把关不严等原因所造成的质量不确定性风险。产品质量是一个多维度概念，产品质量风险也呈现出不同的类型，主要有：市场性风险、道德性风险和法律性风险。产品质量的市场性风险是指产品质量本身符合相关法规要求，只是种种原因致使产品不再满足社会需要，让企业失去了存在的意义。例如，在数字技术时代，柯达公司的传统相机胶片就面临这一风险。产品质量的道德性风险是指产品并不违反任何法律规定也能够满足社会的需要，但该类产品可能导致社会资源的浪费、与主流的社会价值观不符，例如动物皮毛类制品。产品质量的法律性风险是指因各国法律的具体规定或质量标准要求有所差异等原因，导致产品违反法律规定的风险。

质量风险管理是一个系统化的过程，是指对产品在整个生命周期过程中，对风险的识别、衡量、控制以及评价的过程，是一个组织机构为识别、量化和降低会影响质量的产品、操作、供应商和供应链的风险而创建的合作解决途径。产品的生命周期包括产品从最初的研究、生产、市场销售一直到最终从市场消失的全部过程。在这一过程中，影响产品质量的因素有很多，因此，导致产品质量的风险源也有很多。产品的质量是企业的生命，企业想要持续的生存与发展必须做好质量风险管理。通过质量风险管理来分析、评价和控制在整个产品生命周期的风险。

7.2.2 质量风险的成因

准确识别质量风险的成因，是有效实施风险应对的关键基础。质量风险伴随着产品的整个生命周期。质量风险是产品在设计、制造、使用、服务过程中出现的不确定性。从产品生命周期的视角识别风险成因，是一个行之有效的方法，主要包括以下方面。

（1）设计过程的质量风险　设计过程中的质量风险是产品设计不符合质量特性要求的程度，这种风险最终是通过图样和技术文件质量来体现的。

（2）制造过程的质量风险　制造过程中的质量风险是指通过生产工序制造而实际达到的实物质量与按设计要求的质量有所差别而带来的风险。这种风险是制造过程中，操作工人、技术装备、原料、工艺方法以及环境条件等因素的综合产物。

（3）使用过程的质量风险　使用过程中的质量风险是指实际使用过程中所表现的质量与要求的质量之间的差别，它最终体现在产品质量与质量管理水平上。

（4）服务过程的质量风险　服务过程中的质量风险是指产品进入使用过程后，生产企业（供方）没有满足用户服务要求的程度，因服务质量而出现的风险。

 小阅读

给农产品贴上"丑"字标签

不列颠哥伦比亚大学（the University of British Columbia）的西达德·莫克吉（Siddhanth Moo kerjee）和同事们发起了一系列研究，探讨给品相不好的农产品贴上"丑"标签的影响。他们发现，尽管经理和店主不愿言丑，但相比于称产品"有瑕疵"或不明原因地打折，直接贴上"丑"的标签反而利于销售。

资料来源　改编自杜卡奇.给农产品贴上"丑"字标签 [J].哈佛商业评论中文版，2021(11)：48-51.

问题思考

引起这一现象的原因是什么？

有一种名为"丑陋罚金"的既定心理现象，即人们倾向于将负面特征归因于不美的物体。人们在购买食品时，确实会认为不好看的食材不美味也不健康，而这种看法会促使他们做出购买决策。但当你明确承认农产品不好看时，其实在强调外观是它唯一的问题。如此一来，可以从本质上扭转和缓解消费者对丑陋食材的偏见。

> 资料来源　改编自杜卡奇.给农产品贴上"丑"字标签[J].哈佛商业评论中文版，2021(11): 48-51.

7.2.3　质量风险管理的发展过程

质量风险管理这一概念早在20世纪初就提出来了，它随着市场竞争的变化不断发展，在企业管理与实践的发展中不断完善。质量风险管理经历了四个发展阶段：产品检验阶段、统计检验阶段、全面质量管理阶段、现代质量管理阶段。

1. 产品检验阶段

从20世纪初到20世纪30年代前，美国出现了以弗雷德里克·温斯洛·泰勒（Frederick Winslow Taylor）为代表的"科学管理运动"，人们开始了对产品的严格检验，将质量管理的责任由操作者转移到工长，进而出现了专职检验人员。随着对质量管理的重视，美国的工业企业普遍组建了专职检验部门，负责对质量风险进行集中检测。在这一时期，质量风险管理理念开始出现，逐步将统计和数学、抽样表和控制图等方法工具引入风险管理工作当中。该阶段质量风险管理的主要特征是"劣中选优的事后检验把关"。

2. 统计检验阶段

1931年，美国学者沃特·阿曼德·休哈特（Walter A. Shewhart）编著了《工业产品质量的经济控制》一书，被公认为质量基本原理的起源。休哈特提出，"变异"存在于产品生产过程的每个方面，但是可以通过使用简单的统计工具，如抽样和概率分析来了解"变异"。休哈特为统计质量管理的推广奠定了理论基础。第二次世界大战期间美国主要的军工厂在质量检验工作方面遇到了较大困难。由于事先无法控制质量以及检验工作量大，军火生产常常延误交货期，影响前线军需供应。休哈特的控制产品质量的方法及道奇（H. F. Dodge）、罗米格（H. G. Roming）的抽样检查方法被重视起来。美国政府和国防部组织数理统计学家去解决实际问题，制定战时国防标准，其中《质量控制指南》《数据分析用的控制图法》《生产中质量管理用的控制图》是质量风险管理中最早的标准。

第二次世界大战后许多民用工业及美国以外的国家的企业也陆续推行统计质量管理。在20世纪50至60年代，质量控制已逐步演变为质量保证，重点从避免问题到发现问题，出现了一些质量保证的原则，例如质量成本、零缺陷计划、可靠性工程和全面质量控制等。这一阶段的主要特征是"依赖统计方法，限于制造和检验部门"。

3. 全面质量管理阶段

从 20 世纪 60 年代开始，进入全面质量管理阶段。20 世纪 50 年代以来，科学技术迅速发展，工业生产技术手段愈加现代化，工业产品更新换代速度越来越快。出现了许多大型产品和复杂的系统工程，对产品的质量、安全性、可靠性的要求逐步提高。此时，统计质量控制已无法满足要求。因为整个系统工程与试验研究、产品设计、生产准备、使用过程等每个环节都有着密切关系，但靠控制过程是无法保证质量的。其次，由于行为科学在质量管理中的应用，管理者必须从社会学、心理学的角度去研究社会环境与人的相互关系以及个人利益对提高工作效率和产品质量的影响，发挥人的主观能动性，调动人的积极性和创造性。此外，由于"保护消费者利益"运动的出现和发展，迫使政府制定法律，制止企业生产和销售质量低劣、影响安全的劣质品，要求企业对提供产品的质量承担经济责任和法律责任。在这一时期，企业提供的产品不仅要求性能符合标准，而且要保证产品使用过程中效果良好、安全、可靠。于是，在质量风险管理中提出了质量保证和质量责任问题。这就要求在企业中建立全过程的质量保证系统，对企业的产品质量实行全面的管理，明确质量责任问题。

基于上述原因，美国通用电气公司的阿曼德·V. 费根鲍姆（Armand Vallin Feigenbaum）首先提出了全面质量管理的思想，或称"综合质量管理"。费根鲍姆指出，要真正搞好质量管理，组织管理者和生产者需要重视对生产全过程的质量管理。费根鲍姆认为执行质量职能是全体人员的责任，需要全体人员具有质量意识和承担质量的责任。全面质量管理更符合生产和质量管理发展的客观要求，很快被大众接受，逐渐在世界各地普及和推行。目前，全面质量管理理论已比较完善，在实践上也取得了较大的成功。这一阶段的主要特征是"数理统计方法与行为科学相结合，注重人在管理中的作用，全面、全方位参与管理"。

4. 现代质量管理阶段

20 世纪 80 年代后期，为使产品质量能够与国际标准统一，需要对企业的质量保证能力进行客观评价。国际标准化组织成立了"质量管理与质量保证技术委员会"，陆续颁布了面向质量管理和质量保证的 ISO9000 系列国际标准。该体系是质量管理国际化的一个规范性和依据性文件，其目的是帮助企业建立和有效运行质量体系，确保能长期、稳定地生产出质量好的产品。另外，在这一阶段中，为了适应市场全球化激烈竞争的残酷形势，保持企业低耗、持续的发展，Motorola 和 GE 等公司创立并推动了以减少缺陷、降低成本，实现顾客需求满意，从而提高企业经营业绩的 6σ 管理。该阶段质量管理的重点已放在战略质量管理，主要特征可以概括为"国际化的质量保证体系标准和全面质量管理系统方法有机结合、共同实施的管理"。

7.2.4 质量风险的管控措施

1. 高层领导重视

无论是在全面质量管理阶段还是在现代质量管理阶段，高层领导重视和支持是有效应对质量风险的关键保障。领导是企业的领头羊，决定了企业前进方向。质量风险管理过程强调"对外关注"和"对内关注"的有机统一，前者要求企业时刻关注消费者的需求，后者强调的是领导的作用和全员参与。质量风险管理是一个系统的工程，是需要各个部门相互配合，全员参与来共同实现的。在质量风险管理过程中，应重点强调的就是高层领导的作用。要有效掌控质量风险，企业高层领导不仅要具备非常强的质量意识，高度重视质量管理工作，还要亲力亲为地参加各类质量改善活动，优化资源配置，为质量风险管理工作提供充足的人力、物力、财力支持。

2. 建设质量文化

质量文化是企业文化的重要组成部分，是产品质量管理和提升的环境基础。将质量风险管理上升到文化层面，才能够保障风险管理工作的有序开展。要做好质量风险管理，首先要确保质量理念深入人心。一方面，企业要定期开展质量检验方法、计数抽样检验、质量管理常用统计技术、零缺陷质量管理等培训，提高质量管理部门工作人员的专业技能和综合素质。另一方面，企业要定期在全公司内开展质量提升活动，通过竞赛等方式动员全体员工参与，提高全体员工的质量意识。在日常工作中，广泛开展质量改善活动，提高现场人员改进质量问题的技能和水平。

3. 加大设施投入力度

产品的质量需要先进的设备作为保障，制造业企业更是如此。企业要根据自身产品属性，配备专业的质量检验设备和检测仪器。企业每年必须制定质检设备投资计划，列出专项资金用于添加或更新设备，用以保证和提高产品质量。除了购买适合的设备外，对设备进行保养与维护可以起到防患于未然的作用。企业要定期对设备、模具、工夹具进行保养及维护，降低修理费用，提高使用寿命。每台设备的性能优劣与效率高低，在很大程度上制约着企业生产的质量、进度与成本。企业要针对关键设备制定年度保养制度，有效减少设备故障，提高设备利用率。

4. 持续推动技术创新

技术创新是行业向前发展的根本动力。有效的质量风险管理同样需要技术创新。一方面，企业要紧跟行业技术发展步伐，确保产品符合消费者的需求，防止出现质量市场性风险。另一方面，企业要关注国家宏观政策，在节能环保、可持续发展等领域积极推进技术创新，探索使用新技术、新材料、新工艺、新设备来改进产品研发设计过程，努力提升产品和服务的绿色环保属性，防止产品出现质量道德风险和法律风险。

5. 加强质量经济效益分析

质量问题和企业的经济效益密切相关。质量风险问题从本质上应理解为商品从产生之初到消亡的全过程对企业和消费者所造成的损失，而计量损失的大小则属于经济问题。因此，在质量风险管理过程中不能忽视经济效益这一质量的根本特性，要有效运用经济效益驱动质量风险管理。企业要加强对产品质量的经济效益分析，使提高产品质量与提高企业经济效益完美结合，确定质量形成各个环节中最经济的或最适合的质量水平，并用以指导企业的生产经营活动。

7.3　库存风险

7.3.1　库存风险概述

1. 库存

库存又称为存储或储备，对于制造类和服务类企业来说都十分重要。传统意义上的库存是指仓库中实际存储的货物。每家企业都有大量的库存，例如酒店厨房里的食材、超市中陈列的商品、工厂中等待组装的零部件等。

从狭义上理解，库存就是"存放在仓库里的东西"，这是早期对库存形成的传统理解。从广义的角度，库存是为了满足未来的需要而暂时闲置的资源。这一概念突出了库存资源的核心特征："暂时闲置"，与资源是否存放在仓库当中、是否处于静止状态没有关系。例如，汽车运输的货物，但这些货物是为了未来需要而闲置在途中，这就是库存，是一种在途库存。这里所说的资源，不仅包括工厂里的各种原材料、半成品和成品，还包括银行里的现金，医院里的药品、病床，交通部门的车辆等。一般来说，人、财、物、信息各方面的资源都有库存问题。人力资源的库存就是储备的专门人才，信息的库存是计算机硬盘储存的大量信息。

2. 库存的作用

库存有其特定的、不可替代的作用，具体体现在以下方面。

（1）缩短订货提前期　当制造厂拥有一定量的成品库存时，顾客就可以很快地采购到他们所需的物品，能够帮助厂商和供应商更容易争取到顾客。

（2）分摊订货费用　订货需要一笔费用，如果每次只购进一件货物，这笔费用若摊在一件物品上，将是不经济的。如果一次采购一批，费用可以分摊在每件物品上，这样每件物品承担的订货费就少了，但这样做会有一些物品闲置，这就造成库存。

（3）维持稳定　在竞争激烈的市场环境当中，市场需求波动是常态。企业为了追求最优成本，会努力维持产能的均衡性和平稳性。外部需求的波动性和内部产能的均衡性必然存在矛盾。维持一定水平的产成品库存，是解决外部需求与内部产能之间矛盾的有效措施。产成品库存就像一座水库，在外部需求与内部产能之间构筑一个缓冲地带，起到维持稳定的作用。

（4）防止短缺　维持一定量的库存，可以防止长期短缺。商店没有一定量的货物库存，顾客就很可能买不到东西，产生负面情绪；医院没有一定的床位库存，病人就无法住院治疗，耽误医治；银行没有现金库存，存户就取不到钱。一定水平的库存，是防止短缺、维持正常供给的关键措施。

（5）防止中断　在生产过程中维持一定量的在制品库存，可以防止生产中断。例如，当某道工序的加工设备发生故障时，如果工序间有在产品库存，其后续工序也可以持续生产。同样，在运输途中维持一定量的库存，保证供应，就能使生产正常进行。

3. 库存的分类

根据库存的目的划分，可以将库存划分为以下四类。

（1）周转库存　周转库存是为满足日常生产经营需要而保有的库存。周转库存的容量大小与采购量直接相关。企业为了降低物流成本和生产成本，需要批量采购、运输和生产，这样便形成了周期性的库存，也就是周转库存。这种库存随着每天的消耗而减少，当降低到一定水平时需要补充库存。

（2）安全库存　安全库存是为了防止不确定因素的发生（如供货时间延迟等）而设置的库存。安全库存的容量大小与库存安全系数相关。从经济性的角度看，安全系数应确定在一个合适的水平。例如，国家为了预防灾荒、战争等不确定因素的发生而进行的对粮食、钢材等一系列物品的储备，就是一种安全库存。

（3）调节库存　调节库存主要用于调节需求与供应的不均衡、生产速度与供应的不均衡以及各个生产阶段产出的不均衡而设置的库存。

（4）在途库存　在途库存是处于运输以及停放在路途之间的库存，在途库存的容量大小取决于运输时间以及该期间内的平均需求。

4. 库存风险

库存是一种暂时闲置的资源，其存在的目的是满足未来的需求。在库存的存续过程当中，会受到企业内外部环境的影响而充满了不确定性，由此引发库存风险。库存风险是由库存物资数量、价格波动、损毁、管理费用等因素造成的风险，最终对企业的生产运作产生消极影响。库存风险的表现形式多种多样，存在于企业生产运作的各个环节当中。根据库存风险的表现形式，可以将其划分为以下类型。

（1）库存水平风险　库存水平是指企业处于库存状态的物资数量，是平衡供需状况的一个较为关键的指标。库存水平管理不当会导致物资供需失衡，给企业带来损失。库存水平过高会导致物资积压，降低经济效益。库存水平过低则会影响生产连续性，降低对顾客需求的响应能力。

（2）库存价格风险　库存物资处于闲置状态的过程当中，受市场环境的影响，其价格可能会出现波动。如果库存物资价格下降，库存水平较高的企业将会承担较大的成本压力，导致其盈利能力下降。

（3）库存管理风险　企业的库存会占用大量的资金，从而加大企业的资金压力和财务成本。企业在管理库存的过程当中，需要对仓库进行维修维护，需要聘用工作人员对仓库物资进行管理，这些都会产生相应的成本。与此同时，库存物资可能会出现变质、生锈、老化、损毁、失窃等问题。

（4）其他风险　库存会掩盖生产运营过程当中的其他问题。例如，较高的原材料库存可能会掩盖采购部门管理效率问题，较高的在产品库存可能掩盖了生产工序衔接以及生产设备维护问题。

7.3.2　库存风险的成因

库存是不可避免的，合理的库存能够发挥积极作用。但由于传统库存管理方法存在的缺陷、需求预测的不准确以及安全库存问题，导致了库存风险的产生，影响了库存效能的发挥。

1. 传统库存管理的缺陷

传统库存管理模式是导致库存风险的主要成因。传统库存管理的缺陷主要体现在以下几个方面。

（1）管理目标具有局限性　传统库存管理以单个企业为对象，侧重于优化单一的库存成本，强调的是使本企业的库存总成本最小，而销售预测不准确是影响库存产生不确定性的主要原因，容易产生不足或积压，库存风险较大。

（2）不能及时获得库存信息　在企业运作过程中，有时必须获知各种零部件当前的库存量，但由于零部件种类多、数量大，需要进行仔细地核算，这不仅费时，而且易出错，从而影响企业快速有效地运转。库存管理过程中对服务水平考虑较少，甚至认为要提高服务水平，就必须增加库存，改善服务和降低库存不能同时实现。

（3）库存信息不够准确　仓库管理员根据各种送货单、退货单、收料单、发料单、领料单和退料单进行物料的入库、出库搬运后，要随时修改库存信息和借、欠料信息，以便反映库存状况。工作中的主要问题是，由于零部件种类多、数量大，使得库存记录和实际库存时常不是严格一致的。因而需要通过盘点来纠正差错，这既耽误时间，工作量又大。

（4）企业之间的信息不对称　由于缺少信息交流和共享，企业无法掌握下游的真正需求和上游的供货能力，只好自行多储备货物；而公众爱好具有易变性，很多因素都会引起不规则的购买倾向，从而导致一般用户和分销商需求也具有很大的不确定性。企业为了防止发生缺货，不断增大安全库存量，从而增加企业的库存风险。还有一些企业库存管理制度化落后，首先是缺乏制度化体系，其次是制度难以很好地执行，造成"墙上制度"，进一步增加企业的库存风险。

2. 需求预测不够准确

近年来，随着信息技术的发展，产品迭代速度加快，产品寿命周期不断缩短，市场竞争日益激烈。企业对单个产品的需求预测准确率不断降低，导致顾客需求不确定性增大。许多企业存货策略的失误和及时控制的能力较差，导致企业制订的销售计划与实际需求不匹配，增大了库存风险。在大多数情况下，市场的需求是不确定的，只能采用一定的预测技术来进行估算。这时企业就要重视库存管理技术问题，避免凭经验进行管理。数字化管理可以更好地平衡资源需求，降低库存、降低物流成本、提高物流效率。需求预测值是决定订货批量大小的关键因素，高估需求会导致库存销售不出去，而低估需求又会使库存短缺，失去潜在的客户和商机。如何进行准确的需求预测是降低库存风险的首要前提。

3. 安全库存问题

安全库存是指为了满足一定时期内实际需求超过需求预测时防止缺货而设立的缓冲库存，其目的是防止不确定因素的产生以及对销售的影响。安全库存也是把双刃剑：一方面，安全库存增加可以提高服务水平，增加来源于顾客购买的毛利润；另一方面，为了保障企业的产品供应，很多企业都存在库存量过高的问题，安全库存过大，增加了存储费用，尤其是产品寿命周期短且需求很不稳定的高科技产品，如果安全库存过大，不仅会阻碍新产品的上市，而且产品一旦过时，库存将丧失价值。因此，成功的库存管理，在于找到一个在不影响服务水平的条件下降低安全库存的方法，即保持最低库存的目标是要把库存减少到与服务目标相一致的最低水平，以实现最低的物流总成本。如何在保证供应的条件下减少安全库存，是降低库存风险的主要内容之一。

7.3.3　库存风险的管控措施

为有效应对库存风险，企业应结合自身实际状况，采取以下管控措施。

1. 科学确定安全库存水平

企业的战略目标规定了所要到达的服务水平。服务水平与安全库存密切相关。在确定安全库存水平过程中，要达到的服务水平越高，所需保证的安全库存水平也就越高。例如，当服务水平由95%增加到96%时，安全库存量要增加10%。当服务水平由97%增加到98%

时，安全库存量要增加17%。企业要结合所处行业的实际情况以及自身资源禀赋，在市场当中确定适合自身发展的服务水平，以此为基础科学确定安全库存水平，以最小的库存成本实现服务能力的最大化。

2. 实施库存集中控制

确定服务水平后，可以通过库存集中控制系统进一步降低安全库存水平。典型的库存集中控制系统是对物流中心、配送中心进行集中优化设计，把不同地方的需求集中起来，实行库存集中控制，既可以实现风险分担，又能够有效降低安全库存。例如，在一个集中型的生产或销售系统中，物流中心可以通过不同客户间的产品供给分配的协调，以降低需求的不确定性，从而降低安全库存水平。与传统的库存分散控制系统相比，库存集中控制系统还能够有效降低库存管理费用，即在拥有相同数量的总库存时，库存集中控制系统提供的服务水平要高得多，并具有规模效益，能降低库存成本。

3. 实施供应链管理

供应链管理是在满足服务水平的条件下，把供应商、制造商、仓库和商店有机地结合在一起来生产、销售商品并且实现系统总成本最小的一种管理方法。供应链上的库存管理与传统的企业库存管理不完全相同，主要体现在供应链管理思想对库存的影响上。借助于数字信息技术的发展，现代供应链管理领域出现了很多新的理论方法，克服了传统管理模式的局限性，在一定程度上实现了兼顾降低库存和提高服务水平这两个目标。现代供应链管理其基本思想是，从供应链的整体出发，通过建立战略伙伴关系，实现信息共享，以获得关于整个供应链中的库存水平、订单、生产和交货情况的准确信息。同时，按顾客的实际需求进行生产，减少需求的不确定性，有助于供应方做出更准确的预测，提供更好的服务。在供应链范围内进行库存管理，可以极大地减少供应在各环节需求的不确定性，不仅能降低本企业的库存水平，还能降低其他合作伙伴的库存水平，从而使整个供应链的库存水平最低，库存风险最小，增强企业的竞争力。

4. 加强仓库的安全管理

仓库内的安全主要是指防止物品被盗或者变质。按照产品的风险特征，加强仓库的安全管理，是有效降低库存风险的措施之一。一旦产品表现出高风险的特征，就必须要加强仓库的安全管理，以降低库存风险。为了防止被盗，每个仓库都必须严格实施所有正常的预防措施。为了防止物品变质，仓库工作程序要恰当或保管环境要符合要求，要采用先进技术，并对仓库的环境进行监测和控制，以提供适当的产品保护。此外，仓库中由于搬运疏忽造成的物品损坏是一种没有补偿的100%的成本，应引起高度重视。

7.4 供应链风险

7.4.1 供应链风险概述

1. 供应链

供应链的发展经历了三个阶段：物流管理阶段、价值增值阶段、网链阶段。早期的物流管理阶段认为供应链是指将采购的原材料和收到的零部件，通过生产转换和销售等活动传递给用户的过程。20世纪90年代，供应链进入价值增值阶段，此时供应链不再只是一条生产链，而是一个涵盖了整个产品运动过程的增值链。进入 21 世纪，面对日趋激烈的市场竞争环境，管理者意识到单打独斗已经不足以支撑企业获取竞争优势。为了适应新环境，企业更加重视供应链管理，企业间的关系呈现出网络化趋势。

供应链的概念是从扩大生产概念发展来的，它将企业的生产活动进行了前伸和后延。学术界针对供应链尚未形成统一的定义。本书认为，供应链是围绕核心企业，通过对资金流、信息流、物流的控制，从采购原材料开始直到制成最终产品，最后由销售网络产品送到消费者手中的，将供应商、制造商、分销商、零售商直到最终用户连成一个整体的功能网链结构。

供应链管理是一种先进的管理理念，它是以满足顾客和消费者的最终期望来生产和供应的，呈现出以下典型特征。

（1）供应链管理把所有节点企业看作一个整体　供应链是由多级供应商、用户组成的功能结构。供应链上的每个企业都是一个节点，节点企业与节点企业形成供应关系，是环环相扣的一个有机整体。供应链管理把对物流、信息流、资金流等的管理贯穿于供应链的全过程，要求各节点企业之间实现信息共享、风险共担、利益共存，并从战略的高度来认识供应链管理的重要性和必要性，从而真正实现整体的有效管理。

（2）供应链管理是一种集成化的管理模式　集成是供应链管理关键的思想和方法。它是一种从供应商开始直到最终客户的全要素、全过程的集成化管理模式，是一种新的管理策略。供应链管理把不同的企业集成起来以增加整个供应链的效率，强调企业之间的合作，以达到全局最优。

（3）供应链管理提出了全新的库存观念　传统的库存思想认为：库存是维系生产与销售的必要措施，是必要的成本。供应链管理使企业与其上下游企业共同实现了库存的转移，降低了企业的库存成本。这也要求供应链上的各个企业成员建立战略合作关系，通过快速反应，降低库存总成本。

（4）供应链管理以最终客户为中心　这也是供应链管理的经营导向。无论节点企业数量的多少，也无论节点企业的类型、层次有多少，供应链永远都是以客户和最终消费者的需求为导向的。正是由于有了客户和最终消费者的需求，才有了供应链的存在。

2. 供应链风险

供应链系统是一个复杂的系统，其过程当中会产生资金流、物流、信息流，涉及运输、储存、装卸、搬运、包装、流通加工、配送、信息处理等诸多环节，其中任一环节出现问题都会造成供应链的风险，影响其正常运作。企业实际运作过程中存在大量的需求不确定、信息不对称以及供应商不稳定等随机因素，导致供应链存在较大的变动性。学术界从不同视角对供应链风险展开了研究。部分学者从供应链成员的角度出发，认为供应链风险是指对一个或多个供应链成员产生不利影响或破坏供应链运行，使其达不到预期目标甚至导致供应链失败的不确定性因素或意外事件。有的学者将供应链风险视为供应链的脆弱性，认为供应链风险因素的发生通常会降低供应链的运行效率，增加成本，甚至导致供应链的破裂和失败。

供应链上的各环节是环环相扣，彼此依赖、相互影响的，任何一个环节出现问题，都可能波及其他环节，影响整个供应链的正常运作。结合风险管理理论，本书将供应链风险定义为，供应链运营过程中出现的可能影响其正常运营的不确定性因素。

7.4.2　供应链风险的成因

引发供应链风险的因素有很多，可分内部因素和外部因素两大类。

1. 供应链风险的内部因素

（1）物流运作风险　物流活动是供应链管理的纽带。物流系统的高效运作是供应链加快资金流转速度，实现即时化生产和柔性化制造的重要支撑。实现物流的高效运作需要供应链各成员之间采取联合计划，实现信息共享与存货统一管理，但现实中是很难做到这一点的。物流运作风险会导致在原料供应、运输、缓存，产品生产、缓存和销售等过程中出现衔接失误，这些衔接失误都有可能引发供应链风险，阻碍供应链效能的发挥。

（2）道德风险　道德风险是指由于信息的不对称，供应链合约的一方从另一方得到剩余收益，使合约破裂，导致供应链的危机。供应链的成功需要依赖上下游企业密切的合作。由于供应链中节点企业数目众多、结构复杂，要实现对最终用户需求的快速反应，信息的共享必不可少。供应链上的企业为了保证自己的利益最大化，往往会隐匿一部分关键商业信息，导致整个供应链的信息不够准确及时。另外，供应链上企业多依据比邻企业的需求进行独立决策，缺少和其他成员进行协商的机制和积极性，从而产生所谓的"牛鞭效应"，导致过量的库存。

（3）企业文化差异　随着全球化进程的加快，供应链中的各个企业在地理位置上跨度很大，处在不同的国家和地区已经成为普遍现象。这些不同的企业，特别是不同地域的企业，文化差别很大，它既表现在企业经营理念和文化制度上，也表现在员工的职业素养和敬业精神、行为方式等方面。不同的企业文化会导致对相同问题的不同看法，从而采取有差异的处理手法，甚至会产生不同的结果。例如有的地区企业诚信度高，有的则相对很差；有的企业员工的职业素养高且具有敬业精神，有的则很差。这些文化差异会导致企业供应链产生不确定性，从而导致风险的产生。

（4）经营的不确定性　供应链具有动态性，各个节点企业也处在不断地变化过程中。若供应链中的某些企业满足于维持原状，原先的优势可能不再突出甚至消失，则会出现不能快速响应下游客户需求的情况。与此同时，供应链中的企业在长时间的相互合作中形成了大量的专用性投资，从而限制了供应链对市场需求变换的反应速度和对市场的敏感性。这都增加了供应链风险，特别是供应商风险发生的可能，最终制约了供应链的发展。

（5）利益分配的不确定性　供应链系统由众多企业构成，其各自有不同的背景和利益诉求，在技术能力、管理水平、人员素质等方面也存在较大差异。这些因素会导致各个合作企业的获利水平和获利能力不同，从而影响供应链的稳定性。节点企业之间的协调主要是通过信息共享和战略合作这种软约束性的制度安排来实现的，成员之间的协议往往不具备法律约束力，联盟也缺乏监督与惩罚机制，合作的成功主要依赖于相互之间的信任。当供应链利益分配出现冲突时，缺乏有效的约束机制进行平衡和规范，容易导致供应链的中断。

2. 供应链风险的外部因素

（1）政策风险　国家政策的调整对企业供应量有着深远影响。例如，当产业结构调整时，国家会出台一系列的产业结构调整政策和措施，对调整方向的产业予以鼓励，给供应链投资指明了道路；对另一些产业则进行限制，使供应链原有的投资面临着遭受损失的风险，供应链需要筹集大量的资金进行产业调整。

（2）经济周期风险　市场经济整体走势会影响供应链的稳定性。在经济上行阶段，市场需求旺盛，供应链扩容确实明显；在经济下行阶段，供应链各环节企业销售压力加大，资金周转困难，供应链风险会大大增加。

（3）法律风险　供应链也会因为法律环境的变化而产生供应链经营风险。每个国家的法律都有一个逐渐完善的过程，法律法规的调整、修订等不确定性，有可能对供应链的正常运转产生负面效应。

（4）市场需求不确定性风险　供应链的运作是以市场需求为导向的，供应链中的生产、运输、供给和销售等都建立在准确预测需求的基础上。市场竞争的激烈性、消费者需求的不确定性使准确预测的难度加大，进而增加整个供应链的经营风险。

（5）意外灾祸风险　意外灾祸主要表现在地震、火灾、战争、疾病等因素，都会引起非常规性的破坏，影响到供应链上的某个节点企业，从而影响整个供应链的稳定。

7.4.3　供应链风险的管控措施

1. 加强节点企业的风险管理

供应链是由多个节点企业共同参与而形成的串行或并行的混合网络结构。链条当中的某一项工作可能由一个企业完成，也可能由多个企业共同完成。节点企业的运行效率共同决定了供应链整体的效率、成本和质量。任何一个节点企业经营出现问题，其风险会在供应链上快速传播。因此，供应链风险可以通过对节点企业风险的识别与判断，进行风险调整和优化的方法来进行控制。

2. 建立预警机制与应急系统

作为一个多环节、多通道的复杂系统，供应链必须建立有效的预警机制与应急系统来应对突发事件。供应链预警机制要能够有效分析链条内各节点企业的价值创造能力和风险趋势，做好风险预判。进行供应链管理要对突发事件的发生有充分的准备，建立一整套预警评价指标体系，对各类突发事件及时发出预警信号，应急系统及时对紧急、突发的事件进行应急处理，以避免给供应链企业之间带来严重损失。

3. 提升供应链弹性

供应链以市场需求为驱动力，但市场需求存在较大的不确定性。核心企业要推进实施供应链的柔性设计，实施供应链弹性管理。供应链弹性是指供应链在部分节点失效时，仍能保持连续供应且快速恢复到正常供应状态的能力。供应链上各节点企业在合作过程当中要注重数字信息技术的应用，加强各节点之间的信息沟通，基于核心企业的供应链信息共享机制，增加供应链透明度。

4. 加强采购管理

采购是企业内部供应链的开始，又是企业与企业之间供应链的桥梁。有效的采购活动对于企业降低成本、提高运作效率、增强竞争力有着至关重要的作用。采购环境的复杂性和采购管理系统的功能弱化是供应链风险的主要成因之一。供应链中的核心企业采购规模大，面对的供应商众多，对整个供应链生态有着至关重要的影响。核心企业应充分发挥示范效应，从实行供应商准入制、建立供应商资信考评信息库两方面完善自身采购管理水平，有效防范供应链风险。

5. 建立战略合作伙伴关系

企业间的有效合作是实现供应链战略目标的关键基础。供应链内企业要建立长期的战略合作伙伴关系，加强成员之间的信任，完善上下游企业间的委托代理机制，形成利益分享和风险分担合作局面。供应链核心企业要积极推荐供应链文化建设，增强成员企业之间的团结协作，有效保持供应链的稳定与发展。

📖 小阅读

利用信赖可靠的客户关系向邻近领域扩展

丹麦的穆勒—马士基集团（A.P.Møller-Maersk，简称马士基）是一家有着117年历史的公司，生产的货船遍及世界各地。2016年CEO索伦·斯科（Søren Skou）上任，他放弃了马士基的石油和能源业务，让公司集中发展两大支柱——海上运输和陆上物流，他知道马士基必须保持海运方面的优势——这是公司的核心和灵魂。早在20世纪70年代，马士基就开辟了大型集装箱货运业务，越来越大的集装箱运货船不断创造和打破世界纪录。然而，行业被商品化、波动、合并、低利润和60年里最漫长的衰退（2008年—2016年）所席卷。在这样的背景下，斯科的策略是通过连接和简化全球供应链为客户创造价值，而不是单纯地把集装箱从一个港口运到另一个港口。因为马士基的海上运输量占全球的1/5，但只向不到20%的海运客户出售了陆上物流产品。技术是实现这一转变的关键。马士基首先整合了数字创新，让客户可以在Maersk.com网站上了解价格、完成预订、处理文件并进行支付。短短4年时间，马士基就重新定义了价值主张，进入新的市场。

资料来源 改编自马尔奈特，布切.在位企业的战略优势：利用信赖可靠的客户关系向邻近领域扩展[J].哈佛商业评论中文版，2022(1)：144-147.

● 本章小结

生产运作是指企业投入各种生产要素，通过一系列的转化过程，最终产出有形产品和无形服务的过程，其中存在着各种风险，主要有质量风险、库存风险、供应链风险等。质量是产品在使用时能成功地满足用户需要的程度，在产品设计、制造、使用、服务过程中出现的不确定会导致质量风险。质量风险管理这一概念产生于20世纪，经历了产品检验、统计检验、全面质量管理、现代质量管理四个阶段以形成成熟的理论体系。企业需要在高层领导重视、建设质量文化、加大设施投入力度、持续推动技术创新、加强质量经济效益分析等方面采取有效措施，应对质量风险管理。库存是为了满足未来的需要而暂时闲置的资源，在缩短订货提前期、分摊订货费用、维持稳定、防止短缺、防止中断等方面发挥着不可替代的作用。根据库存的目的划分，可以将库存划分为周转库存、安全库存、调节库存、在途库存四类。库存风险是由库存物资数量、价格波动、损毁、管理费用等因素造成的风险，最终对企业的生产运作产生消极影响，主要是由传统库存管理的缺陷、需求预测不够准确以及安全库存问题导致的。企业应该通过科学确定安全库存水平、实施库存集中控制、实施供应链管理、加强仓库的安全管理等措施有效应对库存风险。供应链是围绕核心企业，通过对资金流、信息流、物流的控制，从采购原材料开始直到制成最终产品，最后由销售网络产品送到消费者手中的，将供应商、制造商、分销商、零售商直到最终用户连成一个整体的功能网链结构。供应链风险是指供应链运营过程中出现的可能影响其正常运营的不确定性因素，主要有内外两类因素引发。企业应采取加强节点企业的风险管理、建立预警机制、应急处理机制、提升供应链弹性、加强采购管理、建立战略合作伙伴关系等措施有效应对供应链风险。

✎ 本章习题

【选择题】

1. (　　) 是指市场经济的运行轨迹具有明显的周期性，繁荣和衰退交替出现，这种现象也将导致供应链的经营风险加大。

　　A. 市场需求不确定性风险　　　　　B. 经济周期风险

　　C. 政策风险　　　　　　　　　　　D. 法律风险

2. 生产运作管理风险的萌芽起源于 (　　)。

　　A. 20世纪60年代　　　　　　　　B. 20世纪50年代

　　C. 20世纪30年代　　　　　　　　D. 20世纪40年代

3. (　　) 是供应链加快资金流转速度，实现即时化生产和柔性化制造的重要支撑。

　　A. 物流系统的高效运作　　　　　　B. 生产组织与采购风险

　　C. 分销商的选择产生的风险　　　　D. 物流运作风险

4. 产品质量风险有哪些？(　　)

　　A. 市场性风险　　　　　　　　　　B. 运营性风险

　　C. 道德性风险　　　　　　　　　　D. 法律性风险

5. 根据库存的目的可以将库存分为 (　　)。

　　A. 周转库存　　　　　　　　　　　B. 安全库存

　　C. 调节库存　　　　　　　　　　　D. 在途库存

6. 供应链管理的特点包括 (　　)。

　　A. 供应链管理可以实现全过程的战略管理

　　B. 供应链管理是一种集成化的管理模式

　　C. 供应链管理提出了全新的库存观念

　　D. 供应链管理以最终客户为中心

【判断题】

1. 生产风险是指企业在原材料、设备、技术人员及生产组织等方面存在难以预料的障碍。
(　　)

2. 生产运作系统的风险不会反映在核心流程上。(　　)

3. 产品质量风险管理这一过程不一定贯穿于整个产品的生命周期，要具体情况具体分析。
(　　)

4. 库存是必不可少的，但是库存也存在一定风险。(　　)

5. 英国著名的质量管理专家约瑟夫·M.朱兰认为质量就是适用性。(　　)

6. 产品的耐久性是指产品是否容易修理和维护。(　　)

7. 产品质量风险是指由于产品设计考虑不周、生产技术水平不够、生产过程把关不严、服务过程不完善等原因所造成的质量不确定性风险。(　　)

8. 全面风险管理是由企业全体人员共同参与的。(　　)

9. 使用过程质量最终体现在产品质量与质量管理水平上。 （　　）

10. 供应链风险因素的发生通常会降低供应链的运行效率，增加成本，甚至导致供应链破裂和失败。 （　　）

案例分析

供应链金融数字化助力永辉超市融合共享、成于至善

永辉超市在 2001 年成立，此前创始人张氏兄弟在商超行业摸爬滚打了几年，已经拥有数家小型超市，形成了一定的规模。在福建省政府进行"杜绝餐桌污染，改善社区生活，建设放心市场"的宣传下，张氏兄弟看准了时机，成立了福州市第一家"农改超"超市——永辉超市屏西店，其目的是将以往以在菜市场售卖为主要渠道的生鲜产品和农产品转型在正规超市卖场中。张氏兄弟的经营理念是提供给消费者干净、整洁、舒服的消费环境，提升消费者的购物体验。这种经营模式在实施后不久，消费者对这种有序、干净的购物体验表现出极大的好感，随之而来的就是永辉超市以这种经营模式快速扩张。2010 年 12 月，永辉超市正式登陆 A 股，发展成为民营股份制大型企业集团。永辉超市还获得了中国"农改超"开创者的荣誉称号。这种经营方式也记入《中国零售十大创新案例》中，永辉的黎明店也被授予"福建十佳超市"的荣誉称号。永辉超市成为口碑企业，以"民生超市、百姓永辉"的形象被大众熟知。

1. 采购模式和送货模式

永辉超市主要实施以总部集中统一采购和在各超市所在地采买（供应商直送）两种方式并行的采购模式。

（1）总部集中统一采购　以福建省为例，永辉超市分别在福州鳌峰洲社区及福州闽侯县上街镇成立了物流配送中心，配送中心利用互联网技术，在网上获取配送需求单，按照门店的需求单进行配货。配送中心还具有一定的存货能力，能满足门店大概一周的货物需求。

（2）在各超市所在地采买（供应商直送）　永辉超市各门店与供应商直接联系订货。供应商们直接按门店需求量将货品配送到门店。永辉超市在国内各门店所在地开设了 10 个农副产品购买基地，超市内的蔬菜，水果和肉类大都采用供应商直送的方式，因为生鲜产品对新鲜度的要求比较高，有当地供应商直送可以大大缩短配送时间，保证生鲜产品的新鲜度。

2. 供应商的管理

永辉超市主要应用"供零在线"供应商服务系统对永辉超市的上游厂商和供应商进行管理。永辉超市利用供应商服务系统完成订货单上传，供应商们在平台上查验订单信息，根据永辉的订单进行配货，到货后永辉方可进行线上核账、货物退换，最后在线上完成与供应商资金结算。利用该系统，永辉方和供应商实现实时交易，交易时间大大缩短，同时由于交易数据透明可查，有利于双方进行自我管理、数据分析，进一步提高交易效率。

3. 供应商经营模式

除生鲜、农副产品外，永辉超市的食品用品类供应商以品牌代理的方式经营，其经营的产品涉及多个品牌，并且多为被消费者所熟知，且认可的知名品牌的代理商。食品用品类产品大多需要有一定的存货储备，因此与永辉合作的供应商们一般都有存货场地、配送车、专门负责仓库管理的员工、专门负责销售的业务员和一套完善的商品运输管理系统。永辉超市食品用品类供应商涵盖了产品厂家、省、市级品牌代理商、区域经销商、渠道经销商。众多供应商经营的产品采用多渠道销售，给各地区的多家大型卖场、中型商超及小型超市供货，例如品牌连锁便利店、社区型仓买等。其中饮料酒水类供应商还向酒店、饭店等商家供货。

4. 风险控制

首先确定融资对象，永辉以优先解决与永辉合作关系稳定且自身经营状况良好的供应商的资金难题为出发点，确定了食品用品类供应商成为本次优先获得授信的客户，并根据食品类供应商对永辉超市的年供应量和年收入确定目标对象、再将目标对象依据销售经验、渠道控制能力、企业销售能力分为 A、B、C 三个等级，分别确定单户最高授信额度和非抵押授信额度。广发银行对永辉的供应商们可获得信贷资金设定了 1 亿元的上限额度，一家供应商最多可获得 1500 万元的信贷资金，其中无资产抵押和交易票价质押的客户可获得信贷金最多为 500 万元。其次，永辉与供应商利用供应商服务系统完成应收账款类质押融资，永辉超市与供应商的交易数据做到可查、可溯，显著减少了由于信息不对称而产生的风险。再者广发银行利用互联网技术将现金管理系统连接到永辉的供应商服务系统，实行一体化管理。因此，广发银行在为以永辉为核心的供应链金融数字化系统中通过技术手段有效地降低了操作风险。

永辉董事长张轩松在其公司 2019 年年度总结大会上提出："从 2014 年开始的数字化进程到现在，永辉始终是直接与消费者对接的销售方，在激烈的市场竞争中，如何满足消费者需求，增强与消费者的信任度，怎样在大型连锁超市的竞争中脱颖而出，这不光是永辉自身的功课，还需要整个供应链融合、产供销结合、协同发展。永辉作为供应链中的核心企业，也起着领头羊的作用，为整个供应链寻找机会，创造价值。在与广发银行携手的几年中，我们不但完成了自身的扩张发展需求，同时实现了公司、供应商、广发银行三方共赢的局面。未来永辉将进一步发展自己的金融服务业务，目前已经申请并取得了两个金融牌照，永辉自己的供应链金融数字化服务正式启航。"

资料来源 改编自李唯滨，侯宇，王野. 供应链金融数字化助力永辉超市融合共享、成于至善 [DB/OL]. 中国管理案例共享中心.（2021-11-13）[2022-04-20]. http://www.cmcc-dlut.cn/Cases/Detail/5701.

 问题思考

1. 本案例中永辉超市为什么选择供应链金融数字化这种融资模式？

2. 本案例中核心企业永辉超市和资金提供方广发银行如何对供应链金融数字化模式进行风险控制？

案 例 讨 论

首先，由于永辉超市所在的行业竞争呈现红海态势，外资势力雄厚，有快速扩张的趋势，市场占有率上升，导致永辉超市必须做出调整以应对行业竞争。因为永辉超市采用扩张店面数量的方式，所以对资金的需求量增加。

其次，永辉超市的扩张模式，对于传统的供应商来说也提出了更高的要求，比如供货商的运营模式、供货的规模等。然而永辉超市的上游供货商多为传统的中小型企业，对于它们来说，扩大生产规模并非易事，主要体现在银行对中小企业评判的信用等级较为严苛。而供应链金融数字化具有门槛低、融资速度快、管理风险低等优点可以有效解决上游供货商的融资难题。

再有，永辉超市利用线上供应商服务系统对供应商进行管理，交易数据易获取，资金流向清晰，永辉的货物配送也采用的在线平台管理，统一的配送方式，因而满足了供应链金融数字化对信息流、资金流、物流的整合的要求。

补 充 阅 读

全球供应链加速数字化转型

随着大数据、云计算、物联网、人工智能等技术的不断发展，许多 B2B 平台功能逐渐升级，从交易型平台向供应链服务型平台转型。这不仅能为平台上的会员企业提供信息撮合、第三方支付结算、物流配送、信用评价等服务，一些平台还能提供集中采购、仓储加工、数据服务以及供应链金融服务等，帮助企业更好地配置各类供应链资源。一些跨境 B2B 平台还将供应链服务延伸至境外，为国内中小外贸企业提供通关、出口退税、海外仓、国际运输、海外营销体系搭建以及贸易融资等供应链服务。许多平台致力于为企业和机构客户打造"同个人消费购物一样便利"的采购体验，让数字化更好地服务于企业发展。

传统企业加入 B2B 电子商务行列，通过与互联网企业、服务企业、金融机构等深度融合，在产品生产、商务流程、商业模式等诸多领域展开协同创新，可提升供应链效率和个性化服务能力。可以说，B2B 在线交易是传统企业与其上下游成员企业之间，借助数字化技术实现信息流、物流、资金流融合的必然结果。在新冠疫情对全球供应链造成冲击的背景下，这样的融合更显紧迫性，也为 B2B 电子商务进一步发展提供了动能。

未来，随着我国传统产业与"互联网+"的深度融合，B2B 电子商务市场将迎来更多机遇，也将通过创新升级进一步带动实体产业的协同发展，促进跨界融合的供应链生态形成，优化资源配置。传统企业需要抓住机遇，积极融入中国"互联网+"与数字化革命浪潮，共享 B2B 电子商务发展红利。

资料来源 改编自秦良娟.全球供应链加速数字化转型（经济透视）[EB/OL].(2021-08-02) [2022-04-20]. http://www.gs.people.com.cn/n2/2021/0802/c183360-34848231.html.

第 8 章

营销风险管理

学习目标

1. 理解营销风险的概念与特征。　　2. 了解营销风险的分类。

3. 掌握营销风险的成因。　　4. 掌握营销风险管理的概念与目标。

5. 掌握营销风险管理的基本流程。　　6. 了解营销风险的管控措施。

逻辑框架

▶▶ 引导案例

不能让双十一营销套路成为"连续剧"

每年的双十一都让不少网友翘首以盼，然而，一些平台、商家"乱花渐欲迷人眼"的套路，不禁让人感慨"复杂规则难坏'尾款人'""没点奥数功底都不配过双十一了"。调查发现，"商家先涨价再降价，最终折扣商品比原来还贵""说是满减，当次购物不能使用，还得等到下次购物才能优惠"等问题依然存在，各种优惠规则让人很是"心累"。

双十一被冠以"网络购物节"，吸引了商家和消费者广泛参与，每年都以创纪录的巨大交易量将电商交易推向高潮。双十一已经成了电商市场的一面旗帜、一台引擎，成了消费者消费生活中很重要的一部分。双十一的市场环境关乎消费者的消费质量、消费信心、消费热情，关乎整个电商市场的发展环境。在双十一期间，维护市场秩序、净化市场环境、呵护市场信誉已经成了消费者的普遍诉求，也符合电商市场健康发展的需求，符合市场监管的履职需求。

近年来，市场监管部门、中消协等连年在双十一之前向电商平台及商家提出维权要求，向消费者发布消费提示或警示，这些措施对于规范商家营销行为，引导消费者理性消费、安全消费起到了一定作用。在此基础上，消费者还需要监管维权部门以及电商平台拿出更多有效的治理行动。

双十一堪称电商市场的晴雨表，双十一的市场环境颇具代表性，但也是各类违法侵权问题的活跃期、集中爆发期。市场监管部门、消保组织、电商平台等应该从治理双十一的套路乱象入手，摸清电商交易中的营销问题和侵权规律，完善监管机制，提升监管治理能力。

资料来源　改编自李英锋.不能让双十一营销套路成为"连续剧"[EB/OL](2021-11-09)
[2022-04-20].http://www.health.people.com.cn/n1/2021/1109/c14739-32277169.html.

1. 你认为电商平台中需要规范哪些营销行为？
2. 应采取哪些措施对营销套路和陷阱进行全面排查？

针对以上两个问题思考，提供开放性的指导答案。①依法对营销套路和陷阱进行全面排查，拉出促销的"正面清单""负面清单"，确保促销行为的简单、诚信、透明，针对违法侵权套路，不仅要告诫商家、警示消费者，还要立案查处。②完善促销价格监管机制，绘制"电商价格走势图"，实现商品交易历史价格留痕，给消费者提供比价便利和选择便利，保障消费者的知情权、公平交易权和监督权。③畅通投诉举报渠道，认真受理处置每一起消费者投诉举报。对投诉举报信息挖掘监管线

索，如果消费者投诉举报属实，在解决消费争议、维护消费者权益的同时，对违法
侵权商家进行问责。

应在电商平台的信誉管理系统和政府部门的市场主体信用信息系统进行联合失
信惩戒，直至将商家拉入市场黑名单，让商家付出法律代价和失信代价，以此发挥
惩戒、震慑、教育、预防功能，倒逼商家增强底线意识，规范营销行为。

双十一旧套路未去，又添了新套路，且不少套路变得越来越隐蔽，越来越具有
欺骗性、误导性。无论是虚构原价、先涨后降、虚假宣传"低价"或"最低价"、以
配件价格误导消费者，还是把预付款纳入"定金"范畴、隐藏优惠渠道、玩"买一
送一"的文字游戏，商家单方解释限定优惠券的使用范围、使用时间和使用方式，
以复杂的优惠规则"绕"消费者，都让消费者防不胜防、倍感无奈。

这些套路普遍拉低了消费者的消费体验，侵犯了消费者权益，扰乱了双十一的
市场秩序，损害了双十一的市场信誉。实际上，其中不少套路都触碰了诚信和法律
双重底线。

8.1　营销风险

8.1.1　营销风险概述

1. 营销风险的定义

营销又称为市场营销，是指企业发现、创造和交付价值以满足一定目标市场的需求，同
时获取利润的一系列活动，是发现或发掘准消费者需求直至让消费者购买该产品的过程。营
销活动的主要目标是辨识未被满足的需求，定义、量度目标市场的规模和利润潜力，找到最
适合企业进入的细分市场和适合该细分的市场供给品。

影响企业营销活动及其目标实现的各种因素和力量构成了企业赖以生存的营销环境。营
销风险是指企业在开展营销活动的过程中，由于出现不利的环境因素而导致营销活动受损甚
至失败的状态。营销风险是由各种无法预料的不确定因素带来的影响，这种影响会导致企业
营销的实际收益与预期收益发生偏差，从而使企业有承担一定的损失或获得额外收益的机会
和可能性。营销风险的主体是营销活动的参与者——企业。营销风险的大小取决于营销事故
发生的可能性（损失概率）及其发生后果的严重性（损失程度）。

营销风险是一种不确定性，它带来的可能是损失，也可能是利益和机遇。风险报酬与风
险程度一般情况下是正相关关系，即风险越大，就有可能获得更高的风险报酬。企业在开展
市场营销的过程中，必须分析市场营销可能出现的风险，并努力加以预防，设置控制措施和

方案，最终实现企业的营销目标。

2. 营销风险的特征

营销风险的典型特征主要体现在以下方面。

（1）客观性　营销风险是由客观存在的自然因素和社会经济因素引起的，是自然界运动的表现形式。营销宏观环境的变化受社会发展规律支配，人们可以认识和掌握规律，预防意外事故的发生，减少其损失，但不能完全消除。因此，人们只能在一定的范围内改变营销风险，降低营销风险事故发生的概率，减少损失程度，但不能彻底消除营销风险。

（2）主观性　营销风险的认识在很大程度上受风险管理者价值观与偏好的影响。现实的风险事件的发生及其后果与人为因素之间的关系极为复杂，任何概率运算方式都无法完全解释。个人主观概率与判断是个人风险认知、风险偏好与风险行为的主要依据。

（3）偶然性　从社会来看，营销风险事故是必然会发生的。然而，对特定的个体来说，营销风险事故的发生存在偶然性。这种偶然性由营销风险事故的随机性决定，它表现出种种的不确定性：①营销风险事故是否发生不确定；②营销风险事故何时发生不确定；③营销风险事故发生的形式以及损失的大小不确定。

（4）可变性　世间万物都处于运动、变化过程中，风险的变化包括量的增减以及质的飞跃，还有新旧风险的产生与消亡。营销风险的变化，主要是由营销风险因素的变化引起的。营销风险存在和发生的规律已逐渐为企业所把握，并能采取种种手段控制和消除营销风险的发生因素，从而可以减少营销风险带给人们的损失和忧虑。因此，营销风险不是一成不变的。

（5）投机性　营销风险多数是投机风险，既有可能造成严重损失，也有可能带来巨大利益。这是营销风险最大的特征，因为营销活动就具有投机性。这一风险种类的管理主要依靠人们的管理水平，关键是抓住机会。

8.1.2　营销风险的分类

按照不同的标准，可以将营销风险划分为不同类型。

1. 按营销风险形成的原因分类

按照营销风险形成的原因分类，可以将营销风险划分为营销实质风险、营销道德风险、营销心理风险三类。

营销实质风险是指由于有形实质性风险因素引起的风险，例如保管不慎造成货物损失、道路不平坦造成运输货物破损等。营销道德风险是指在营销业务过程中，由于营销人员的恶意行为或不良企图等道德问题，故意促使事故发生或损失扩大，从而造成营销风险，例如营销人员贪赃枉法、营私舞弊、接受用户贿赂等。营销心理风险是指由于营销人员主观上的疏忽，导致事故发生或扩大损失程度，从而为企业营销活动带来损失的风险，例如由于营销人员经验不足，造成货款被骗等。

2. 按营销风险所致的后果分类

按照营销风险所致的后果分类，可以将营销风险划分为纯粹营销风险和投机性营销风险两类。

纯粹营销风险是指只有损失而无获利的不确定性状态。纯粹营销风险所导致的后果只有两种，即企业损失或者无损失，例如货物失火、破损等就属于纯粹风险。投机性营销风险是指既有可能损失，也存在获利机遇的不确定性状态，它所导致的结果有三种可能性：无变化、获利、损失，例如营销采购领域的囤积货物，可能会面临价稳、价涨、价跌三种情况。

3. 按营销风险的损害对象分类

按照营销风险的损害对象分类，可以将营销风险划分为营销人身风险、营销责任风险和营销财产风险三类。

营销人身风险是指营销人员因早逝、疾病等原因而使企业遭受损失的不确定性状态，例如企业营销人员的猝死。营销责任风险是指营销人员因过失或侵权行为造成他人的财产损失或人身伤亡，在法律上必须承担经济责任的不确定性状态，例如不履行合同致使对方遭受损失的契约责任等就属于营销责任风险，这是营销风险管理的核心。营销财产风险是指货物财产发生损毁、灭失和贬值的风险。

4. 按营销活动的内容分类

按照营销活动的内容分类，可以将营销风险划分为需求变化风险、营销环境风险和竞争对手风险三类。

需求变化风险是指由于消费者需求变化，导致产品不能满足需求，从而给营销带来的风险。营销环境风险是指由于营销环境的变化，给企业营销决策带来困难，从而容易产生风险。竞争对手风险是指由于意外原因，使得竞争对手处于明显的优势，有被竞争对手挤出市场的风险。

8.1.3 营销风险的成因

影响企业营销活动及其目标实现的各种因素和力量构成了企业赖以生存的营销环境。营销环境的变化与发展直接或间接地影响着企业的营销活动，既能给企业带来市场机会，也会给企业带来威胁。企业如果能够顺应营销环境的变化、顺势而变，则能够在激烈的市场竞争中披荆斩棘、快速发展。由于营销环境的变动性和企业自身业务活动的复杂性，导致营销过程中必然存在不确定性，从而引发营销风险。引发营销风险的因素多种多样，整体可划分为两类：客观因素和主观因素。

1. 营销风险的客观因素

引发营销风险的客观因素又称为营销风险的宏观因素，是指宏观市场环境的变化给企业营销系统带来的不确定性影响。这种影响通常是间接的，市场需求、经济发展、科技进步等方面的变化首先经过市场大系统的反应，然后作用于企业的营销系统，使营销系统运行产生震动，从而引发营销风险。营销风险的客观成因主要体现在以下几个方面：

（1）市场需求的变化　市场需求变化是引发营销风险的主要外部因素之一。在市场经济环境中，企业的运营受市场需求驱动。而市场需求则是一个不断发生变化的不可控因素。随着时代的发展，市场需求正在加速朝着个性化需求演进，导致企业准确预测市场需求的难度大大增加。当企业市场营销活动不适应市场需求时，就会产生营销风险。市场需求由低层次向高层次变化、由数量型向质量型变化、由群体共同性向个体独特性变化，是一种客观存在的趋势，不充分认识其客观性，就必然会产生营销风险。

（2）经济形势与经济政策的变化　经济形势与经济政策影响着企业的方方面面，营销活动也包括在内。改革开放以来，我国的社会经济形势发生了翻天覆地的变化，人民物质生活和精神生活水平得到了全面提升，在消费能力、消费观念、消费方式等方面有着较大的变化。从全球经济形势看，经济全球化使各国的经济联系和相互依赖达到前所未有的程度，但局部贸易摩擦和冲突也时有发生。而无论是循序渐进式的变化还是剧烈变化，经济形势与经济政策都会直接或间接地影响并决定企业的市场营销活动，影响着企业的生存与发展。当某种变化导致不利因素出现时，就会造成营销风险。

（3）科技进步导致的不确定性　科技变革是把双刃剑，对企业的市场营销活动具有双重作用：一方面，科技进步为企业市场营销活动提供了新的方式和方法，丰富了企业市场营销活动的开展方式；另一方面，每一次新技术的变革，会伴随着原有技术的淘汰，这也意味着，技术变革也给企业的市场营销活动带来了威胁。例如，以数字技术和互联网为基础产生的网络营销，对传统营销带来的冲击十分猛烈。科学技术的进步对企业的营销组织结构、营销人员结构、营销战略与策略、营销的方式和方法等，都将产生巨大的影响进而导致变革，变革不仅意味着新的机遇，更意味着风险。

（4）其他因素的影响　诸如政治、军事、自然灾害、突发疾病等因素也会对营销产生严重影响。例如，2020年爆发的新冠疫情严重影响了人们的消费理念和消费行为。调查显示，在新冠疫情期间，居民对防疫清洁、食品粮油、医药保健等品类的商品消费意愿较强，保险理财的产品方面的消费支出也大幅提升。同时，居民对服饰鞋包、美容美发、宠物用品、家电等类别的产品消费意愿有所降低。

2. 营销风险的主观因素

引发营销风险的主观因素又称为营销风险的微观因素，是企业自身行为特征给营销系统带来的不确定性影响。由于营销活动存在于企业的微观环境中，因此会受到微观环境的直接影响。在复杂的市场环境中，由于营销主体经验能力的局限性，对风险的产生、发展和后果缺乏充分的认识和把握，从而引发营销风险。营销风险的主观因素主要体现在以下几个方面：

（1）营销理念落后　营销理念是企业营销活动的指导思想，是有效实现营销功能的基本条件。营销理念在营销实践中决定了企业的价值导向，是整个营销实践过程的龙头，对企业员工的思想和行为具有整合作用。市场营销理念正确与否，直接关系到企业营销活动的质量及其成效。随着时代的发展，营销理念经历了生产观、产品观、推销观、营销观等阶段的演化，发展成为目前以社会营销为导向的社会营销观念。企业如果不能适时调整、更新营销观念，必然会导致营销行为错误，引发营销风险。

（2）营销管理人员失误　营销管理人员由于自身能力不足或缺乏责任心所导致的不确定性，是营销风险的另一主观因素。导致营销管理人员失误的原因主要有信息缺失、经验不足、对风险认识不够，以及其他人为主观因素。当营销管理人员所掌握的市场信息缺失、不足时，导致其无法充分的了解用户、销售商、竞争者等有关信息，如果盲目开展营销活动，容易引发风险。营销管理人员的专业知识和从业经验对于防范营销风险是至关重要的。当营销管理人员缺乏处理市场营销风险的经验和知识时，无法对风险进行有效的预警和评估，制定决策往往更加依赖于主观判断。当营销风险发生后，这些管理人员也无法采取有效措施控制风险蔓延并及时止损。

由主观因素引发的营销风险，其实际损失可能比预计的要大得多，往往会由一种风险引发出新的风险，由小风险引出大风险。企业可以通过调整营销决策，对由主观因素引发的营销风险加以影响和控制。这些风险一旦发生，如果企业补救措施及时，风险是可以得到控制的，但若处理不当，就会给企业带来巨大损失。

8.2　营销风险管理的原则与流程

8.2.1　营销风险管理的概念

营销风险是客观存在的，风险当中往往伴随着商机，因此企业要采取积极主动的风险管理措施，而不是简单规避或被动接受。营销风险管理是指企业围绕总体营销目标，通过在企业营销管理的各个环节和营销过程中按照营销风险管理的基本原则，培育良好的营销风险管理文化，设计营销风险管理的框架体系，构建营销风险管理的基本程序，建立健全营销风险责任制度，从而为实现营销管理的总体目标提供合理保证的过程和方法。全面地理解营销风险管理，要注意如下几点。

（1）营销风险管理的对象　营销风险管理的对象可以是纯粹营销风险，也可以是投机性营销风险。投机性营销风险的处理既是一门科学，也是一门艺术，要求企业在风险应对的过程当中发现商机、转化危机，这是营销风险管理讨论的重点。

（2）营销风险管理的核心　营销风险管理的核心是降低损失，尤其是对那些能够准确预见将来可能发生的损失进而事先加以防范。

（3）营销风险管理的过程　营销风险管理是对营销风险实施有效控制和妥善处理损失的一个管理决策过程，包含风险识别、风险衡量、风险评价、风险应对等环节。

8.2.2　营销风险管理的目标

营销风险管理的核心目标是以最少的管理成本获得最大的安全保障，以减少营销风险造成的损失。在营销风险管理过程中，各企业应根据自身的实际情况制定具体的风险管理目标。一般而言，营销风险管理目标可以分为损前目标和损后目标两类。

1. 损前目标

损前目标是指在风险事故发生之前，风险管理应该达到的目标。具体而言，营销风险管理的损前目标是要在风险发生前做好风险识别、分析、控制和防范措施，最大限度地降低风险发生的可能性，其管理目标主要包括以下内容：

（1）经济合理目标　营销风险管理必须遵循风险管理成本最小化和收益最大化的原则，确保管理活动经济合理。在风险管理过程中，企业一方面要尽量减少不必要的费用支出和损失，同时要确保风险因素得到有效的排查和控制，不能因为费用的降低影响安全保障水平。因此，企业必须根据不同的风险管理方式的成本进行选择，确定最经济合理的风险管理方案。

（2）安全系数目标　安全系数目标就是将营销风险控制在企业可以承受的范围之内。营销风险是客观存在的，企业无法将其彻底消除。每家企业都要制定适合本企业的安全系数目标，确保营销风险造成的损失不会给企业的生存和发展带来严重影响。合理的安全系数目标一方面能够时刻提醒人们风险的存在，有利于增强企业员工的风险防范意识，另一方面承认风险的存在，避免员工瞻前顾后而丧失良好的营销机会。

（3）社会责任目标　企业在追求利润最大化的同时，还承担着对消费者、社区和环境的责任，这就要求企业在运营过程中关注人的价值，积极对消费者、环境、社会做出应有的贡献。企业一旦遭遇风险事故，承受损失的绝不只是企业本身，往往还包括股东、债权人、客户、消费者、员工，以及一切与之相关的人员和经济组织。因此，企业在制定风险管理方案的过程中，要有大局观念，积极履行社会责任，避免风险事故的发生。

（4）合法性目标　企业并不是独立于社会之外的个体，它受到各种各样法律规章的制约。现代社会，人们的法律意识不断加强，越来越懂得如何用法律来捍卫自己的权利。与企业频繁接触的客户、供应商、消费者、竞争者也同样如此。因此，企业必须对自己的每一项经营行为、每一份合同都加以合法性的审视，以免不慎涉及官司。这样，不至于使企业蒙受财力、人力、时间、名誉的损失。风险管理者必须密切关注与企业相关的各种法律法规，保证企业经营活动的合法性。

2. 损后目标

营销风险不可能完全避免，因此一定会产生风险损失。损后目标是指在风险事故发生后，尽最大努力降低或消除引发事故的风险因素，减少风险事故造成的损失，其管理目标主要包括以下内容。

（1）维持生存目标　营销风险可能威胁到企业的生存。风险事故发生后，风险管理的最低目标是维持企业的生存，也是损后风险管理的第一目标。企业的风险管理计划应充分考虑风险事件对生产、市场、资金、管理等基本生存要素的破坏程度，有针对性地加以补救和恢复，确保企业生存。

（2）持续经营目标　持续经营目标是指风险事故发生后，企业不因为损失事件的发生而使生产经营活动中断。生产中断不仅会增加生产成本、影响企业信誉，还会导致市场份额的流失。为了使企业在风险事故发生后能持续经营，风险管理者应该做出科学的分析与规划：①应分析企业的生产经营活动，看整个流程中哪几个环节是最不可以中断的，即找出关键环节；②分析企业所面临的风险，看哪些风险事件对关键环节具有破坏性，即找出最危险事件；③制定最危险事件发生的应付之策；④筹足应付最危险事件的经济资源。

（3）稳定收益目标　稳定的收益能够帮助企业树立正常发展的良好形象，增强投资者的投资信心。为了实现稳定收益的目标，企业需要增加风险管理支出，更多地使用保险等风险转移技术，以确保风险发生后能够获得充分补偿。

（4）盈利能力目标　盈利能力是指企业获取利润的能力，通常表现为一定时期内企业收益数额的多少及其水平的高低。一般来说，每个行业都有相应的最低报酬率，它是判别一个投资项目是否可行的标准，同样也是风险管理计划制定的标准。风险管理者必须把损失控制在一定范围内，在这个范围内企业获利能力不会低于最低报酬率。

8.2.3　营销风险管理的基本流程

国际标准化组织（International Organization for Standardization，ISO）于2008年发布了《ISO31000风险管理标准》，系统搭建了风险管理的原则、框架和基本流程。2018年，ISO更新了《ISO31000风险管理标准》，将企业管理活动更好地融入标准内容当中。按照该标准，企业营销风险管理的基本流程包括五个方面：营销风险背景界定、营销风险评估、营销风险应对、营销风险信息与沟通、营销风险监控与评估。

1. 营销风险背景的界定

营销风险背景的界定是指在风险管理过程中充分考虑企业内外部环境因素，将风险事件优先限定在某一范围内，以提升风险评估及应对措施的准确性。《ISO31000 风险管理标准》首次将风险背景的界定作为风险管理的起点，为风险管理的后续工作奠定了基础。该阶段主要涉及以下两项工作。

（1）创建营销风险管理的背景　企业需要根据自身实际情况准确创建营销风险管理的背景，并且根据环境的变化和风险事件的发展及时做出调整。营销风险管理的背景主要包括：营销风险管理的目标、营销风险管理的责任划分、营销风险管理活动所涉及的范围及深度与宽度、营销风险评估的方法、营销风险管理与企业内其他活动的配合衔接关系等。

（2）制定营销风险的标准　企业要制定一套系统的评估标准，用于评估营销风险事件的严重性和破坏性。该标准要与企业实际情况相匹配，能够准确反映企业的价值观、目标和资源，并与企业的营销风险管理政策相一致。营销风险标准指定后，要根据企业内外部情况的变化不断地进行修订与完善。

2. 营销风险评估

风险评估是指在风险事件发生之前或之后（但还没有结束），对该事件给人们的生活、生命、财产等各个方面造成的影响和损失的可能性进行量化评估的工作。营销风险评估包括营销风险识别、营销风险分析、营销风险评价及决策三个环节。

（1）营销风险识别　营销风险识别是风险评估的第一步，也是风险管理的关键基础。营销风险识别是指风险管理人员通过对大量来源可靠的营销信息资料进行系统了解和分析，认清企业存在的各种营销风险因素，进而确定企业所面临的风险及其性质，并把握其发展趋势。有效的风险识别能够识别营销风险的根源所在，掌握风险事件的影响范围以及可能造成的损失。企业应当着力提升风险识别能力，提高风险识别工具和技术的应用能力，深度挖掘和识别引发营销风险的潜在因素，尽量提前识别风险，做到见微知著，为后续风险管理工作奠定更好的基础。营销风险识别按照以下三个步骤展开。

1）筛选，即按一定的程序将具有潜在营销风险的产品、过程、事件、现象和人员进行分类选择的风险识别过程。

2）监测，即在风险出现后，对事件、过程、现象、后果进行观测、记录和分析的过程。

3）诊断，即对风险及损失发生的前兆、风险后果与各种原因进行评价与判断，找出主要原因并进行仔细检查的过程。

营销风险识别是一项持续性、系统性的工作。伴随原有风险的消失、新风险的出现以及现有风险的发展变化，营销风险识别工作方案要随之调整。企业要建立一套完善的风险识别制度，保障工作的有效开展。

（2）营销风险分析　营销风险分析是指对某种特定的营销风险，测定其风险事故发生的概率及其损失程度。营销风险分析体现了企业对特定风险的理解，决定了该风险是否需要被处置，以及后续的处置方法和措施。营销风险分析通过对数据资料的系统分析，以损失概率和损失程度为主要测算指标来确定营销风险的大小或高低。营销风险分析具体包括：①分析营销人员、市场和业务活动中所存在的营销风险因素，判断发生营销风险损失的可能性；

②分析企业所面临营销风险可能造成的损失及其形态。营销风险分析一般需要运用概率论和数理统计方法，必要时借助计算机来完成。常用的方法有经验估计法、概率分析法、VaR 风险技术等。

（3）营销风险评价及决策　营销风险评价是指在营销风险分析的基础上，对营销风险因素进行综合评价，为选择合适的风险处理方法提供决策依据。营销风险评价主要是通过对营销风险资料和数据的处理，得到关于损失发生的概率及其程度的有关信息，为选择营销风险处理方法，进行正确的风险管理决策提供依据。

营销风险决策是指针对经过营销风险分析评价之后的营销风险问题采取行动或不采取行动，它是营销风险管理过程的一个关键性阶段。在影响公司管理人员营销风险决策的因素中，有两个特殊的因素：①效益与成本因素。公司可能产生什么效益与成本，是公司营销管理人员在做公司营销风险决策时需考虑的重要因素。②时机因素。决策时间不同，对效益与成本的影响也不同。

3. 营销风险应对

营销风险管理人员对于企业所面临的风险，在弄清了营销风险的性质和等级之后，必须进行科学的决策，并运用合理而有效的方法和技术进行风险应对。从对风险本身的干预和影响来看，风险应对技术可分为控制型营销风险应对技术和财务型营销风险应对技术两大类。控制型营销风险应对技术是在损失形成前改变风险发生的概率或损失的幅度。它通过避免、消除和减少营销风险事故发生的机会以及限制已发生损失继续扩大，达到减小损失概率、降低损失程度，使营销风险损失达到最小的目的。财务型营销风险应对手段是通过事先的财务计划、损失准备金，以便对营销风险事故造成的经济损失进行及时而充分的补偿。这种手段的核心是将消除和减少风险的代价均匀地分布在一定时期内，以减少因随机性巨大损失的发生而引起财务危机的风险。

营销风险应对技术的选择是一种综合性的科学决策，风险管理者要兼顾风险实际状况和企业资源禀赋，综合权衡各种方案的可行性与效用。在营销风险应对过程中，一般是将多种技术组合起来综合使用，确保以最小的成本获得最大的安全保障。

4. 营销风险信息与沟通

及时有效地与内外部利益相关者进行沟通协商，对于营销风险管理至关重要。有效沟通协商可以明确地解释实施的营销风险管理程序，使利益相关者了解做出相关决定的依据和采取特殊措施的原因。企业要建立涵盖营销风险管理基本流程和内部控制系统各环节的营销风险管理信息系统，包括信息的采集、存储、加工、分析、测试、传递、报告、披露等。企业要实现营销风险管理信息系统输入数据信息的一致性、准确性、及时性、可用性和完整性，并确保输出的信息能够实时反映重大风险和重要业务流程的监控状态，能够对超过风险预警上限的重大风险实施信息报警。

5. 营销风险监控与评估

营销风险管理是一个动态过程，要适时地进行营销风险的跟踪评估、预警和监视，为风险决策提供依据。营销风险监控与评估是一个在综合利用营销风险评估、营销风险应对处理的资料基础上，对可能采取的营销风险应对处理手段的综合评价系统。除对营销风险管理活动实施日常监督检查外，风险管理者还要开展风险管理效果评价，即对营销风险处理手段的适用性和效益性进行分析、检查、修正和评估，以此为基础不断修正和调整计划。

营销风险管理过程的五个阶段，即营销风险背景界定、营销风险评估、营销风险应对、营销风险信息与沟通、营销风险监控与评估，是一种周而复始循环往复的过程。因此，我们也可称其为营销风险管理周期。

8.3　营销风险的管控措施

8.3.1　建立营销风险管理信息系统

在市场竞争日趋激烈的今天，快速获得、大量汇集、准确处理、高效利用信息成为一个企业在市场竞争中制胜的关键。信息有内部和外部许多来源，以定量或定性的形式出现。企业想要在大量复杂的信息中提取到有用的信息，就必须建立一套现代化的信息管理系统。营销风险管理信息系统可以将收集的具体风险信息和交易信息，进一步转化为具体的风险管理信息，即将概念的决策信息进一步具体化和定量化，形成针对各业务部门详细的指令性风险管理分类信息，并将这些信息通过各种渠道分别传达到相应的业务部门。

营销风险管理信息系统可以让企业获得良好的信息基础，制定出最佳的营销风险管理决策。但通常情况下，营销风险管理信息系统由数据库、软件、硬件、运行人员四个部分组成。数据库是营销风险管理信息系统的核心，是储存基本信息的记忆库；软件由引导计算机执行给定任务的一系列指令组成；硬件是物理设备，是运行软件的机器；运行人员负责提供和解释数据、编制软件、操作系统等重要工作。

企业在建立营销风险管理信息系统的过程中，要综合考虑财务预算、信息系统软件与当前数字化系统兼容性等问题。同时，企业高层领导必须对信息系统建设给予高度的重视和支持，企业要保证项目人员的稳定性，并采取循序渐进、分步实施的方法推进系统建设。

8.3.2　开展有效的营销风险信息沟通

风险沟通在风险管理中扮演了重要角色。有效的风险沟通可以改变人们对风险的态度，降低风险水平，尤其在重大危机来临前提醒人们做好应变的准备。企业营销风险的沟通要从内部沟通和外部沟通两方面进行，在沟通时可以采取类似政策手册、备忘录、电子邮件、公告板通知、网络发布和录像带信息等方式。

影响风险沟通成效的因素众多，主要包括：传播媒体对于沟通的解读、紧急警告与风险教育之间的沟通差别、固有的知识与信念对沟通的理解以及信赖程度和沟通时机。欲使风险沟通策略有效，至少要具备三个条件：首先，风险事实信息的准备与显示必须谨慎；其次，风险沟通上应尽可能与利害关系人对话；最后，风险评估与管理的规划要能取得利害关系人的信赖。此外，风险沟通时也要注意，意图与目标要具体且明确；风险数据的显示最好通俗易懂；专家对风险相关问题说法要一致；理解对方的焦虑并能与其分忧。

此外，开诚布公的沟通政策也能够帮助减少事故对企业的伤害。在营销风险结束后，企业可以借此对自身的状况进行再审核、再组织，以免重蹈覆辙。

8.3.3　做好营销风险预警

风险预警系统是根据所研究对象的特点，通过收集相关的资料信息，监控风险因素的变动趋势，并评价各种风险状态偏离预警线的强弱程度，向决策层发出预警信号并提前采取预控对策的系统。营销风险预警是对营销风险进行实时、动态监控的过程。为了有效防范营销风险，企业应建立营销风险预警机制，及时发现风险发生的征兆并采取措施避免风险发生。企业营销风险预警包含3个关键内容：①能够及时发现营销风险发生征兆的机制；②发现营销风险征兆后发出警示的机制；③保证前两种机制有效运行的信息支持系统。

预警系统结构应由预警指标体系、预警信息及反馈系统，以及预警灯号显示模型组成。企业营销风险预警按照以下流程运作：明确警义、寻找警源、分析警兆并预报警度。警度依据警情的严重程度，一般把预警指标划分为无警、轻警、中警、重警和巨警5个等级。警度的确定和警限的划分是预警系统设计中的关键环节之一，也是企业营销风险预警中的难题。

在营销风险预警的基础上，风险管理部门应适时地提出风险报告，分为书面报告及口头报告两种形式。企业根据风险报告，研究制定和实施不同的营销风险预防措施，或调整原有的营销风险管理预防措施，使企业避免和减少风险损失，达到营销风险管理的效果，从而使企业得到长期稳定的发展。

8.3.4　开展营销风险管理评估

及时有效的营销风险管理评估主要包括三部分：营销风险控制、营销风险监控以及营销风险管理绩效评价。

1. 营销风险控制

风险控制是确保管理者的风险应对得以实施。通常情况下，一项单独的控制活动可以实现多项风险应对。企业通常采用的控制制度有：高层复核、直接的职能或活动管理、信息处理、实物控制、业绩指标职责分离。这些制度表明了控制活动的范围和多样性，并不意味着任何特定的分类。每个企业都有自己的特定目标和执行方法，因此风险应对和相关的控制活动就会存在一定的差别。

2. 营销风险监控

风险事件随着时间的推移不断发展变化，曾经有效的营销风险应对技术可能会变得不适用，风险控制措施可能会失效。面对这些变化，管理者需要确定企业营销风险管理的运行是否持续有效。风险监控分为持续监控和个别评价两类。持续监控贯穿于一个主体正常的、反复的经营活动，而个别评价发生在事后，所以通过持续监控程序通常能够更迅速地识别问题。许多企业尽管有着良好的持续监控活动，也会定期对企业风险管理进行个别评价。需要经常进行个别评价的企业，应该集中精力去改进持续监控活动。监控主要应用于以下几个方面：现存的重点风险、新出现的风险、特定度量措施、政策与程序。总之，监控包括各种相关措施的综合运用、经常性的沟通以及公司相关职能部门经理们的定期审核评估，可以为公司的高层领导提供重要保证。

3. 营销风险管理绩效评价

营销风险管理绩效评价是指对营销风险控制处理手段的适用性和效益性进行分析、检查、修正和评估。随着时间的推移，企业所面临的市场环境及自身业务活动的条件都会发生变化，导致新的营销风险因素产生。因此，必须定期评价营销风险控制处理效果，并根据新的情况修正营销风险管理方案。营销风险管理绩效评价主要是对营销风险控制措施的适用性进行评价。通过营销风险管理后，营销风险发生的概率降低，说明所采取的营销风险控制措施有效。营销风险管理绩效评价也可以用监视的方法进行评估。监视营销风险实际是监视营销活动的进展和营销环境的变化，其目的是核对策略和措施的实际效果是否与预见的相同；寻找机会改善和细化风险规避计划；获取反馈信息，以便将来的决策更符合实际，对一系列风险进行控制。除此之外，管理者想要判断在一定时期内营销风险控制处理方案是否为最佳，可以观察营销风险管理效益的高低，即观察其能否以最小的成本取得最大的安全保障。如果营销风险管理的收益大于或等于营销风险管理成本，则采取的营销风险管理措施是合理的；如果营销风险管理的收益小于营销风险管理成本，则采取的营销风险管理措施不够合理，应及时修正方案。

本章小结

　　营销风险是指企业在开展营销活动过程中，由于出现不利的环境因素而导致营销活动受损甚至失败的状态，具有典型的客观性、主观性、偶然性、可变性、投机性特征。营销风险主要由外部环境的客观因素和企业自身的主观因素导致，按照不同的标准可以将其划分为不同类型。营销风险管理是指企业围绕总体营销目标，通过在企业营销管理的各个环节和营销过程中按照营销风险管理的基本原则，培育良好的营销风险管理文化，设计营销风险管理的框架体系，构建营销风险管理的基本程序，建立健全营销风险责任制度，从而为实现营销管理的总体目标提供合理保证的过程和方法，主要关注损前和损后两类目标。营销风险管理的基本流程可以划分为营销风险背景界定、营销风险评估、营销风险应对、营销风险信息与沟通、营销风险监控与评估五个阶段。企业应该通过建立营销风险管理信息系统、开展有效的营销风险信息沟通、做好营销风险预警、开展营销风险管理评估等措施做好风险应对。

本章习题

【选择题】

1. 下列不是营销风险识别程序的是（　　）。
   A. 筛选　　　　　　　　　　　　　　B. 监测
   C. 诊断　　　　　　　　　　　　　　D. 反馈
2. 营销风险的特征包括（　　）。
   A. 客观性　　　　　　　　　　　　　B. 主观性
   C. 偶然性　　　　　　　　　　　　　D. 可变性
3. 营销风险管理的内容主要包括（　　）。
   A. 产品　　　　　　　　　　　　　　B. 定价
   C. 分销渠道　　　　　　　　　　　　D. 促销

【判断题】

1. 营销风险管理有助于企业取得显著的营销成绩。（　　）
2. 利益相关者适当和适时参与营销风险管理，可以确保营销风险管理适合企业的营销管理和全面管理。（　　）
3. 控制型风险应对技术通常分为风险回避和风险消除两种。（　　）

【简答题】

1. 简述营销风险的成因。
2. 按照不同的标准，营销风险有哪些分类？
3. 阐述营销风险的防控措施。
4. 谈一谈如何进行风险管理绩效评价。

案例分析

"选择比努力更重要"——元气森林的营销之道

2012年，元气森林（北京）食品科技集团有限公司的创始人唐彬森还是北京智明星通科技有限公司（以下简称智明星通）的首席执行官（CEO），这是一家游戏公司，凭借游戏《帝国战争》使公司年净利润达到7600万元。两年后，智明星通推出的游戏《列王的纷争》风靡全球，公司月收入高达4亿元。唐彬森提前完成了与中文传媒的业绩对赌目标。手握巨资的唐彬森，开启了他的"跨界"投资之路，将目光转向了发展前景好的饮料行业。唐彬森敏锐的商业嗅觉使他开始关注新的消费项目，并最终决定进军饮料行业，于2016年成立了元气森林（北京）食品科技集团有限公司（以下简称元气森林）。

元气森林是一家专注于无糖饮品的公司，产品主打"0糖、0卡、0脂"的概念，品牌形象鲜明，成为饮料行业的新晋"网红"。元气森林选择无糖饮料行业作为目标市场，并采取相应的定位战略、应用多种营销组合策略的经营选择。

2016年，我国饮料行业已经经历了碳酸饮料、瓶装水、果汁饮品、乳饮料、茶饮料等多次产业浪潮，成为消费品发展的热点之一。然而，经过全面的市场调研，元气森林发现当时饮料行业的产业同质化严重，经济环境和消费者习惯的变化，使传统饮料行业面临考验。当时饮料市场中的绝大多数饮料均会添加蔗糖，"蔗糖"可以为人们提供日常活动所需的能量，但过量摄入糖分会对人体有害。针对消费者需求，元气森林做了大量的市场调研工作。随着社会经济的快速发展，人们的生活水平不断提高，消费者的健康意识也在不断增强。通过对消费者的分析，他们发现主流消费者的购买偏好逐渐从碳酸饮料转向茶饮料、包装水和健康饮料。经过对饮料行业市场环境的分析，元气森林确定了自己的市场定位——"无糖饮料专家"，一上市就主打"0糖、0脂、0卡"的健康牌，精准击中了消费者的健康需求。经过对多种代糖的分析比较，元气森林发现了一种被称为"糖中贵族"的代糖，即赤藓糖醇。自此，元气森林开启了它的无糖饮料之路。

在确定了"无糖饮料专家"的市场定位后，元气森林发现茶饮市场上在售的品种主要分为茶饮料和纯茶两大类，茶饮料注重口味，含有多种添加剂，失去了茶本身的健康价值；纯茶虽然可以满足消费者的健康需求，但口感较差，也很难吸引年轻消费者。不少品牌推出的茶饮料已经渐渐被年轻消费者抛弃，还没有一个品牌能在茶饮料中获得像可口可乐在碳酸饮料中的市场地位，这个发现成为元气森林的突破口。在对茶饮市场情况进行深度调研分析后，元气森林制定了自己的产品策略，推出了无糖的燃茶。燃茶同时汲取两类茶饮的优点，既健康又好喝，燃茶的产品定位是轻功能茶饮料，意在创造一种舒缓无压、轻松畅快的生活方式，为年轻消费者提供了一种新选择。2017年3月，燃茶在北京、上海、广州三座一线城市上市，一经推出便获得了很高的关注度，在年轻消费群体中引发了一阵"喝茶热潮"，为元气森林打开了无糖饮料市场。

首款无糖产品燃茶的成功坚定了元气森林继续"无糖"之路的决心。在燃茶打响头阵，于茶饮市场占据一席之地后，元气森林继续深耕创新产品，向规模大、产品多样的碳酸饮料市场进军。2017年，元气森林推出气泡水系列产品，首批包含三种口味，分别为白桃味、卡曼橘味、青瓜味。与传统碳酸饮料不同的是，元气森林气泡水不再添加常见的安赛蜜、阿斯巴甜等甜味剂，而是仍使用赤藓糖醇来保持口感，延续其"0糖、0脂、0卡"的健康理念。气泡水上市后成为爆款饮品，气泡水产品在市场上获得的强烈反响巩固了元气森林"无糖专家"的品牌形象。

在一线城市，元气森林首选的销售渠道是更受年轻群体青睐的连锁便利店。此外，便利店也是新消费品牌的重要宣传阵地，不仅能够吸引消费者对创新产品的关注，还能满足消费者对即时性饮品进行购买的便利性需求。除了在线下的便利店渠道进行铺货曝光，元气森林还进行了大量的线上推广。元气森林采取"网红化实践"

的方法对品牌和产品进行宣传和推广。针对不同的产品，从成分、品类、功效等多个角度打造特色，制造品牌话题。然后深耕微博、小红书、微信公众号等社交平台，开展海量MCN（多频道网络）合作，利用互联网和新媒体的号召力和影响力，实现品牌内容的高密度投放，在短时间内形成较大的传播效应。

资料来源 改编自张璇，樊俊杰，李奇."选择比努力更重要"：元气森林的营销之道 [DB/OL]. 中国管理案例共享中心.(2022-01-10)[2022-04-20].http://www.cmcc-dlut.cn/Cases/Detail/5887.

1.结合饮料市场现状和元气森林的发展历程，分析其是如何进行目标市场选择和产品定位的？

2.元气森林是如何运用多种营销手段实现并强化产品定位、树立品牌形象的？

1.目标市场选择

第一步：市场细分

通过对地理因素、年龄因素、性别因素、收入因素、职业因素、教育因素、社会阶层因素、生活方式因素和个性因素方面进行细分。

第二步：目标市场

"0糖、0脂、0卡"的定位戳中了年轻消费群体惧怕"肥胖"的心理。随着国家对于健康饮食的倡导以及居民健康意识的增强，消费者对无糖饮料的需求在逐步提升，人们健康意识的提高促进了无糖或低糖产品的发展，推动业内公司布局无糖饮料赛道。

第三步：市场定位

采用差异化定位，通过无糖小众市场逐渐拓宽品类走向大众市场。元气森林之所以能在无糖市场这一小细分市场成功，关键点在于其产品定位准确鲜明和产品持续更新迭代。

2.多种营销手段

（1）产品策略

清晰的产品定位：元气森林的主要受众是倡导健康生活的人群，"0糖、0脂、0卡"是他们追求的目标，利用这一群体追求健康、注重品质生活等特点，既满足了他们的味蕾享受，更是完美达成了对产品的内在需求。

对产品质量高度重视：确保产品质量和口味，给顾客提供好喝的健康饮料。元气森林从不找小工厂代工，用的原料都是经过精挑细选的。

产品包装与命名的独特性：在"燃茶"这款饮料的包装上"燃"字被放大的尤为醒目，可以引起顾客兴趣，迅速抓住眼球；元气森林的包装突出"0糖、0脂、0

卡",关键字重点显示,提示格外显眼。

(2)定价策略 元气森林在定价上有着与其他同类饮料差异化的地方。碳酸饮料领域不同于3元左右的产品,元气森林定价在5~6元;奶茶领域不同于5~6元的产品,它的乳茶定价在9~11元,抓住了消费升级的需求。

(3)促销策略 元气森林在寻找代言人上,紧跟"流量"脚步,利用明星效应,直击目标人群。元气森林还冠名或赞助热门综艺节目,花大价钱做广告,快速提升潜在消费者对品牌的认知,树立品牌形象。

(4)渠道策略 元气森林一开始就确定了自己的主攻渠道——线下。元气森林首批进入的渠道是全家、罗森、便利蜂、盒马等连锁便利店。

(5)营销策略 利用互联网的优势,在社交媒体上进行广告宣传、扩大影响力。在微博、小红书等受年轻人欢迎的平台上进行大量推广。

据《2020年能量饮料行业发展现状及竞争格局分析》报告显示,2014年—2019年,我国能量饮料是增长最快的细分品类之一。元气森林紧跟趋势,于2020年6月推出"0糖0牛磺酸"的外星人能量饮料,进军能量饮料市场。在食品行业越发重视健康化、营养化和口感化的大背景下,外星人能量饮料的目标消费群体包括上班族、学生、热爱运动的年轻人、酒吧消费者、电子竞技玩家等,他们在看重能量饮料提神醒脑功能的同时,也注重饮料的健康程度和口感味道。外星人使用了"五个0"的配方,即0糖、0脂肪、0激素、0人造色素和0人造咖啡因。一瓶外星人的热量仅为等量拿铁的1/5,且不添加牛磺酸,而是使用马黛茶作为代替品。马黛茶是产于南美的一种茶叶,有天然提神解乏的功效,但又不会导致失眠。

讲好故事焕发中国品牌传播力

在经济全球化发展的大背景下,品牌日益成为企业生存发展关键因素之一,品牌知名度正成为企业决胜市场的关键,高知名度品牌正成为消费者购买商品的首选。我国有很多企业的产品质量完全可以与世界顶级品牌相媲美,但"酒香也怕巷子深",企业对品牌营销的意识不够重视,导致在打造世界一流产品的道路上困难重重。提高品牌传播力,增强企业软实力,成为各家企业品牌营销的重要课题。

增强品牌传播力要以质为本。一方面产品品质是根基,品牌营销是载体,想要打造一流品牌，首先要有过硬的产品质量和一流的服务。产品质量对一个企业的发展和品牌形象起着至关重要的作用，它的好坏决定着企业的发展命运。特别是受新冠疫情的影响，世界经济处于低迷期，产品质量更是争夺市场的关键因素。另一方面，企业要从实际出发，通过多种传播手段让消费者了解自己，建立自己的品牌形象。但一定切忌夸大宣传产品，杜绝虚假传播，否则只会适得其反，对企业长久发展十分不利。

增强品牌传播力要精准定位、有效互动。万物互联时代，对不同的消费群体，品牌传播一定要做到"精确制导、清晰定位"，品牌传播必须要有精准定位消费人群的能力。同时，在品牌传播实践中还要注重有效互动。一方面，企业要设法与消费者的需求达成共识，使得消费者能够产生购买产品的欲望，并最终实现购买；另一方面则要通过品牌传播建立起忠实的粉丝群体，这些群体拥有口碑传播效应，他们会有意无意地帮助品牌实现消费者内部之间的传播，使得品牌在传播上产生几何级数的效应。

品牌传播要创新模式、与时俱进。当前，互联网、大数据迎来飞速发展，数字化技术带来了众多精准化营销和多元融合的传播手段，如何利用数字技术，洞察与满足消费者需求，帮助消费者实现自我价值，成为当下企业需要面对和解决的问题。实际上，大部分传统品牌营销已在积极探索数字化转型，利用数字化技术营造传播效果，比如尝试与互联网厂商合作，在线上把品牌信息进行推送；鼓励企业运用微博、微信等新媒体方式来传播企业的品牌和文化，提高品牌在国内外的熟知度；通过数字化手段及时发布企业以及产品的相关信息，直接与消费者进行沟通等。

诚然，中国产品向中国品牌转变不是简单的一句话，需要企业付出更多努力才能实现。当前中国品牌走向世界是经济"硬实力"的彰显，再辅以品牌营销这个"软实力"，软硬齐发力，提升品牌传播力，为企业注入新的动能。

资料来源 改编自乔雪峰.讲好故事，焕发中国品牌传播力 [EB/OL].(2020-05-08)［2022-04-20］.http://www.finance.people.com.cn/n1/2020/0508/c1004-31701767.html.

第 9 章

人力资源风险管理

学习目标

1. 理解人力资源风险的概念与特征。
2. 了解人力资源风险的成因。
3. 掌握人力资源风险管理的意义。
4. 掌握人力资源风险的分类。
5. 了解人力资源风险的识别流程。
6. 了解人力资源风险评估的内涵和方法。
7. 掌握人力资源风险的应对策略。

逻辑框架

《中国企业风险报告（2019）》出炉，企业今年要警惕十大风险

2019 年 7 月 10 日，由深圳市迪博企业风险管理技术有限公司暨深圳市迪博内部控制与风险管理研究院和广东省企业风险管理智能控制工程技术研究中心联合发布的《中国企业风险报告（2019）》显示，2019 年，我国企业主要面临十大风险，包括宏观经济风险、中美贸易战风险、投资风险、竞争风险、价格风险、汇率风险、安全环保风险、人力资源风险、应收账款风险、合规风险。企业应根据面临的风险类别进行风险防控，其中人力资源风险主要表现为人才结构不合理、高精尖人才短缺、人才竞争压力大、人才流失严重、人力成本不断提升。从行业分布来看，医疗、互联网、软件、专业技术服务等技术门槛较高、行业发展迅速的企业人力资源风险最为明显。

> **资料来源** 改编自侯捷宁.《中国企业风险报告（2019）》出炉，企业今年要警惕十大风险[EB/OL]. (2019-07-11)[2022-04-20]. http://www.ce.cn/culture/gd/201907/11/t20190711_32587389.shtml.

1. 你认为人力资源的风险主要有哪些？
2. 人力资源风险管控有哪些有效措施？

1. 人力资源风险主要有人力资源规划风险、人力资源招聘风险、人力资源培训风险、人力资源绩效风险、人力资源薪酬风险、人力资源人事风险。

2. 企业要做好人力资源风险管理，首先，企业要建立事前防范保障机制。增强人力资源风险控制能力，防范风险于未然。其次，企业要建立事中预防监控机制。事中预防监控是事前防范保障的延伸，企业要对在职人员，特别是重要岗位员工进行公开的考核或测试，加强员工个人职业素养的培训与提高，完善新员工的培训机制和对在职员工的考核机制。

薪税管理师培训赋能现代企业人力资源升级

2020 年 1 月 5 日，以"打造薪税管理体系智能内核、赋能现代企业人力资源升级"为主题的薪税管理师项目发布会在北京举办，薪税管理师作为集人力资源管理师与税务师双重岗位于一身的创新型、复合型岗位，帮助广大企事业单位更好地理

解和用好薪酬和税务的相关政策，实现企业战略目标和人才资源战略目标。

资料来源　改编自一鸣. 薪税管理师培训赋能现代企业人力资源升级 [EB/OL]. (2020-01-07) [2022-04-20]. http://scitech.people.com.cn/n1/2020/0107/c1007-31537560.html.

9.1　人力资源风险

9.1.1　人力资源风险概述

要准确理解人力资源风险，首先要明确什么是人力资源。人力资源这一概念由管理大师彼得·德鲁克（Peter F. Drucker）于1954年在其著作《管理的实践》中提出，后续逐渐受到学术界和企业界的高度重视。正对企业而言，人力资源是指能够持续推动企业生产经营活动并为企业创造经济效益的全部劳动者能力的总称。人力资源已成为企业的一种战略性资源，是构建核心竞争力的关键基础。人作为企业内所有活动的实施主体，人力资源与企业当中的其他资源有着本质上的区别。由于人的主观能动性以及人力资源管理过程中的偏差，可能导致其态度与行为在不同程度上偏离组织目标，那么即使企业拥有其他资源，也会失去竞争优势，甚至使得其他资源的效用大减，这说明企业的人力资源管理是有风险的，而且其影响是不可忽视的。因此，人力资源风险管理也成为企业风险管理的一个越来越重要的方面。

人力资源风险是长期以来学术界所关注的话题，诸多学者从人力资源供给、劳动力成本控制、员工队伍稳定等不同视角提出了人力资源风险的概念，进一步加深了我们对这一风险的理解。本质上讲，人力资源风险是由于人的原因所导致的企业经营损失的潜在可能性，即受到人的主观能动性的影响，也受到外部环境的干预。本书将人力资源风险定义为在内部与外部环境的双重影响下，企业人力资源由于自身的特殊性和不恰当的管理模式，使得人力资源未能发挥其最大效用，甚至导致企业经营结果与目标出现较大偏差，给企业带来有形和无形损失的可能性危险。

9.1.2　人力资源风险的特征

人力资源风险一般具有以下几个典型特征。

（1）破坏性　在知识经济时代，人力资源是企业最重要的资源，对于企业的生存与发展起着至关重要的作用。一旦发生人力资源风险事故，其所带来的损失有时是不可估计的，这种损失不单单是指物质资源上的损失，还有可能造成企业战略的彻底失败。一般而言，企业对核心员工的投入成本较高，这些人员作为企业核心竞争力的源泉，掌握着企业的核心资源，创造了企业的大部分价值，一旦出现人力资源风险，很可能导致核心员工流失，给企业带来巨大损失。例如，核心技术人员的离职，不仅会导致研发项目的失败，还可能引发核心技术和商业机密的泄露风险，影响企业关键战略的有效执行。

（2）流动性　人力资源风险的流动性是指员工的流动倾向给组织带来损失的可能性。知识型员工已成为现代组织内的工作主体。由于个人需求的多样性、能力资源的稀缺性等原因，知识型员工在职场上的流动性较强。员工离职，尤其是核心员工离职会对部门其他人员的情绪造成一定的传染作用，导致人心浮动、组织涣散，最终会导致恶性循环。

（3）正相关性　人力资源风险与投入呈正相关，即人力资源开发的投入越大，承担的风险就越大。对高级技术人员和高层管理人员的开发耗费很大，其潜在的风险也很大；相反地，对普通员工的开发耗费很小，开发风险也就随之变小。由此可知，高级技术人员或高层管理人力资源风险管理者作为企业的中坚力量，其开发所需的直接费用、间接费用、机会成本都远远大于普通员工，因此所需承担的风险也远远大于普通员工。再加上对高层员工的开发过程中，往往因缺乏必要的约束力量而导致成本难以控制，从而引发更大的风险。

（4）可化解性　对于国家政治、经济、法律等外部环境因素的变化，组织只能迅速做出反应，采取相应的措施和方法，尽量减少外部环境风险。而人力资源管理风险并不是完全不可控的，因为人力资源管理是由具体人员操作实践的，所以人力资源管理者的能力大小、政策水平的高低等都将直接影响风险发生的可能性。由此可知，人力资源风险在开发计划符合实际、制度合理、管理严格、实施到位的条件下是可以化解的。

9.1.3　人力资源风险的成因

人力资源风险的成因有很多，其根源可以追溯到员工个人、组织、社会三个层面。

1. 员工个人因素

从员工个人因素的角度来看，人力资源特有的属性是引发组织人力资源风险的原因。人力资源特有的属性表现为人在心理、生理以及思维和行为上的复杂性。具体来说，可以归结为以下几个方面。

（1）人的复杂性　人的心理和生理均呈现出高度的复杂性。迄今为止关于人的研究并未详细准确地揭示人的全部心理结构及运行机制。一方面，个体在信息获取、处理、输出、反馈的过程中，表现出高度的不确定性。另一方面，个体表现出典型的有限理性特征，其决策存在局限性。这就导致人力资源存在高度不确定性，对于同样的信息，不同个体有着不同的理解，会做出不同的决策。

（2）人力资源的主观能动性　主观能动性是指人类意识所特有的认识世界和通过实践改造世界的能力和活动。企业人力资源管理的构成主体和管理对象是人，其实施过程中必然受到人的主观意愿与行为的影响。当个体的主观意愿、行为与组织目标出现偏差，便会影响组织目标的实现，从而引发人力资源风险。作为企业发展关键推动力的人力资源，其潜在能量的发挥效果亦取决于人的主观能动程度。如果企业的激励措施无法有效激发人力资源的主观能动性，其潜能就无法有效发挥，人力资源的价值难以实现正向增长，此时便会在企业内部形成人力资源风险。

（3）人力资源的动态性　人力资源的动态性可以从人力资源素质与人力资源行为两个方面呈现出来。人力资源素质的动态性是指人力资源通过接受教育、主动学习以及积累经验以达到提高和丰富自己的目的，进而从时间上呈现出人力资源在素质方面的一种动态特征。当员工素质符合企业发展要求时，会对企业经营目标的实现产生积极的推动作用；与之相反的，当员工素质与企业发展要求相距甚远时，就会对企业经济效益产生消极的阻碍作用。人力资源行为的动态性，即员工拥有主观能动性，其行为亦不会亦步亦趋地遵照预先设定的命令与程序。由于受到各类主客观因素的影响，人的行为结果与预期目标之间往往会存在不同程度的差距，其可能结果就是：由人所操作的程序化工作也会出现实际成果未达到预期目标的不利局面；而对非程序工作而言，其执行主体就是人，其行为的动态性会产生不同的工作结果，一旦有不利行为产生，就可能影响企业发展，这其中便潜藏着更大的人力资源风险。

（4）人力资源的流动性　人力资源的行为具有能动性与动态性，基于各种原因必然引起其在不同组织之间的流动。人力资源的开发与利用完全由其所有者控制，通过个人努力，员工能够实现自我完善、自我开发，未来职业发展要求也随之提高，当企业难以满足员工对未来职业发展的需求时，为了更好地发挥个人主观能动性，员工就会选择离开。当今社会，企业很难拥有终身雇员，而员工也很难"从一而终"，这种"良禽择木而栖"的员工流动现象可能会导致部分企业陷入风险之中。

（5）个体遭遇灾难的可能性　人在成长的过程中，经历不同时期，其生理及心理的承受能力是不同的。不同的人生经历练就不同性格的人。人的生命周期从幼儿、少年、青年、中年到老年，或多或少地会遭受灾难、挫折，这些灾难或挫折很有可能导致企业人力资源的流失。特别是当企业的核心人力资源受到伤害时，如伤残、突然死亡等，会给企业带来重创。

2. 组织因素

（1）缺乏人力资源管理意识　有些管理者不重视人的因素，对人力资源管理的重视程度不足，缺乏对人力资源的正确认识以及对员工的管理技巧，短期行为严重。企业创立初期，规模较小，员工数量有限，人力资源管理的作用显得不是那么重要，企业即使没有完善的人力资源管理制度也可以运营。然而，随着企业逐渐发展壮大，人力资源规模扩大、市场复杂、竞争加剧，人力资源管理的缺失将导致企业对人才的吸引力不足，限制企业的进一步发展。

（2）人力资源管理措施不当　企业要结合自身实际情况，制定合理的人力资源管理制度，优化人力资源管理措施。目前，企业人力资源管理措施的问题主要体现在以下方面：①缺乏对人才需求的预测与分析，导致人岗错位，限制了人员能力的发挥；②招聘过程中，缺乏对职业道德的评估；③招聘的人才能力高于岗位胜任力要求，导致员工工作过程中缺少压力和成就感；④企业与员工之间缺乏有效的约束，容易造成人员流失；⑤分配制度不合理等。

（3）组织文化建设落后　组织文化是指组织成员的共同价值观体系，对于提升组织人力资源效能起着关键作用。目前很大一部分企业，尤其是中小型企业组织文化建设落后，导致员工对企业缺乏认同感。优秀组织文化的缺失，是企业留不住人才的一个重要原因。

（4）组织的发展前景和组织形象不佳　组织的发展前景不明与组织形象不佳，导致人才对组织缺乏信心、凝聚力不高。企业经营遇到困难时，如果不能团结员工、鼓舞士气，员工往往会对企业失去信心，导致人才流失，引发人力资源风险。

3. 社会因素

（1）政策环境的不确定性　企业人力资源的外部环境客观存在于企业之外，不受企业控制，并且处于不断变化中，是影响人力资源的不确定因素。这种环境不确定性可能导致企业人力资源管理产生风险。政策变化是引发企业人力资源风险的原因之一。政府作为宏观调控的主体，其政策直接关系到企业的生产经营活动，遵循政府的政策导向是企业发展的基础条件。如果政府政策出现变化，但企业并未意识到，也没有及时做出反应，就可能导致企业在整体发展策略和具体管理措施上出现偏差，给企业经营活动带来损失。

（2）市场环境的不确定性　市场处于急剧变化的状态，无形中便加大了企业人力资源管理的不确定性。劳动力市场的变化常会影响组织人力资源的变化。企业应当密切关注并准确预判劳动力市场的供需状况，及时调整企业人力资源管理策略。同时，企业需要关注竞争对手的人力资源政策。如果竞争对手采取比自身更好的薪酬福利策略，提供较好的职业发展前景和人性化管理手段等，企业应当及时调整自身策略，以防引发人力资源流失风险。如果企业在人力资源管理过程中难以顺应市场变化趋势，或者一味跟风，都会增加企业的人力投入成本，甚至得不偿失，错失其他更好的发展机会。

📖 **小阅读**

培养员工新技能

随着新光技术对员工的影响越来越大，当今职场所需的技能正在迅速改变。高德纳咨询公司对超过 750 万份招聘内容的分析显示，2018 年美国 IT、金融和销售岗位的工作机会平均要求 17 种技能。如今，同一类型的岗位需要平均 21 种技能，其中包括至少八种此前不做要求的内容。

以下三个步骤可以帮助企业采用动态方式培养或重塑员工技能。

（1）发现不断变化的技能需求　为了发现和弥补出现的技能空白，企业可通过在各地设立能够汇报具体技能需求的利益相关方网络，定期汇集员工、领导者和客户反馈。综合各方努力，这些技能感应网络可以监控不断变化的需求，确保员工做好准备。

（2）快速启动技能培养方案　学会发现员工的新技能。培训"技能传播者"指导同事。对部分有上进心和影响力的员工进行技能升级，当新需求出现时，他们可以指导其他同事。

（3）提升员工和组织间的透明度　为了帮助员工做出有关自身发展的知情决策，领导者需要分享不断变化的技能需求信息，存在不确定性时也是如此，以及这些变化可能会对具体职责产生哪些影响。员工还应向企业分享自己的技能和职业目标。这一交流能够让员工和领导者互通信息，共同把握互利和灵活的发展机遇。

资料来源　改编自怀尔德，史密斯，克拉克.培养员工新技能 [J].哈佛商业评论中文版.2022(2): 33-36.

9.1.4　人力资源风险管理概述

1.人力资源风险管理的概念

人力资源管理关系到企业的整体效率和获利能力。完善的企业人力资源管理体系不能仅限于有效开展人力资源规划、招聘与配置等关键活动，同时更要关注各关键活动中可能潜在的问题并实施有效的应对措施，因此人力资源风险管理应成为企业管理的重点。

人力资源风险管理是指在人力资源规划、招聘、工作分析、职业计划、绩效考评、工作评估、薪金管理、福利、激励、员工培训、员工管理等各个环节中进行风险管理，防范人力资源管理中风险的发生并进行风险发生后的补救工作。具体而言，人力资源风险管理的含义包括以下三个层面。

1）人力资源风险管理的实质是一个过程，并不是一个结果，而是实现结果的一种方式。

2）人力资源风险管理是对潜在与现实风险进行系统性认识与分析，为企业决策者提供有选择性的风险决策方案。

3）人力资源风险管理的目的在于控制和减少损失，进而提高员工的满意度和企业的综合效益。

2. 人力资源风险管理的意义

人力资源作为企业的核心资源，相对于其他资源更容易受到来自企业内外部环境因素的影响，使得企业人力资源管理的实践与预期的目标发生偏离，从而形成人力资源风险。有效实施人力资源风险管理，对企业而言有着至关重要的意义。

（1）有助于组织实现战略目标　人力资源战略的出发点和落脚点，是从人的角度支持企业战略目标的实现。人力资源战略管理是一个与企业战略动态匹配的过程。企业面对复杂多变的环境，存在很多风险。人力资源战略要真正支持企业战略，就应该具备风险管理意识。人力资源风险管理是人力资源战略得以实现的必要支持，是实现战略目标的重要保障。

（2）有助于改善人力资源管理效果　组织在长期的发展中，已经形成了一套较为完备的管理体系，但同时也容易让员工产生依赖性，对组织的管理漏洞视而不见，久而久之形成一种僵化、独断的机制。人力资源风险管理就是要建立组织的自查机制，通过监测一些指标，让组织在运行中自行发现问题、查找问题，在人力资源隐患浮出水面之前及时解决，避免因为漏洞太大而导致整个组织的垮塌。

（3）有助于提高人力资源管理系统的免疫能力　风险管理有助于提高人力资源管理系统的免疫能力。在进行人力资源风险管理时，建立风险预警管理体系能使企业时刻关注变化，防患于未然，减少损失。从信息的采集到风险的监测、分析、判断、工具技术的选取，再到管理的实施与评价等，一系列的程序能为企业的经营者提供合理的决策依据，从而加强企业人力资源管理系统对外界干扰的免疫能力。

（4）有助于减少人力资源决策失误　组织领导进行人力资源决策，例如中高层管理者的聘用、新进员工的甄选、不同工作性质员工晋升通道的设计等，都需要一定的参考依据。以往我国很多企业的领导者通常是凭借经验、主观评价等做出决策，但是随着企业日益壮大，这种粗放的人力资源管理已不能适应新的形势，企业领导者迫切需要一种科学的、有说服力的决策依据。而人力资源风险管理本身就是针对企业潜在危机的管理，可以把企业的危机征兆识别出来，及时发现人力资源的行为风险，判断员工对企业的信任感、归属感和满意度。这些都已成为企业领导制定人力资源决策的参考依据。

（5）有利于缓解员工与企业的矛盾冲突　组织管理是否科学合理，员工会根据个人的价值观、工作经验等做出一定判断。当员工发现组织不认可个人的工作业绩，不能获得期望的薪资报酬，就可能产生离职的意向，知识型的核心员工还可能带走组织的机密文件、专利设计等，给组织造成无法估量的损失。人力资源风险管理通过预先识别人员行为风险的征兆，例如观测到员工行为出现异常，或者某个部门某个预警指标超限等，让员工自由申诉，缓解其与组织的矛盾冲突，在员工还未发生"身体上的撤离"行为时，通过积极的疏导，把人员流失风险降到最低。

9.2 人力资源风险的识别

9.2.1 人力资源风险的分类

有效区分人力资源风险的具体类型，是进行风险识别和风险应对的关键基础。基于不同角度，可以将企业人力资源风险划分为多种类型。

1. 从人力资源管理模块功能角度分类

人力资源管理包含人力资源规划、招聘、培训、绩效考核、薪酬管理和员工关系管理六大基本模块，各模块均存在各自的目标，也会受到相关因素的影响，存在无法实现目标的可能性，进而形成相应的风险。

（1）人力资源规划风险　人力资源规划风险是指在人力资源规划过程中，与企业总体战略脱钩，对企业需求和外部供给缺乏把握，规划方法不当，规划执行不力等造成的风险。例如，人力资源规划的总量不足，可能导致企业人手短缺，无法正常运营；人力资源规划的总量过大，则容易造成人手过剩，增加企业成本。

（2）人力资源招聘风险　人力资源招聘风险是指企业在招聘新员工的过程中，因企业的招聘标准或招聘者自身等因素，导致招聘的员工与实际工作岗位不符，从而给企业带来损失的可能性和严重程度。

（3）人力资源培训风险　人力资源培训风险是指企业在培训的过程中，由于观念、技术、环境等方面的负面影响对企业造成直接或间接损失的可能性。例如，核心员工离职，可能导致企业前期为其投入的大量培训费用付诸东流。

（4）人力资源绩效考核风险　人力资源绩效考核风险是指企业在对员工进行绩效考核的过程中，实施过程流于形式，不公平、不规范，不仅没有对员工起到激励作用，反而因为考核方式不当，浪费企业的人、财、物资源，甚至降低企业的运行效率，从而给企业带来风险。

（5）人力资源薪酬管理风险　人力资源薪酬管理风险是指企业在薪酬管理的过程中，因薪酬过低导致员工的薪酬满意度低；因薪酬过高增加企业的经营成本；或因管理者感情用事，不能做到公平、公开、公正分配，从而给企业带来的风险。

（6）人力资源劳资关系风险　人力资源劳资关系风险是指员工与企业在劳动合同的订立、变更、终止等各个环节中可能发生的风险。

人力资源管理各模块流程是环环相扣的，各环节所产生的风险均会给其他环节造成威胁。

2. 从造成风险损失时人力资源的动机分类

人力资源风险的形成原因是多方面的，受各种主客观因素的影响，同样的风险损失可能是由于不同的动机而导致的。根据引发风险的动机，可将企业人力资源风险划分为人力资源道德风险和人力资源能力风险。

（1）人力资源道德风险　人力资源道德风险是指在员工的工作能力与岗位职责相匹配的情况下，由于其利己动机给企业引致的风险，比如员工故意隐瞒经营信息、故意对外泄露商业秘密以及故意性的渎职和贪污等。

（2）人力资源能力风险　人力资源能力风险是指由于员工工作疏忽或自身能力的不足而导致的风险，也称为无意风险。

3. 从风险损失中是否造成人身伤害分类

人力资源风险从风险损失中是否造成人身伤害分类，可将企业人力资源风险划分为人身伤害风险和非人身伤害风险。

（1）人身伤害风险　人身伤害风险是指由于员工生病、突然死亡或伤残等原因给企业造成损失的可能性，这类风险属于纯粹风险。

（2）非人身伤害风险　人身伤害以外、不涉及对人力资源本身伤害的其他风险损失，被称为非人身伤害风险，例如人才的流失风险、冲突风险、委托代理风险等。

4. 从各职能系统的人力资源风险分类

企业包含管理、技术、财务、生产、营销五大职能系统。企业各智能系统的运行要依赖人的操作，而人往往容易受到各种主客观因素的影响，其消极结果就是使员工的工作行为、工作业绩偏离自身系统职能，进而形成了各职能系统的人力资源风险，即行政人力资源风险、研发人力资源风险、财会人力资源风险、生产运作人力资源风险和营销人力资源风险。

5. 从风险可预测程度分类

风险并非完全不可预测。根据风险可预测的程度，可以把人力资源风险分为可预测风险、部分可预测风险及不可预测风险三类。

（1）可预测风险　可预测风险是指企业产品或服务的市场需求、人力资源的数量与质量、人力资本市场价格等因素变化所带来的风险，这些风险一般可以采用一些方法与工具进行分析与评价，预测其可能出现的概率、时间及产生的后果。

（2）部分可预测风险　部分可预测风险是指企业虽然掌握一部分信息，但由于信息不完全、缺乏数据样本等因素，难以从全局角度对人力资源管理过程中可能发生的损失进行正确把握，而只能通过趋势外推或其他方法进行推测的风险。

（3）不可预测风险　不可预测风险又称未知风险，是新的、以前未观察到或很晚才显现出来的风险。这些风险一般是外部因素作用的结果，例如地震、暴雨、疾病对人力资源管理的影响。

9.2.2　人力资源风险的识别流程

人力资源风险关系到企业人力资源政策的制定与实施，影响着企业业务经营目标的实现，全面和及时地识别人力资源风险是保证人力资源管理有效性的关键步骤之一。只有正确识别出企业所面临的各类潜在与现实的风险，才能主动采取适当有效的方法进行处理，做到"对症下药"。人力资源风险识别过程是指企业人力资源管理者在了解客观情况的基础上，识别企业潜在人力资源风险因素的过程。企业人力资源风险识别的流程包括收集历史资料、实地调查、整理资料、专家建议、出具报告及追踪五个环节。

（1）收集历史资料　企业的人力资源历史资料是开展风险识别的关键基础。历史资料能够较为准确地反映其以往的人力资源状况，在一定程度上可为预测企业未来可能面临的人力资源风险提供依据，因此收集历史资料是人力资源风险识别的第一步。企业在人力资源管理过程中，要做好各类数据资料的整理收集工作，为后续的风险识别提供有力支撑。

（2）实地调查　为确保历史资料的准确性，提升资料的时效性和完整性，人力资源风险管理者还应对潜在的风险进行实地调查，以获取更为及时、准确的信息。实地调查开展之前，必须制定明确的调研目标，选取合适的调查方法。常用的调查方式有面谈法、观察法、问询法、以往损失记录法、失误树分析法等，将这些定性与定量的方式结合使用，进而获得最有用的潜在风险信息。

（3）整理资料　实地调查完成后，人力资源风险管理者要对最初收集的历史资料和调查所得的资料进行分类整理，将相关资料变成可供分析解释的有用信息。

（4）专家建议　具备全面、清晰的人力资源资料后，企业组织专家对人力资源风险发生的条件、发生的概率以及可能产生的影响进行判断与预测，对人力资源风险管理提出相关建议。

（5）出具报告及追踪　根据已有资料和专家评议结果出具人力资源风险识别报告。报告的内容应包括人力资源风险以及风险的可能性与严重性、调查方法、缺少的信息。报告的撰写原则是客观真实。另外，追踪作为必不可少的步骤，其目的是对整个风险识别过程进行事后控制，把握住风险识别的准确性与科学性，以求获得最佳识别效果。

人力资源风险识别是企业人力资源风险管理的基础和起点，是把握风险处理机会的关键。人力资源风险识别的意义在于准确地辨明潜在的各种风险，充分发挥风险控制部门的职能，对这些风险进行切实有效地处理，尽力将企业出现人力资源风险的可能性控制在一个合理的范围之内。

9.3　人力资源风险评估

9.3.1　人力资源风险评估的内涵

风险评估是人力资源风险管理中的重要环节，建立在有效的风险识别基础之上。人力资源风险评估是在分析风险之后，根据风险发生的概率及其可能造成的损失，对人力资源风险进行数据统计，它实质上就是一个风险的量化过程，并以其对企业经营目标和效益的影响程度为依据，对人力资源风险进行分级排序的过程。

人力资源风险评估的目的是识别企业人力资源管理所面临的各种风险，评估人力资源风险发生的概率和对企业发展目标的影响程度，根据企业风险承受能力确定风险控制与消减策略。由于人力资源风险是由多因素相互作用共同引发的，企业需要采取定性与定量相结合的方法对已识别的企业总体层面和人力资源管理各环节的各类人力资源风险进行综合评估，在此基础上对风险事件进行分级排序，根据企业风险承受能力确定风险控制与消减策略。

9.3.2　人力资源风险评估的过程

风险评估是对风险发生的可能性、风险可能对企业经营造成的损失等概率性要素进行综合评价，在此基础上对风险事件进行分级排序的过程，主要通过以下三个步骤展开。

（1）风险调研　针对已经识别出的风险，有针对性地开展风险调研工作。调研的目的在于全面了解引发某种人力资源风险的可能原因。例如，某企业识别出自身存在核心员工流失的风险后，其人力资源总监组织相关专家深入企业开展实地调研，通过访谈、发放问卷、实地观察、资料查阅等方法，了解到下列原因可能导致核心员工流失，即缺少培训、自我发展空间不足、工作没有成就感、考核政策不公平等。科学系统的风险调研，有助于企业全面掌握人力资源风险背后的成因，是后续风险分级排序和有效应对的关键基础。

（2）量化分析　根据调研结果和以往经验，对风险事件进行量化分析。量化分析对象涉及两方面内容：风险成因和损失程度。企业要组织专家人员对调研发现的风险成因的可能性进行评估，以高、中、低三种程度表示。在此基础上，评估这些潜在问题发生后对企业经营目标的影响程度，也以高、中、低三种程度表示。

（3）分级排序　综合考虑风险发生的可能性和伤害的严重程度，形成人力资源风险矩阵图。在此基础上，综合评价每一种人力资源风险所处的矩阵区域，以及发生的可能性及其对企业经营目标的影响程度，进而提出预防措施和应对策略。

9.3.3　人力资源风险评估的方法

人力资源风险评估的方法多种多样，可划分为定性评估方法和定量评估方法两大类。在实际评估工作过程中，一般会根据实际情况将定性、定量两种评估方法结合使用。

1. 定性评估方法

定性评估是指在事物的特性描述和材料分析基础上，制定出定性的评估标准，并按照标准进行评价。人力资源风险评估过程中常用的定性评估方法有风险列举法、风险因素预先分析法、问卷调查法、安全检查表等。

（1）风险列举法　风险列举法又称为风险专家调查列举法，是指相关专家对该企业、单位可能面临的风险逐一列出，并根据不同的标准进行分类的一种方法。采用该方法进行风险评估的过程当中，专家所涉及的面应尽可能广泛些，有一定的代表性。

（2）风险因素预先分析法　风险因素预先分析法是指在每一项培训活动开始之前，对所存在的风险因素类型、出现的条件、导致事故的后果预先做一个概略分析。该方法适用于人力资源风险发生之前，可以提前发现潜在风险因素，预先采取补救措施，从而将可能造成的损失降到最低。

（3）问卷调查法　在进行风险识别时，可以根据相关人力资源风险管理人员的知识和经验设计风险识别问卷作为工具。运用调查问卷可以帮助非专业风险管理人员的管理者系统地识别人力资源风险。

（4）安全检查表　安全检查表是指在科学分析人力资源系统的前提下，找出系统中存在的潜在风险因素，最后将这些潜在风险因素列成一张表格。安全检查表是分析事故的方法之一，也是识别人力资源风险的有效工具。

2. 定量评估方法

定量评估是指依据统计数据，建立数学模型，并用数学模型计算出分析对象的各项指标及其数值来评估分析。人力资源风险评估过程中常用的定量评估方法主要有风险矩阵评估法、事件树分析法、多级模糊层次综合评判法、敏感性分析法等。

（1）风险矩阵评估法　风险矩阵是人力资源风险评估过程中的一种常用方法，它通过对风险发生的可能性和伤害的严重程度进行综合评估，将风险事件进行有效的分级排序。风险矩阵当中，将特定人力资源风险发生概率记为 P，分为五个等级：频繁发生的、可能发生的、很少发生的、比较罕见的、不可能发生的，用来评估风险发生的可能性。风险严重程度记为 L，分为五个等级：可忽略的、轻微的、严重的、危险的、灾难性的，用来评估风险对人力资源管理活动的影响。风险等级记为 Y，它是风险矩阵方法中根据风险严重程度 L 和风险可能性 P 的值确定的风险等级，分为高、中、低三级，这是一种非精确的对风险因素进行分类的方法。风险矩阵评估法是一种半定量的分析方法，其优点是操作简便快捷，因此得到较为广泛的应用。

（2）事件树分析法　事件树分析法起源于决策树分析，是一种按事故发展的时间顺序由初始事件开始推论可能的后果，从而进行危险源辨识的方法。事件树分析法能够将企业潜在的人力资源风险与导致该风险的各种因素之间的逻辑关系用树形图呈现出来，通过系统分析找出风险的主要成因，为制定有效对策提供可靠依据。事件树分析法能够根据风险事故的发生概率，计算各种途径的事故发生概率，比较各个途径概率值的大小，做出事故发生可能性序列，确定最易发生事故的途径。同时，事件树分析法也能够进行定性分析，是一种综合分析方法。

（3）多级模糊层次综合评判法　多级模糊层次综合评判法是层次分析法与模糊集合理论的结合。层次分析法是由美国著名运筹学家萨蒂提出的，它能对非定量的事物进行评价，也是对定性指标进行评估的有效工具。其实施步骤有以下三步：①问题分解，以问题的性质和将要达到的总体目标为依据，将问题分解为组成因素；②因素组合，以各组成因素之间的相互关系为依据，在不同的层次将各因素进行组合，得出一个多层次的分析结构模型；③确定分析结构模型中最低层相对于最高层的相对重要性的权重值。与传统的权重确定方法相比，层次分析法通过分层次、单目标、单准则、两两对比判断的方法进行比较，更加客观。

（4）敏感性分析法　敏感性分析法是指在假定其他风险因素不变的情况下，评估某一个（或几个）特定的风险因素变化对项目目标变量的影响程度，确定它的变动幅度和临界值，计算出敏感系数，据此对风险因素进行敏感性排序，供决策者参考。这种方法的优点是应用范围广大，常用于项目的可行性研究阶段，有利于发现重要的风险因素，具体又可分为单因素敏感性分析和多因素敏感性分析。其缺点在于只能体现风险因素的强度而不能反映发生概率，也不能反映众多风险因素同时变化时对项目的综合影响。

定量的风险评估方法能够使目标明确化，将含糊的概念精确化，从而避免评估中的主观随意性。但在人力资源风险管理过程中，有些指标是难以量化的，定性分析方法则可以作为补充。在具体的评估过程中，既要注意运用数字，也要注意吸取专家（评估者）的意见，将定性与定量分析方法有效结合，才能提高评估的可信度和效果。

9.4　人力资源风险的管控策略

为了降低风险发生的概率以及减少风险造成的损失，在风险识别、风险评估的基础上，企业要结合自身实际情况制定风险应对策略，常用的应对策略包括：风险回避策略、损失控制策略、风险转移策略、风险自担策略。

9.4.1 风险回避策略

与其他风险应对策略相比，风险回避策略是相对消极的应对策略。风险回避是指考虑到影响预定目标达成的诸多风险因素，结合决策者自身的风险偏好和风险承受能力，从而做出的中止、放弃某种决策方案或调整、改变某种决策方案的风险处理方式。相对于其他风险处理方式而言，风险回避有助于企业节约宝贵资源，在风险事故发生前采取措施将其化解，避免损失发生。但风险往往与机会相伴而生，企业一味回避风险也意味着放弃了获益的机会。因此，企业在采取风险回避策略之前，必须对人力资源风险存在和发生的可能性、损失的严重程度形成准确的认识，在充分考量企业自身条件和外部形势的基础上做出决策。

当企业预测到自身实力不足以承受人力资源风险发生后所造成的损失，或者损失超过了该行动可能获得的利润，而管理者又没有比较恰当的应对策略时，风险回避策略便成为首选策略。风险回避策略可以划分为积极的风险回避策略和消极的风险回避策略。积极的风险回避者并不会一味地回避风险，而是在充分了解自身情况的基础上做到"有所为有所不为"。由于人力资源风险的特殊性以及企业判断能力的局限性，风险识别与评估可能存在偏差，因此风险回避策略并非总是有效的。另外，一味地采取风险回避策略，会助长企业的消极风险防范心理，逐渐丧失驾驭风险的能力。

9.4.2 损失控制策略

损失控制策略是一种积极的风险控制手段，是指采取各种措施减少风险发生的概率，或在风险发生后减轻损失的程度。人力资源的损失控制策略包括两层含义：①在人力资源风险发生之前，通过控制风险因素，尽量降低风险发生的可能性，这是人力资源风险的预控；②人力资源风险发生时，采取一定的主动措施，控制风险发生的频率和降低风险所造成的损失程度，这是人力资源风险的减轻。

实施损失控制策略必须以定量风险评价的结果为依据才能确保损失控制措施具有针对性，能够取得预期的控制效果。同时，风险评价时特别要注意间接损失和隐蔽损失。损失控制方案的最终确定，需要综合考虑损失控制措施的效果及其相应的代价（包括费用和时间两方面）。一般情况下，人力资源风险损失控制策略的具体实施措施包括以下几方面。

1）建立有效的人力资源风险预警系统，事先识别潜在的风险因素。
2）实施人才储备计划，放置或减轻风险事故造成的岗位空缺或能力不足。
3）实施人员培训计划，持续提高员工工作技能与职业素养。
4）建立人力资源风险应急机制。

9.4.3 风险转移策略

风险转移策略是指将风险及其可能造成的损失全部或部分转移给他人的策略，是应用范围最广、最有效的风险管理手段之一。人力资源风险转移策略，就是企业将自身潜在的人力资源风险，通过合同或非合同的方式转移给其他组织或个人，以减少风险发生时给企业带来的损失。

一般情况下，人力资源风险损失控制策略的具体实施措施包括以下几方面。

（1）购买保险　购买保险是最常用的风险转移措施。例如，为了防止员工因健康原因和人身意外伤害事故给企业造成损失，可以向保险公司投保健康保险和人身意外伤害保险。

（2）寻求担保　担保是指保证人对被保证人的行为不忠、违约或失误负间接责任的一种承诺。例如，企业可以要求猎头公司向企业承诺，当他们所推荐的员工在应聘、工作和离职过程中有弄虚作假行为和违约行为时，由他们间接承担一部分责任。

（3）业务外包　企业人力资源管理业务外包是指企业将相关的人力资源管理活动部分地或全部地外包给供应商的过程。例如，企业可以用合同的形式把企业的招聘、考核、测评和培训等业务活动外包给专业服务机构，一方面可以减少企业自己能力不足造成的管理风险和消除内部管理带来的徇私舞弊等道德风险的发生；另一方面可以通过合同约定，对供应商的服务提出要求，当他们的服务达不到要求时，根据合同的约定要求他们给付赔偿金，从而达到风险转移的目的。

需要指出的是，并非所有人力资源风险都可以有效转移。企业在实现风险转移的同时，要付出相应的代价。

9.4.4　风险自担策略

风险自担策略又称为风险自留策略，是指企业以其内部的资源来弥补风险造成的损失的策略。人力资源的风险自担策略是指风险损失在企业财力和能力的可承受范围之内，企业能够通过自担自保对风险损失进行自我消化。风险自担策略与其他风险对策的根本区别在于：它既不改变风险的发生概率，也不改变风险潜在损失的严重性。一般情况下，人力资源风险自担策略的具体实施措施包括以下几方面。

（1）将损失计入当前发生的费用　该措施一般适合企业中发生频率高但损失程度小的人力资源风险，它构成了企业中经常发生而又无法避免的费用。

（2）建立内部风险基金　企业可以每年以营业费用的形式建立基金，发生人力资源风险事故后以该基金抵补损失。

（3）建立外部风险基金　企业与保险公司合作，每年给予保险公司一定的资金，由保险公司进行管理。一旦企业内部出现损失，便可以用该基金中的资金进行弥补。不过，保险公司给予弥补的限额是基金总额的最高值，如果超过最高值的话，保险公司不予补偿。相比在企业内部建立风险基金的方式，这种交给专业机构进行管理的方式更加可靠，其缺点则是需要支付给保险公司一定的费用。

●　**本章小结**

人力资源风险是指在内部与外部环境的双重影响下，企业人力资源由于自身的特殊性和不恰当的管理模式，使得人力资源未能发挥其最大效用，甚至导致企业经营结果与目标出现较大偏差，给企业带来有形和无形损失的可能性危险，具有典型的破坏性、流动性、正相关性、可化解性特征。人力资源风险的成因主要由员工个人、组织、社会三个层面的因素构成。人力资源风险管理在实现组织战略目标、改善人力资源管理效果、提高人力资源管理系统的免疫能力、减少人力资源决策失误、缓解员工与企业的矛盾冲突等方面有重要意义。基于不同角度，可以将企业人力资源风险划分为多种类型。企业人力资源风险识别的流程包括收集历史资料、实地调查、整理资料、专家建议、出具报告及追踪五个环节。人力资源风险评估是在分析风险之后，根据风险发生的概率及其可能造成的损失，对人力资源风险进行数据统计，主要包括风险调研、量化分析、分级排序三个步骤，一般采用定性与定量相结合的方法开展。常用的人力资源风险应对策略包括：风险回避策略、损失控制策略、风险转移策略、风险自担策略。

✎ **本章习题**

【选择题】

1. 下列不是人力资源风险的成因是（　　）。
   A. 员工个人因素　　　　　　　　　　B. 组织因素
   C. 社会因素　　　　　　　　　　　　D. 经济因素
2. 人力资源管理的风险来自于人力资源管理的各个阶段，具体包括（　　）。
   A. 人力资源管理的人事风险　　　　　B. 外部环境风险
   C. 工作分析风险　　　　　　　　　　D. 招聘风险
3. 人力资源风险的特征包括（　　）。
   A. 破坏性　　　　　　　　　　　　　B. 流动性
   C. 正相关性　　　　　　　　　　　　D. 可化解性
4. 常见的风险评估方法有（　　）。
   A. 问卷调整法　　　　　　　　　　　B. 风险列举法
   C. 敏感性分析法　　　　　　　　　　D. 风险矩阵评估法

【判断题】

1. 人力资源风险并不是完全不可控的，因为人力资源管理是由具体人员操作实践的。
（　　）

2. 人力资源风险识别是指人力资源管理人员在分析大量信息资源的基础上，根据企业的风险因素，判断企业人力资源风险的类型、性质及其可能的发展动态。（　　）

3. 从模块功能的角度分类，可以将人力资源风险分为人力资源规划风险、人力资源招聘风险、人力资源培训风险、人力资源绩效考核风险、人力资源薪酬管理风险以及人力资源劳资关系管理风险。（　　）

【简答题】

1. 阐述人力资源风险管理的意义。
2. 人力资源风险识别的流程有哪五个环节？
3. 阐述人力资源风险的管控措施。

不破不立：海尔 HRSSC 的数字化转型之路

2005 年，时任海尔集团董事局主席、首席执行官张瑞敏首创"人单合一"管理模式。"人"指员工，也就是创客，"单"指用户，也就是用户价值，"合一"即让创客分享到的价值与其为用户创造的价值合一。在"人单合一"管理理念下，不同类型的海尔员工以"打造让用户满意的极致服务体验"为目标，将自身转型为 HRSSC（人力资源共享服务中心）数字化转型方案的解决者，汇聚至人力资源共享服务中心这一平台。海尔创新的基因不断驱动着共享专员思考如何以数字技术实现人力资源服务和流程的数字化转型，绘制全新的 HR 运营模式和用户体验。在人力共享平台的努力下，海尔通过模式创新、技术创新和场景化服务，实现 HRSSC 的数字化转型，并助力其成为行业引领的人力资源领域"人单合一"的样板。

1. 变革运营模式，实现政企互联

HRSSC 想要获得更高的效率和更好的体验，运营模式的变革至关重要。众所周知，企业的社保、公积金等业务均需到政府部门办理，周期相对较长。海尔在与外部利益相关方（如政府机构等）进行信息系统共享后，海尔 HRSSC 中心的办事效率大大增强，而且社保中心等公共服务的满意度也更高。传统社保办理的模式，需要共享专员登录社保中心，逐一录入每个用户的相关信息与数据，从入职到社保办理，需要多次手工录入信息，没有通过线上审核的还需前往人力资源社会保障局线下办理。如此一来，耗时长、效率低。在实现社保直连后，通过 HR 云平台实现企业与社保中心的信息共享与链接，实现一次信息录入，多平台共享与流转，避免了重复手工录入，减少了线下办理社保的业务量，缩短了社保办理的周期，实现了高效的信息化社保办理，用时从 10min 降低到 1min。

2. 新兴技术赋能，HRSSC 服务再升级

海尔在 HRSSC3.0 阶段利用场景化服务给用户带来了更优的体验感。在线上平台，海尔打造了 HR 云平台。一方面，该系统能够打破空间与时间的限制，帮助创客随时随地自主办理 99% 的个人业务，并为创客提供人力咨询等服务；另一方面可为 HR 专业人员分析人才状况、制作人才数据报表提供数据支持。

3. 构建场景化服务，打造最佳用户体验平台

在人单合一模式"人的价值最大化"宗旨下，海尔始终将用户、创客和外部合作伙伴的价值放在首位。在海尔生态系统中，外部的合作伙伴也是生态的重要组成部分。2020 年 3 月，为了更好地服务于海尔生态中新创企业和外部合作伙伴，海尔 HRSSC 复制现有管理模式，孵化出智慧企业管理云平台（小微）：海企通，为他们提供人力资源管理服务。

1. 人力资源共享服务中心的内涵是什么？

2. 结合案例内容，说明海尔集团在人力资源共享服务中心数字化转型过程中，主要采取了哪些做法和实践。

1. 海尔 HRSSC 使人力资源管理的服务方式由"高频率的面对面接触"转变为"基于技术的交流"；人力资源服务的质量也由"个性和随意化"转变为"标准化、规范化"；此外海尔的人力资源从业人员在部门的定位也由管理者转变为服务和支持者。

2. 海尔 HRSSC 在数字化转型的措施主要体现在四个方面。

（1）变革运营模式 利用新运营模式，对内将事务性工作简约化，对外协助优化政府管理职能和行政服务满意度。

（2）引入新兴技术 建立 PC 端和移动端的 HR 云平台，将共享服务中心的办理流程从线下迁移至线上，为海尔提供了一体化、数据化、自动化的人力资源服务平台。

（3）构建场景化服务 打造证明场景，完善证明开具模块功能等。

（4）发展数字化转型成果 利用海企通，将人力资源管理模式资本化，推动人力资源共享服务行业生态的形成。通过数字化转型，共享服务中心、服务对象、政府等多元主体，形成基于共赢的协同共生关系，共生、共创、共享价值。海尔 HRSSC 的管理能力和服务满意度不断提升，人力资源管理的有效性和多元责任得以实现。

2018 年 10 月，张岚成为海尔 HRSSC 的负责人，以一名创客的姿态，在新的领域发挥更大的价值。无独有偶，2004 年大学毕业就进入海尔集团从事人力资源工作的李艳也意识到人力资源工作流程变革的重要性，海尔三支柱管理模式建立初期，她申请加入海尔 HRSSC，期待在信息技术和互联网技术发展的背景下，为创客提供更好的服务；2019 年 1 月，实习生王蒙进入海尔 HRSSC。时值 HR 云平台启动，人力资源专业出身的她深知人工处理入、转、离手续的烦琐与弊端，带着对"线下业务流程平台化办理"的思考，期望在海尔 HRSSC 打造让用户满意的极致服务体验。

1. 智能问询场景

借助智能 AI 技术，人力共享中心颠覆了传统的服务订单模式，建立了两条统一的问询渠道。①全国统一服务热线，提供 5×8 小时人工问询服务。②24 小时智能问询机器人小 e，目前，智能问询机器人月均问询量约 2000 人次。不同的问询渠道满足了不同用户的问询习惯。

2.机器人流程自动化

机器人流程自动化一般指的是通过在组织架构中加入虚拟用户，模仿用户去操作现有系统，从而助力企业数字化转型，降低企业成本。海尔已在薪资核算、社保对账、数据治理等场景中引入 RPA（机器人流程自动化）技术。例如，在薪酬核算和数据治理方面，目前 HRSSC 中心使用五个机器人进行自动核算、数据并联、帮助用户和小微实现多途径自助式查询，工作效率提高近五倍。其中智慧薪酬包括工资核算、工资上传财务系统以及总邮件处理等 29 个子项目。

3.移动端电子签约章场景

原先，线下纸质合同签署容易出现排队等待、信息重复填写、地域局限，员工需要多次往返等问题。全流程耗时长，需要至少两周才能完成。此外，还存在着他人代签、合同文本查阅不便捷，新员工数量巨大等挑战。

为解决以上弊端，海尔 HRSSC 决定上线电子签替代传统纸质劳动合同签署。出于对电子签潜在风险和法律合规性的顾虑，海尔 HRSSC 前期与青岛市人力资源社会保障局、青岛市劳动仲裁院进行多次协商沟通以确认电子合同和纸质版合同具有同等法律效应。在得到权威部门的认可之后，海尔 HRSSC 正式推进电子合同签署。海尔内部系统通过检索系统内用户信息，智能锁定需要进行合同签署的人员。不论是新入职人员还是合同到期需要续期的人员，随后系统将为有合同签署需求的人员生成用户个人专属版本的合同，然后发送至用户手机端并提醒其进行合同签署。

4.入职场景

基于组织转型的背景和原线下入职办理中用户的痛点，海尔自 2019 年便开始了入职转型。原先海尔入职需要信息采集、医院体检、体检报告领取、人工校验、线下合同签署、用印办理、工卡办理、合同领取和用工 / 报销备案九个流程，存在以下弊端：①节点多，流程长，员工跑腿多；②存在代体检等风险点和摩擦；③车辆进出、打印机等办公权限不能实时开通。为解决上述问题，海尔启用了海尔移动 HR 云平台 App，App 端集成了包括新员工入职在内的各类海尔员工服务，将入职中全部五个流程向新员工场景化展现。新员工不仅在入职之初就对流程中所涉及的环节有完整的了解，也可实时追踪入职流程推进的情况，为下一步骤做准备。从用户来说，海尔的入职场景主要分为五大模块：职前准备、入职报到、入职办理、启航助力和建议与反馈。当完成以上五个模块后，入职手续就已全部完成。而对于人力资源共享中心而言，还需要办理用工备案、保险办理、公积金等相关手续。

5.证明场景

证明场景主要适用于用户买房落户时，需提供收入和在职证明等资料。常规的流程为写用印申请、共享核算收入、填写银行模板、打印模板、用印申请签字确认和公司用印。六个节点的办理过程烦琐、效率低下。在经过两轮迭代后，上述流程发生了根本性的变革，办理流程只剩下一个节点。用户只需要打开 HR 云大厅中的证明场景，选择收入证明 / 在职证明，即可一键预览、一键加盖电子签章，并发送至用户的邮箱。同时，打印的证明上面有防伪二维码，第三方校验人员扫码即可验证数据的真伪。

资料来源　改编自赵曙明，赵李晶，李茹，不破不立：海尔 HRSSC 的数字化转型之路 [DB/OL]. (2021-10-13)[2022-04-20]. http://www.cmcc-dlut.cn/Cases/Detail/5552.

第 ⑩ 章

创新风险管理

学习目标

1. 掌握创新的概念与分类。
2. 了解创新风险的成因。
3. 掌握技术创新的概念。
4. 了解技术创新风险的特征。
5. 理解技术创新风险的管控措施。
6. 掌握管理创新的概念。
7. 了解管理理念创新风险的概念和管控措施。
8. 理解商业模式创新的概念。
9. 了解商业模式创新风险的管控措施。

逻辑框架

大国重器，突破封锁：中国盾构机技术赶超的艰辛与辉煌

"上天有神舟、追风有高铁、入地有盾构"，盾构机如神舟飞船、高铁一样被公认为世界级领跑产品、国之重器。盾构机是世界上最先进的全断面隧道施工特种专业机械，已广泛用于铁路、地铁、公路、市政、水电等隧道工程，被称为"世界工程机械之王"。2005 年之前，中国绝大多数盾构机市场被国外品牌垄断。2021 年，中国 90% 市场、全球 2/3 市场由中国铁建重工集团股份有限公司（简称铁建重工）、中铁装备等几家中国头部企业所占有。2021 年，在盾构机全球五强榜单中，中国有四家企业上榜，其中铁建重工超越世界知名厂商——德国海瑞克，位居榜首，这标志着中国盾构机行业开始领跑世界。铁建重工成立于 2006 年，在国家科技部 863 科技政策支持下，于 2008 年开始启动盾构机研制，通过组织变革、市场定位、人才培养、技术攻关、产品迭代等措施，仅用两年时间就实现了技术追赶，成为中国攻克"卡脖子"技术的一道最靓丽的风景线。

资料来源 改编自欧阳桃花，曾德麟.拨云见日：揭示中国盾构机技术赶超的艰辛与辉煌 [J].管理世界，2021，37（8）：14.

1. 你认为在"卡脖子"领域的技术创新有哪些意义？
2. 铁建重工在攻克盾构机技术的过程中，可能会遇到哪些困难和风险？
3. 铁建重工应该采取哪些措施应对技术创新过程中的风险？
4. 国家政策为铁建重工攻克盾构机技术提供了哪些支持？

1. 从引领"中国制造"迈向"中国创造"、推动高质量发展。中国盾构机在短短十几年内取得的伟大成功，是一些关键创新者顺应时代潮流的行动所造就的。中国盾构机赶超发生于中国经济高速增长的年代，高铁、地铁、公路、水利等基础建设与复杂多变的施工环境为中国高端工程装备提供了广泛的应用机会，也推动着盾构机功能的迭代与升级。国家科技部 863 科技政策为盾构机核心集成商培育了关键人才。本来其中任何一个因素充其量只是必要条件，但在特定的条件下，这些因素"刚刚好"组合在一起，他们共同作用构成了一个强大的充分条件，推动一批优秀的中国企业进入盾构机领域奋起直追。2016 年之后，在一批优秀企业中，铁建重工、中铁装备等头部企业脱颖而出，这些头部企业又进一步推动中国盾构机技术领先世界。

2. 后发企业技术追赶往往会面临从无到有的"冷启动"悖论。由于复杂产品的技术门槛更高，并且掌握先进技术的先发国家会尽可能阻碍技术扩散，所以"冷启动"问题在复杂产品的技术追赶中变得更加尖锐。此外，用户不敢用后发企业生产的复杂产品则加剧了"冷启动"悖论。因为盾构机属于高度定制化的高端产品，施工单位没有理由不担心因首台盾构机品质差，而影响施工进度与企业声誉。这进一步造成复杂产品技术赶超的双重困境：一方面，处于产业链下游的用户担心后发企业品质不过关而不敢用；另一方面，复杂产品如果在市场中得不到验证，后发企业也无法获得不断改进技术的机会，也就不敢继续投资新技术开发。那么后发企业该如何破解"冷启动"悖论呢？

3. 国家 863 项目的契机，吸引了上游供应商与科研院所开展相关技术原理的攻关，铁建重工作为集成商负责整体方案的设计与产品的集成总装，下游则联合中铁十八局等施工单位进行产品的验证与反馈，形成一个产学研用闭环的创新联合体。中国拥有超大规模的市场潜力以及最齐全的产业配套，并且具有举国集中力量办大事的动员能力。

创新充满着风险与不确定性，仅仅依靠集成商、施工方、零部件厂商或科研院所任何一方的力量很难取得关键技术的突破。由此，国家作为创新者启动"揭榜挂帅"的创新模式，协调集成商（功能设计）、施工方（方向）、零部件商（功能）、科研院所（知识）组建创新联合体，推动技术从无到有。这也是中国创新模式不同于西方创新模式的根本所在。总之，因为有国家需求，在如此艰难的后发复杂产品赶超情况下，才能凝聚各方力量，指引技术赶超方向；因为有多样化的庞大市场，才能有效激励以企业为主体的技术创新，保证技术赶超的创新效率。

补 充 阅 读 1

习近平总书记反复强调，要像当年攻克"两弹一星"一样，集中力量攻克"卡脖子"的关键核心技术。

2018 年 5 月 28 日，中国科学院第十九次院士大会、中国工程院第十四次院士大会隆重开幕。中共中央总书记、国家主席、中央军委主席习近平出席会议并发表重要讲话。习近平总书记指出：要在关键领域、"卡脖子"的地方下大功夫。建设世界科技强国，得有标志性科技成就。要强化战略导向和目标引导，强化科技创新体系能力，加快构筑支撑高端引领的先发优势，加强对关系根本和全局的科学问题的研究部署，在关键领域、"卡脖子"的地方下大功夫，集合精锐力量，做出战略性安排，尽早取得突破，力争实现我国整体科技水平从跟跑向并行、领跑的战略性转变，在重要科技领域成为领跑者，在新兴前沿交叉领域成为开拓者，创造更多竞争优势。要把满足人民对美好生活的向往作为科技创新的落脚点，把惠民、利民、富民、改善民生作为科技创新的重要方向。

2021 年 5 月 28 日，中国科学院第二十次院士大会、中国工程院第十五次院士大会、中国科协第十次全国代表大会隆重开幕。中共中央总书记、国家主席、中央军委主席习近平出席会议并发表重要讲话。习近平总书记指出：科技立则民族立，科技强则国家强。加强基础研究是科技自立自强的必然要求，是我们从未知到已知、从不确定性到确定性的必然选择。要加快制定基础研究十年行动方案。基础研究要勇于探索、突出原创，推进对宇宙演化、意识本质、物质结构、生命起源等的探索和发现，拓展认识自然的边界，开辟新的认知疆域。基础研究更要应用牵引、突破瓶颈，从经济社会发展和国家安全面临的实际问题中凝练科学问题，弄通"卡脖子"技术的基础理论和技术原理。要加大基础研究财政投入力度、优化支出结构，对企业基础研究投入实行税收优惠，鼓励社会以捐赠和建立基金等方式多渠道投入，形成持续稳定的投入机制。

资料来源 改编自人民网.强化国家战略科技力量：论学习贯彻习近平总书记在两院院士大会中国科协十大上重要讲话〔EB/OL〕.(202-06-01)〔2022-04-20〕.http://www.qh.people.com.cn/n2/2021/0601/c182753-34754863.html.

补充阅读 2

中国铁建重工集团股份有限公司简介

中国铁建重工集团股份有限公司成立于 2007 年，隶属于世界 500 强企业中国铁建股份有限公司，是集隧道施工智能装备、高端轨道设备装备的研究、设计、制造、服务于一体的专业化大型企业。集团总部位于湖南长沙，是国家认定的重点高新技术企业、国家级两化深度融合示范企业。

铁建重工始终瞄准"世界一流、国内领先"的目标，坚持"科技创新时空"的理念，充分利用中国铁建长期积累的施工技术与经验，通过"原始创新、集成创新、协同创新、持续创新"的自主创新模式，构筑了以施工技术为先导，基础研究、产品研发、工艺开发、应用研究、工程实验相配套的特色研发体系。

铁建重工始终专注于非标、特种、个性化、定制化的高端装备制造与服务，从零起步打造了轨道系统、掘进机、隧道施工装备等三大成熟产业板块，积极布局新型交通装备、高端农机、绿色建材装备、煤矿装备、新兴工程材料等多个新兴产业板块。集团坚持只开发能够填补国内外空白的产品，且产品市场占有率和科技水平必须处于国内行业前三名的原则。集团 TBM 和大直径盾构机被广泛应用于国内 30 多个省市的地铁、铁路、煤矿和水利等重点工程；轨道系统位列国际先进水平，产品远销 30 多个国家和地区；自主研制的全电脑凿岩台车、混凝土喷射台车助推中国隧道智能建造。

　　铁建重工始终坚持在"机制改革、科技创新、党建引领"上下足功夫，以机制改革激发创新活力，以科技创新推动企业发展，以"党建＋"构建核心驱动力。先后获评"国家重大技术装备首台（套）示范单位""国家 863 计划成果产业化基地""制造业向服务型制造业成功转型的典型企业"，连续摘获"中国专利奖"。荣登"中国轨道交通创新力 TOP50 企业""中国工程机械制造商 5 强企业""全球工程机械制造商 50 强企业"榜单。先后荣获"全国企业文化建设先进单位""中央企业思想政治工作先进单位"等称号。

　　面向未来，铁建重工全力推进"两型三化九力"发展战略，大力构建"创新型、服务型"企业，坚持走"差异化、智能化、全球化"发展道路，积极培育企业核心竞争的"九种能力"，围绕客户价值链和产品生命链，实现"研发设计数字化、产品智能化、制造智能化、服务智能化、管理智慧化"。在全球化时代，铁建重工致力于解决世界级地质工程施工难题，打造国之重器，为世界地下施工行业、轨道交通行业贡献中国力量，成为全球领先的地下工程装备和轨道交通装备大规模定制化企业。

资料来源　改编自中国铁建重工集团股份有限公司 . 企业简介 [EB/OL]. [2022-04-20]. http://www.crchi.com/col/col2126/index.html.

10.1　创新风险

10.1.1　创新的概念

　　创新的概念古已有之。新与旧相对，创新的通俗含义就是创造新事物。在我国文化体系当中，创新意识和创新观念源远流长。《易经》强调事物本身的变化，以及由此延伸出来"生生之道""革故鼎新""自强不息"的变革和创新思想。"创新"一词最早见于南北朝时期《魏书》中的"革弊创新者，先皇之志也"，此处"创新"主要指制度的改革、革新和改造。在西方，创新一词源于拉丁语，有创造、更新、改变三层含义，即：创造出之前不存在的事物；对原有事物进行更新与替换；对原有事物进行发展与改造。

　　现代创新理论的提出者经济学家约瑟夫·熊彼特（Joseph Alois Schumpeter）在 1912 年首次将创新的概念引入经济学领域。熊彼特在其著作《经济发展概论》中将创新界定为一种将新的生产要素和生产条件的"新结合"引入生产体系的过程，这一过程包括五种情况：①引入一种新产品或者某产品的一种新的特性；②引入一种新的生产方式，这里的生产方式并不是技术层面的，而是商业层面的；③开辟新市场，即这个市场组织以前不曾进入过；④获得原材料或半成品的一种新的供应来源；⑤建立任何一种新的组织形式。

1. 创新的狭义概念

　　约瑟夫·熊彼特为后续有关创新的研究奠定了坚实的基础。后续学者针对创新展开了广泛探讨，形成了广义和狭义两种概念。狭义的概念大多从技术视角展开，强调创新过程中新技术对产品或工艺进行改进或变革，从而创造新的价值。例如，英国科技管理专家克里斯托夫·弗里曼（Christopher Freeman）将创新定义为第一次引入一个新产品（新工艺）所包含的技术、设计、生产、财政、管理和市场的过程；美国战略管理专家罗柏特·A.伯格曼（Robert A.Burqelman）则认为创新是以技术为基础或由新技术推动的创造过程，创新的成功标准是商业上的（能否赢利）而非技术上的（能否执行任务）。在熊彼特界定的创新范围里，前两种情况主要是针对技术的，属于狭义上的创新。

2.创新的广义概念

创新与技术具有紧密的联系，然而并不局限于传统意义上的狭义的技术。在最早提出创新概念之时，熊彼特就认为"创新"是一个经济概念，与技术上的新发明有着不同的内涵。"发明"是指新技术的发现，而"创新"则是将"发明"应用到经济活动中去。后来的学者逐渐意识到，创新不仅局限在技术层面。创新过程以及它的空间格局要比过去所认识的情况复杂得多。管理学大师彼得·德鲁克（Peter F.Prucker）认为创新有两种：一种是技术创新，另一种是社会创新。创新不一定是由发明开始到扩散的线性模式，而是可能有不同的出发点，即不同的创新源，例如，原料供应、生产、销售等企业价值链中的所有活动都有可能创新。学术界对广义的创新概念逐渐成形，例如，美国哈佛商学院教授克莱顿·克里斯滕森（Clayton Christensen）将创新定义为一个组织用来把劳动力、资本、原材料和信息转变成具有更大价值的产品和服务的过程。

📖 **小阅读**

最受欢迎的软技能

领导者经常将创造力和创新视为企业成功的关键要素。管理者会犯三个常见错误，阻碍新想法，并压制与自己想法不一致的建议。普华永道2017年对1379名首席执行官（CEO）的调查表明，创新是大多数企业的头等大事。同一项调查显示，77%的CEO难以找到具备创造力的员工。2020年，领英（Linkedln）的一项分析将创造力列为员工最受欢迎的软技能。

资料来源 改编自梅赫罗特拉，阿罗拉，克里希纳穆尔蒂.关于创造力的3个常见谬误[J].哈佛商业评论中文版，2022(1): 22-27.

▶ **补 充 阅 读**

（1）生产力错觉 一些最好的解决方案不是在最初的一两次会议上出现的，而是在较长的孵化期之后出现的。为避免过早终结，团队应达成一个"近乎最终"的决定，以获得额外的孵化时间。

（2）智力错觉 创造性思维对认知的要求比逻辑思维更高。领导者可以通过密切关注创意在不同的团队环境中如何讨论来提高团队创造力。他们应该鼓励团队成员基于彼此的想法去发展创意，而不是推崇个人想法。这并不意味着想法在有缺陷时应该被盲目接受；相反，他们应该以开放的心态对待想法，承认有用的方面，并使用加分或类似的"是的，不过，而且"的方法来改善。

（3）头脑风暴错觉　集体头脑风暴让人觉得更有成效，不是因为所产生想法的数量，而是因为社会效应。为了促进更具创造性的想法，领导者应该利用简单的工具捕捉个人想法，然后再向整个团队公开。如果是远程操作，领导者应该找到其他方法将团队聚在一起，建立彼此之间的联系和信任。

资料来源　改编自梅赫罗特拉，阿罗拉，克里希纳穆尔蒂．关于创造力的 3 个常见谬误 [J]．哈佛商业评论中文版，2022(1)：22-27．

10.1.2　创新的分类

根据不同的标准，可以将创新划分为不同类型。

1. 按照创新程度划分

按照创新程度，可以将创新划分为渐进性创新和破坏性创新。

渐进性创新是指通过不断的、渐进的、连续的小创新，最后实现对现有的技术工艺、管理理念和管理方法等方面的部分改进。例如，企业针对现有产品的元件做细微的改变，强化并补充现有产品设计的功能，至于产品架构及元件的连接则不做改变。破坏性创新又称为突变性创新，是一种快速的、急风暴雨式的创新，其特点是对现有系统进行力度较大的冲击，创新程度很大，但过程不是很长，一般都是在一个较短的时间内完成。破坏性创新的优点是容易突破传统观念和习惯势力的阻碍，迅速提升企业的竞争力，适应外部环境的变化，从而达到整体最优，但其风险比渐进性创新的风险要大得多。

2. 按照组织形式划分

按照创新的组织形式，可以将创新划分为独立创新、联合创新和引进创新。

独立创新也可称为率先创新，是指在无其他企业技术引导的条件下，企业在获取技术和市场创新机会后，依靠自身力量独立研究开发，攻克技术难关，获得新的技术成果，并完成技术成果的商业化过程。独立创新可以避免由于不同单位之间的意见不同而出现分歧和冲突，成功后可以使企业获得超额利润，但其风险也比较大。联合创新是指由一些单位和组织联合起来进行研究开发，开展技术创新活动的过程。联合创新可以取长补短形成优势互补，但不同单位之间可能存在意见不同而难以组织和协调，易引发冲突。引进创新是指本单位从外单位引进技术创新所需技术、设备、生产线或者软件，在所引进的技术基础上进行更进一步的技术创新。引进创新的优势在于可以为企业节省大量的研发经费，弥补本企业在技术及人才方面的不足。

3. 按照职能领域划分

按照创新所在的职能领域，可以将创新划分为技术创新和管理创新。

技术创新也称为技术革新，是指企业组织主要的生产活动过程，为新产品或新服务执行新的概念，将新的要素引入到产品服务的营运中，包括工艺创新与产品创新。管理创新是指在一定的技术条件下，对政策制度、组织结构、管理程序以及文化氛围等方面的创新，主要包括管理理念创新、组织结构创新和商业模式创新等。

管理创新与技术创新相互影响、相互促进。管理创新是技术创新的内在保障。管理创新通过整合适应当前变化的资源，使得企业活动的参与者之间形成相互激励、相互制衡的关系，形成科学的领导体制与决策程序，从而确立技术创新的决策与激励机制。技术创新对管理创新具有促进性。技术创新需要企业在组织形式、人员安排、经营策略等方面进行相应调整，指引管理创新的方向，加速管理创新的步伐。

10.1.3　创新风险的成因

创新可以为企业扩张、增长和盈利创造机会，是企业发展的关键驱动力。与此同时，由于市场环境的动态性和企业自身业务的复杂性，企业创新活动充满了风险。创新风险是指企业因实施创新行为而给企业带来损失的机会或者说造成损失的可能性。

创新风险往往蛰伏于企业创新的各项内容，是由多重因素共同引发的结果。在企业创新的过程中，引发创新风险的成因主要来自四个领域：外部环境关系、组织资源、组织结构和运行机制。

1. 外部环境关系

外部环境关系是指企业与各种外部利益相关者之间的组织互动。企业通过广泛的外部市场网络可以使组织活动更有灵活性和效率，从而更有力地支持企业创新计划。外部环境关系的不确定性受到供应商、顾客、竞争对手以及企业自身信息处理能力的影响。一个成功的创新项目往往包括多个供应商。当供应商不能按时交付产品，或者供应商在解决复杂问题时表现出较差的能力，则会对创新项目（尤其是产品创新项目）的进展产生一定的影响。创新目标能使企业更好地满足市场真实的或可感知的需求。顾客需求呈现日益个性化、差异化和小众化的特点，这会导致企业创新成本增加和进度的延迟，需要不断根据市场变化来调整项目进展。来自竞争对手的威胁是企业创新过程中面临的另一个挑战。企业的创新活动并不是孤立发生的，需要同外部进行信息和资源的交互，才能够准确评估竞争对手的优势和劣势，制定策略来灵活应对来自外部环境的威胁和机遇。

2. 组织资源

组织资源是指组织拥有且可以运用控制的各种要素，包括企业进行生产制造产品的各种资产和各种内部资源储备等。充足的资金是企业提高创新能力的必要条件。资金不足不仅会限制研发能力，严重时会导致创新项目中断。除资金外，关键技术人员的离职会给项目带来由于某些关键技术的缺失而被搁浅的风险，高管人员的变动也会带来一定的影响。在激烈的市场竞争中，没有人能够准确地预测一个新产品能够存活多久，而技术的淘汰可能会在新产品或新工艺刚刚推出时就将其扼杀。企业生产运营过程的复杂性会导致最终创新成果表现不符合预期而给企业带来一定的潜在损失。另外，企业在创新过程中必须考虑兼容性问题，评估新技术、新模式、新理念与现有的组织资源、制度的兼容程度。当兼容程度越高，风险也就越低。

3. 组织结构

组织结构是指组织成员为实现组织目标而将各种要素以特定的形式组织到一起。组织结构规定了企业如何建立、控制和协调规则、层次结构和职责。授权不灵活是创新的关键阻力。较多的组织结构约束和内部官僚机构，往往会大幅降低员工的工作主动性，导致公司无法抓住发展机遇。以往研究发现，企业中很大一部分创新建议方案失败的原因不是因为员工缺乏想法，而是因为建议方案未能以足够快的速度处理有利或不利的反应。产品创新需要企业内部不同业务部门的开放式交流，部门连接中断会严重削弱企业创新能力。在部门连接很少或沟通不畅的企业中，跨职能部门员工之间不太可能有富有成效的思想交流，彼此的知识、技术无法形成有效互补，各部门之间也容易形成局部目标、利益冲突，对创新产生消极影响。

4. 运行机制

运行机制是指企业通过引导和控制各种要素间相互作用形成的各种准则和制度。在企业运行机制方面，组织文化发挥着越来越重要的作用，保守的组织文化不鼓励员工创新，但过于激进的组织文化也可能导致企业面临高度的创新风险。组织目标和愿景的不确定性会导致研发团队无法明确需要开发的产品或服务方向，增加了组织的协调沟通成本。绩效奖励为员工的创造力和创新提供动力，在奖励方式、奖励力度、考核标准等方面的失误，会严重减低员工工作积极性和参与度。企业创新过程中有众多的参与者，参与者之间在语言、传统或组织文化等方面可能存在较大差异，由此可能会产生文化偏见。

10.2　技术创新风险

10.2.1　技术创新概述

1. 技术创新的概念

技术创新也称技术革新，是指企业组织主要的生产活动过程，为新产品或新服务执行新的概念，将新的要素引入到产品服务的营运中，包括工艺创新与产品创新。技术创新是企业竞争优势的重要来源，也是企业可持续发展的重要保障。技术创新的本质在于技术成果的产业化与市场化应用。技术创新是一种以技术为手段实现经济目的的活动，而非纯技术活动。技术创新的基本内涵包括以下三个方面。

1）技术创新是一个过程，它与技术进步相关。技术创新是因，技术进步是果。

2）发明是技术创新中的一部分，但技术创新还包括发明后续的开发生产及商业应用。

3）广义的技术创新包括技术创新扩散，而技术创新扩散指的是企业创新成果在企业、地区间进行传播并被其他企业采用的过程。

2. 技术创新的决定因素

在约瑟夫·A. 熊彼特（Joseph Alois Schumpeter）将创新这一概念引入经济学领域之后，后续学者对经济学领域的创新展开了广泛且深入的研究。莫尔顿·卡曼（Monton Kamein）和南赛·施瓦茨（Naoy.L.Schwartz）在其提出的技术创新理论中，将企业技术创新的决定因素划分为三类：竞争程度、企业规模和垄断力量。

（1）竞争程度　竞争引起技术创新的必要性。竞争是一种优胜劣汰的机制，技术创新可以给企业带来降低成本、提高产品质量和经济效益的好处，帮助企业在竞争中占据优势。因此，每个企业只有不断进行技术创新，才能在竞争中击败对手，保存和发展自己，获得更大的超额利润。

（2）企业规模　企业规模的大小从两方面影响技术创新的能力。一方面，因为技术创新需要一定的人力、物力和财力，并承担一定的风险，企业规模越大，影响技术创新的能力越强。另一方面，企业规模的大小影响技术创新所开辟的市场前景的大小，一个企业规模越大，它在技术上的创新所开辟的市场也就越大。

（3）垄断力量　垄断力量影响技术创新的持久性。垄断程度越高，垄断企业对市场的控制力就越强，别的企业难以进入该行业，也就无法模仿垄断企业的技术创新，垄断厂商技术创新得到的超额利润就越持久。中等程度的竞争即垄断竞争下的市场结构最有利于技术创新。在这种市场结构中，技术创新又可分为两类：①垄断前景推动的技术创新，这种技术创新是指企业由于预计能获得垄断利润而采取的技术创新。②竞争前景推动的技术创新，这种技术创新是指企业由于担心自己目前的产品可能在竞争对手模仿或创新的条件下丧失利润而采取的技术创新。

技术创新主要以企业活动为基础，企业的创新活动需要有一定的动力和机制。在市场经济条件下，作为自主经营、自负盈亏的经济主体，企业之间存在着竞争，要生存和发展，就必须争取市场，否则就会在竞争中被淘汰。要扩大市场，就必须在成本、产品质量、价格上占优势，这就迫使企业必须进行技术创新。企业在市场竞争中求生存和发展，这是促进企业技术创新的必要条件。技术创新也需要有良好的宏观环境。完善的社会保障制度是企业进行技术创新的后盾，否则，技术创新的风险会使一些企业难以承受。国家还应从财政、信贷、公共投资等方面保证技术创新的资金供应。

10.2.2　技术创新风险概述

技术创新具有高风险、高投入以及长周期的特征，使得技术创新很容易失败，成功率极低，技术创新风险的防范和管理已成为社会各界关注的焦点。技术创新风险是指由外部环境的不确定性、技术创新项目本身的难度与复杂性、创新者自身能力与实力的有限性，所导致的技术创新活动的中止、撤销、失败或达不到预期经济指标而造成损失的可能性及其后果。

基于创新过程视角，技术创新风险主要包括决策风险、技术风险、生产风险、市场风险。决策风险是技术创新决策阶段的潜在风险，是指从市场调研与技术预测到项目立项与计划制订这一阶段所出现的风险。技术风险是指从项目启动与开始实施技术方案到产品定型这一阶段所出现的风险。生产风险是指从生产准备及小批量试生产到大批量生产这一阶段的风险。市场风险是指新产品进入市场过程中的风险。各阶段之间往往会存在一定的风险交叉，比如市场试销与生产阶段存在平行重叠部分。

10.2.3　技术创新风险的特征

技术创新风险的特征体现在以下几个方面。

（1）投机性　技术创新风险是一种典型的投机风险。投机风险是指既有损失机会又有获利机会的风险，其后果有三种可能：盈利、损失、不盈不亏。在复杂的风险因素作用下，技术创新的风险运动是一种矛盾运动，既存在风险损失的可能，又存在盈利的机会，具有风险与收益的对立统一性。其统一性表现在风险与收益是对称的、共生的；其矛盾性表现在企业在进行技术创新决策时面临风险与收益之间的矛盾，从而不得不进行风险与收益的权衡。

（2）不确定性与可控性　技术创新过程受到多种可变因素的影响，创新的结果难以确定，充满了各种潜在风险。但随着时间的推移，企业了解的内外信息越来越全面、越来越准确，技术创新的一些潜在因素逐步转变为显现因素。技术创新活动作为一种有目的、有组织的技术经济活动，通过对技术创新系统的组织管理，尤其是树立风险意识，完善风险管理，则能够在一定程度上防范和控制风险损失的发生和发展，使受控的技术创新活动向预期目标发展。

（3）积累性　在技术创新过程中，风险影响在时间上具有从前向后的单向传递特性，即前一阶段的风险因素将对后续阶段产生影响。进一步考虑技术创新的决策阶段，则决策阶段的风险也将影响和导致技术阶段、生产阶段和市场阶段发生风险。例如，市场调研不足、决策失误将可能给技术创新的后续阶段带来致命的风险。

10.2.4　技术创新风险的管控措施

技术创新活动作为企业的创新性实践活动，其受益方则不仅仅是企业自身，还包括国家、社会组织、其他企业、消费者等利益相关者。因此技术创新具有显著的社会效应。由于风险的复杂性和内外环境的多变性，企业单凭一己之力往往难以应付技术创新风险的考验。企业要构建包含企业主体、金融投资机构、政府机构、相关中介机构的全方位风险防范体系。

1. 提升企业主体的风险防范能力

开展以企业为主体的技术创新风险防范体系建设时，企业作为最直接的利益享受方，理所当然是主要的风险承受方和应对策略执行者。企业要遵循循序渐进、持之以恒的原则，通过创建积极的企业文化、优化企业组织结构、提高管理者的能力和企业科学决策水平等措施，培养和提高自身风险防范能力。作为创新主体的企业唯有依靠自身能力和实力的不断壮大，才是抵御风险、赢取成功的基本之道。企业可以通过合作创新的方式实现风险共担和优势互补，有助于企业技术积累，提高技术创新的成功率。合作创新方式一方面能够弥补企业技术信息或其他方面信息的缺失，同时也能够通过"强强联手"产生协同效应，提升共同防范风险的能力。另外，企业可以采取项目组合的方式来应对风险，即同时投资多个技术创新项目，达到分散风险的目的。但是这种方法也要求企业具有较雄厚的实力，另外由于项目之间存在可以共享资源的关系，有可能会出现抢占资源的现象，而且一个项目失败往往会对相关其他项目产生负面影响。

2. 引入金融投资机构实现分摊

企业可以通过引入金融投资机构来实现技术创新风险分摊，主要有三种方式：①购买科技保险，即通过向保险公司支付一定数额的保险金为技术创新项目投保的方式，将本该由企业自身担负的风险损失转移给保险公司，这是一种有效的分摊风险的途径。②获取信贷支持，这是企业解决资金困难最常规的融资方式，银行将资金使用权转移给贷款企业时，必然要分担一定的风险。但是当银行面对来自于技术创新型企业贷款申请的时候，由于企业行为的特殊性，会增加银行承担风险的不确定性。③引入风险投资，这是分摊企业技术创新风险的一种重要途径。风险投资机构向创新主体（风险企业）投入的是权益资本，看重的是风险企业未来发展前景，同时能够为创新主体提供管理、运作和咨询服务，对中小企业而言是一种防范融资风险的理想方式。

3. 充分利用政策支持

技术创新不仅给企业带来收益，而且通过技术扩散、产业带动带来外部经济效应，具有很强的社会性。政府对技术创新高度重视，出台了一系列政策法规来优化企业的创新环境。企业在实施技术创新过程中，要充分利用政策支持，有效降低创新风险。企业要积极申请减免税收和风险补偿等方面的优惠政策，降低创新成本和风险损失。充分利用人才政策，加大优秀的管理人才和技术人才引进力度，提升自身风险防范能力。积极参与政府牵头的联合创新项目，补自身短板，充分发挥优势。加强对相关政策法规的研究，学会运用法律武器维护自身权益。

4. 引入中介机构提供服务保障

企业的技术创新风险防范体系不仅需要政府职能部门的服务支撑，还需要来自于社会其他服务组织的保障，这些组织包括独立于政府之外的非营利组织，还有专门提供信息、技术咨询服务的中介机构，它们共同为企业服务，帮助企业提高风险防范能力。企业要加强与相关社会组织的沟通协作，确保能够及时有效地获取所需信息。企业可以通过与管理咨询公司合作，弥补自身在项目经验、管理模式等方面的不足，有效降低技术创新的不确定性。企业要加强与法律、财务、人才等领域的中介机构合作，推进技术创新活动的顺利开展。

10.3 管理创新风险

10.3.1 管理创新概述

1. 管理创新的概念

管理创新本身是由经济发展、技术进步导致企业生存与发展问题解决的需求而产生的，正如艾尔费雷德·D. 钱德勒（Alfred D.Chandler）所指出的："现有的需求和技术将创造出管理协调的需要和机会。"管理创新是指在一定的技术条件下，对政策制度、组织结构、管理程序以及文化氛围等方面的创新，主要包括管理理念创新和商业模式创新等。

整体而言，管理创新是企业将新的管理要素（如新的管理方法、新的管理手段、新的管理模式等）或要素组合引入企业管理系统以更有效地实现组织目标的过程。管理创新的目标在于创造一种新的更有效的资源整合范式，这种范式既可以是有效整合资源以达到企业目标和责任的全过程管理，也可以是新的具体资源整合，即目标制定等方面的细节性的、局部性的管理。

管理创新主要包含以下内容。

（1）管理理念创新　管理理念创新是指企业突破管理思维惯例，在已有价值观念、知识范式和管理技术的基础上寻求管理变革或改进管理的过程。

（2）商业模式创新　商业模式创新是改变企业价值创造的基本逻辑以提升顾客价值和企业竞争力的活动。

成功的管理创新能够让企业有效应对市场挑战、降低交易成本、提高经济效益。技术创新与管理创新相辅相成，共同构成了企业核心竞争力的原动力。

2. 管理创新的特征

在现代企业制度下，管理创新相较于技术创新具有以下特点。

（1）创新费用较低　由于管理创新不需要相应的硬件设备、基础设施投入，也不涉及知识产权与专利保护，因而无须企业投入大量的资金进行学习与模仿，其费用相比技术创新较低。

（2）创新风险较小　技术创新由于技术、环境等多方面的不确定性，国际上技术创新的失败率高达 80%。而管理创新主要集中于企业内部与创新活动的商业化阶段，对外部因素依赖较小，因而其风险相对较小。

（3）集成性较强　技术创新若要付诸实践，要在管理体系与组织形式进行相应调整的前提下，才可能取得良好的效果。可以说，管理创新是企业创新的集成，是一种更有效的整合范式，也是技术创新取得成功的保障。

10.3.2　管理理念创新及风险管控

1. 管理理念创新的概念

理念，即理性的概念，是指人们基于知识与经验而形成的对客观对象的理性认知与概括。理念以其概括性、稳定性和深刻性支配、影响着人们的思想与行动。理念创新，就是指革除旧有的不合时宜的既定看法和思维模式，以新的视角、新的方法和新的思维模式，形成新的结论或思想观点，进而用于指导新的实践的过程。

管理理念是管理者获取效益的依据，是指企业管理者在实施企业管理过程中采用的价值观念，与企业的生产经营密切相关。市场经济的发展对企业管理工作提出了更高的要求，传统的经营管理理念已难以满足现代企业发展的需要。创新是企业发展的动力，企业要想在竞争激烈的市场环境下更好地生存发展，就必须积极地实施管理理念创新。管理理念创新是指企业突破管理思维惯例，在已有价值观念、知识范式和管理技术的基础上寻求管理变革或改进管理的过程。管理理念创新是对已有价值逻辑的重塑，对企业而言是一个自我毁灭和重生的过程。

2. 管理理念创新风险的概念

管理理念创新可以为企业注入新的活力，但它与其他创新活动一样具有两面性，风险与收益相伴而生。管理理念创新风险是指新的管理理念在形成、推广以及应用过程中对企业造成的不确定性风险。管理理念创新风险主要体现在管理理念的适应性风险、转换性风险和盲目性风险三个方面。

（1）管理理念的适应性风险　管理理念必须以适应市场需求为导向，当新的管理理念与企业内外部不匹配时，就会导致适应性风险。一个新理念的推行，其风险的大小取决于该理念能否被消费者、市场所接受及理念创新推行所需要的时间成本、物质成本与机会成本。

（2）管理理念的转换性风险　一项全新的管理理念能否顺利推广实施存在诸多不确定性，例如人员结构、技术工艺、市场状况等都会限制管理理念的成功实施，导致新旧管理理念之间无法顺利完成转换。

（3）管理理念的盲目性风险　所谓"成也创新，败也创新"，理念创新失败的主要原因在于创新活动未能从企业现有的生产情况、经营实力、资源优势及发展趋势等情况出发，使得创新成本远超创新收益。当企业忽略了各种理念创新的内外部环境及实施周期，匆忙实施，缺乏选择性、针对性与目的性时，理念创新则难以实现。

3. 管理理念创新风险的管控措施

为了降低风险发生的概率以及减少风险造成的损失，企业在管理理念创新过程中应采取以下管控措施。

（1）树立风险意识　防范管理理念创新风险必须树立正确的风险意识，包括适时风险防范意识和适度风险防范意识。适时风险防范意识要求企业在理念创新的每一步都该防微杜渐，防止风险扩散与连锁反应，而不是在风险发生之后再采取补救措施。适度风险防范意识是指正确看待创新风险的客观存在性，既不盲目跟风创新，也不为了避免创新风险所导致的损失而畏惧创新。

（2）把握创新尺度　企业在管理理念创新的过程中，要坚持需要性与可能性相结合、前沿性与适用性相结合、短期性与长期性相结合的原则。首先，理念创新应当考虑该新理念的潜在需求，同时注意理念设计应当实事求是，尊重企业现状，判断其是否存在创新的必要性与可能性。其次，管理理念创新带有一定的前瞻性、预测性和前沿性，切忌不切实际、哗众取宠，必须兼顾创新和实用性。最后，理念的创新应当兼顾长期利益与短期利益，不应当为争取短期的市场份额和市场利润而采用低级、肤浅的经营思路和指导思想。

（3）坚持持续创新　管理理念创新是一个持续的过程。企业想有效防范创新风险，必须正确看待管理理念创新。首先，正确看待竞争对手的管理理念，既不能盲目跟风，也不能漠视竞争对手的先进做法。其次，正确看待管理理念创新的领先性，全新的管理理念可以帮助企业成为行业领跑者，但风险较大。企业可以结合自身实际，从先动者的经验教训中模仿学习，同样可以以较低的成本后发制人，获取后动者优势。最后，正确看待管理理念创新的时效性。理念创新并非一劳永逸，其具有时效性，会随着国家政策、市场环境的变化而变化。只有柔性的、持久的理念创新，才能跟上时代的步伐。

10.3.3　商业模式创新及风险防范

1. 商业模式的概念

目前，学术界对于商业模式概念和内涵仍未达成一致。商业模式的选择和设计是商业机会探索和开发的关键，也是商业模式创新的基础，探究商业模式创新首先应理清商业模式的概念和内涵。学者们基于不同研究领域和研究目标，从价值创造、价值主张、价值传递等视角界定了商业模式的概念。例如，大卫·蒂斯（David J.Teece）认为商业模式是企业围绕价值创造而进行的一种设计方式，目的在于实现顾客价值并获取利润；查尔斯·贝登夫勒（Charles Baden Fuller）则认为商业模式是企业创造和分配价值的过程；还有些学者则认为，商业模式是企业、客户和利益相关者进行互动的系统，包含满足市场的感知需求、活动的规范以及活动的连接方式等。

整体而言，商业模式是一种描述企业如何在市场中进行商业设计和活动的方式，或是一种企业进行商业活动和市场分析的模板，或是一个包含了客户和利益相关者的价值网络机制，其解决的是企业创造价值、传递价值和获取价值的过程。商业模式包含以下基本要素：

价值主张、消费者目标群体、分销渠道、客户关系、价值配置、核心能力、价值链、成本结构、收入模型。

2. 商业模式创新的概念

互联网和数字技术的发展改变了基本的商业竞争环境和经济规则，推动企业开展广泛而持续的商业模式创新。商业模式创新是改变企业价值创造的基本逻辑以提升顾客价值和企业竞争力的活动。保持商业模式创新才能突破行业壁垒和资源约束，保持企业的可持续发展。商业模式创新既可能包括多个商业模式构成要素的变化，也可能包括要素间关系或者动力机制的变化。商业模式创新的研究已成为创新创业领域中的重要课题，已有文献主要从战略视角、技术创新视角、顾客价值创造视角和组织管理视角展开研究。

成功的商业模式创新需满足以下条件：①提供全新的产品或服务、开创新的产业领域，或以前所未有的方式提供已有的产品或服务；②新的商业模式中至少有多个要素明显不同于其他企业，而非仅有少量的差异；③新的商业模式有良好的业绩表现，体现在成本、盈利能力、独特竞争优势等方面。

3. 商业模式创新风险

由于商业模式创新环境的复杂性、企业自身资源能力的局限性与企业价值网络中利益相关者关联的多元性，使得在商业模式创新过程中的客户价值主张、价值创造和价值获取等环节都面临不同的风险，导致企业商业模式创新成功与否面临极大的不确定性。商业模式创新风险是企业在商业模式创新变革过程中可能面临的各种风险，由企业内部风险、产业环境风险、宏观环境风险构成。

（1）企业内部风险　企业内部风险是指企业自身存在的风险，包括企业自身的财务风险、技术风险、管理风险、人力资源风险等。

（2）产业环境风险　产业环境风险是指由企业所处的市场或其他利益相关者变化而引发的风险，主要包括消费者风险、合作者风险、竞争者风险、供应商风险。

（3）宏观环境风险　宏观环境风险主要涉及政策风险，包括政府监管和支持力度的调整，这些因素会在较大程度上影响企业商业模式创新成本和创新成功率。

4. 商业模式创新风险的管控措施

面对商业模式创新过程中的主要潜在风险，企业可以有针对性采取以下管控措施。

（1）打造创新型企业文化　商业模式创新涉及企业的方方面面。企业要打造创新性的企业文化，来为商业模式创新提供坚实的保障。①企业要加强员工素质培训，提高员工的业务能力，同时培养员工的创新意识、创新思维，鼓励员工进行创新。②企业要建立与新型商业模式相匹配的组织结构，将人、财、物等资源与组织结构打造最佳匹配效果。③建立学习型组织，提高员工的持续学习能力，提升整体的组织活力与韧性。

（2）提升内部运营管理能力　企业要立足于新型商业模式的核心，有针对性地提升内部运营管理能力，确保创新计划得到有效推进和落实。①企业要制订清晰的发展计划和运营模式，提高对核心业务领域的前瞻性和预测能力。②企业要建立先进的内部管理制度，加强对公司内部经营的管理，尤其是对各个部门业务开展的管理。③加强技术研发风险管理，对研发周期、投入资金、操作难易度、转化难易度等方面进行全面的考察与评判。④加强人力资源风险管理，通过引进新人才、优化发展奖励制度、培养专业的研发人员等措施增强研发能力，降低商业模式创新周期。

（3）提升产业环境分析研判能力　企业在商业模式创新过程中往往面对较为严酷的产业环境，例如市场竞争激烈、消费者需求变动、市场容量波动、消费习惯尚未形成等。①企业要针对新的商业模式建立面向消费者的市场研究部门，对消费者需求进行全方位追踪调查，对不同消费者的产品使用习惯、新产品接受度等要素进行深度研究，保证产品的销量，以降低市场风险。②企业在商业模式创新过程中要通过品牌推广与重新定位来提升企业知名度，在避免原有消费群体流失的同时，扩展消费群体。③企业在商业模式的创新过程中要通过联盟、合作等方式补齐商业模式的潜在短板，提升市场把控能力，以有效应对扩容后的市场。

（4）提升政策法规分析把握能力　环境的变化风险是不可控的，但是企业可以通过采取科学的措施降低环境风险带来的危害。在商业模式创新过程中，宏观环境的核心要素是政府政策支持度和法律法规完善程度。一方面，企业要加强对国内相关政策的研究，战略的制定与核心业务的开展需要紧跟国家与政府的政策与制度。通过对现行政策的分析解读做出准确研判，确保企业的商业模式创新能够与社会经济发展走向、国家政策扶持方向保持一致，这样不仅能够顺应国家战略需求，还可以得到相关政策的优惠与保护。另一方面，商业模式创新所涉及的领域往往在法律法规方面还不够成熟，企业要加大对政策法规的学习和研究力度，采取专人学习、定期考核等措施提升相关人员的专业程度，在有效降低风险的同时，积极参与行业法律法规建设。

● 本章小结

　　创新的概念有狭义和广义之分，狭义的创新强调创新过程中新技术对产品或工艺进行改进或变革；广义的创新则是指一个组织用来把劳动力、资本、原材料和信息转变成具有更大价值的产品和服务的过程。基于不同标准，可以将创新划分为多种类型。创新风险主要是由外部环境关系、组织资源、组织结构和运行机制等四个方面的因素导致的。技术创新也称为技术革新，是指企业组织主要的生产活动过程，为新产品或新服务执行新的概念，将新的要素引入到产品服务的营运中，包括工艺创新与产品创新。技术创新风险体现在创新主体在技术创新过程中，具有投机性、不确定性与可控性、积累性特征，企业应当构建包含企业主体、金融投资机构、政府机构、相关中介机构的全方位风险防范体系。管理创新是企业将新的管理要素（如新的管理方法、新的管理手段、新的管理模式等）或要素组合引入企业管理系统以更有效地实现组织目标过程，具有创新费用较低、创新风险较小、集成性较强的特点。管理理念创新是指企业突破管理思维惯例，在已有价值观念、知识范式和管理技术的基础上寻求管理变革或改进管理的过程，其风险主要体现在管理理念的适应性风险、管理理念的转换性风险、管理理念盲目性风险三个方面。企业应当从树立风险意识、把握创新尺度、坚持持续创新等角度有效应对管理理念创新风险。商业模式创新是改变企业价值创造的基本逻辑以提升顾客价值和企业竞争力的活动，其风险由企业内部风险、产业环境风险、宏观环境风险构成。企业应当采取打造创新型企业文化、提升内部运营管理能力、提升产业环境分析研判能力、提升政策法规分析把握能力等措施加以管控。

✎ 本章习题

【选择题】

1. 技术创新风险的特征包括（　　　）。
   - A. 投机性
   - B. 不确定性和可控性
   - C. 积累性
   - D. 系统性

2. 管理创新具有（　　　）的特点。
   - A. 创新费用较低
   - B. 创新风险较小
   - C. 集成性较强
   - D. 以上都是

3. 管理理念创新风险主要体现为（　　　）。
   - A. 管理理念的适应性风险
   - B. 管理理念的转换性风险
   - C. 管理理念的盲目性风险
   - D. 技术性风险

【判断题】

1. 按照创新职能领域，可以将创新划分为破坏性创新和渐进性创新。（　　　）
2. 按照创新的组织形式，可以将创新划分为独立创新、联合创新和引进创新。（　　　）
3. 引发创新风险的成因主要是外部环境关系。（　　　）
4. 企业技术创新的决定因素有竞争程度、企业规模和垄断力量。（　　　）
5. 管理理念创新是改变企业价值创造的基本逻辑以提升顾客价值和企业竞争力的活动。（　　　）
6. 技术创新与管理创新相辅相成，共同构成了企业核心竞争力的原动力。（　　　）

【简答题】

1. 阐述技术创新风险的管控措施。
2. 阐述商业模式创新风险的管控措施。

▶ 案例分析

安踏成为卓越企业的创新密码

在由德勤公司联合《哈佛商业评论》中文版等机构进行的"2021中国卓越管理公司"评选中，安踏集团（简称安踏）榜上有名，成为中国管理领先企业。安踏是一个创造奇迹的公司，1991年刚创办时，只是中国一家制鞋小作坊；30年后，在2021年6月市值一度突破5000亿元，在中国甚至全球体育用品市场占据重要地位。30年来中国新创企业如过江之鲫，真正跃过龙门的却屈指可数。安踏脱颖而出的原因是什么，安踏究竟做对了什么？

安踏的关键决策共有五个，这些关键决策令安踏一步步由小到大、由弱到强。

关键决策一：自创品牌　自创品牌之路并从品牌批发转到品牌零售是安踏创办早期比较关键的战略。要知道，一个小作坊自创品牌并获得成功是一件非常困难的事，当时安踏同行们的主要思路还是贴牌代工、赚快钱。从代工到自有品牌、从运动鞋到体育用品、从品牌代理到品牌销售，再到开办自己的体育用品专营商店，这些重大的战略决策主要依赖于安踏拥有的企业使命和长远眼光。

关键决策二：转型上市　2007 年的上市是安踏质的改变，让公司成为拥有现代化治理结构的公众公司。上市后，由于安踏的股东来自全球资本市场，最高管理层必须用国际化的思维思考问题，用国际化的理念去经营公司。可以说，上市既让世界看见了安踏，也让安踏面向了世界。

关键决策三：牵手奥运，做中国体育坚定的支持者　在 2008 年北京奥运会后，安踏考虑的是作为中国运动品牌的一分子，何时让中国运动员穿上中国品牌，走向领奖台。这是后来安踏牵手奥运的直接动因。那个时候的安踏规模还不大，但却不惜代价地参与中国奥委会竞标。从 2009 年开始，安踏已经服务中国奥运代表团参加多届奥运会，包括最近的北京冬奥会。

关键决策四：收购斐乐（FILA），开启多品牌之路　安踏上市之后一直在思考，一个品牌没办法满足中国多层次市场消费者的需求。于是，2009 年安踏收购了当时亏损的斐乐在中国的商标使用权和专营权等所有权益。众所周知，收购与整合是特别困难的事。安踏收购斐乐之后，做对了四件事：品牌定位、确定商业模式、组建适合斐乐发展的团队以及引进国际化人才。时至今日，安踏集团收购斐乐取得了巨大的成功。斐乐品牌这几年业绩增速迅猛，成为该公司第二条增长曲线。斐乐的强势增长成了安踏财务报表的最大亮点。现在，斐乐品牌和安踏品牌成为整个集团业绩的两大支柱，合计收入贡献超过九成。

关键决策五：收购亚玛芬，开启全球化　在中国市场成功之后，安踏的梦想是成为一家全球化的公司。收购是公司实现全球化一个重要手段。继陆续收购迪桑特、可隆体育等高端户外运动品牌的中国业务后，2018 年，安踏组团要约收购亚玛芬体育。亚玛芬体育业务遍及全球，主要品牌有户外顶级品牌始祖鸟、法国山地运动品牌 Salomon、网羽运动品牌 Wilson、滑雪装备品牌 Atomic，这些品牌都是各自细分领域里的佼佼者。

资料来源　改编自李全伟. 安踏成为卓越企业的创新密码 [J]. 哈佛商业评论中文版，2022（1）：110-120.

1. 安踏在创新方面的关键决策有哪些？
2. 你认为安踏创新的战略中，要防范哪些风险？

1. 安踏的企业使命是"将超越自我的体育精神融入每个人的生活",体现了精神的力量。企业通过多元化战略来提升其总体价值。关键包括自创品牌;转型上市;牵手奥运,做中国体育坚定的支持者;收购斐乐,开启多品牌之路;收购亚玛芬,开启全球化。

2. 境外收购公司面临的内外部环境充满了不确定性,已经成为制约企业发展的关键因素,企业的未来在很大程度上取决于管理者应对挑战和危机的能力。面对不确定的内外部环境,公司应当提升自身对危机管理的认识,树立危机动态管理的观念,意识到危机爆发的前后是不可分割的整体过程,需要在企业管理的过程中进行整体的考虑,并且将其作为一个动态的过程融入企业的日常经营管理中,在企业内部建立完善且有效的危机管理系统,让危机管理真正渗透到企业的方方面面。

在不同时期,CEO面临不同的挑战。如何管理公司和实现业务数字化,是每家企业的重要工作,也是CEO面临的重大挑战。安踏认为,数字化的目的是让品牌更贴近消费者,为他们提供更快捷的服务、更及时的反馈、更丰富的互动。

安踏在成长过程中有两大亮点:注重借用外脑和善用管理工具。企业从小到大,比较重要的一点是"融智",借用全球的管理智慧,以完善和提升自身的管理能力。自2005年开始,尤其是2007年上市后,安踏请来许多全球专业咨询公司如美世、科尔尼、毕马威、麦肯锡、埃森哲、IBM等来帮助安踏规划发展路径。

管理工具是企业为达到某一特定目标而设计的一套比较正式的流程。管理工具具有可测量性、针对高层管理者和管理热点的特点。全球的企业管理者都在使用大量的管理工具。与国际知名企业相比,安踏发展时间并不长,使用管理工具主要是在上市之后,包括前面提到的对标、战略规划都属于管理工具。

安踏用了不到30年就成为中国最大的体育用品公司,未来的目标是成为世界领先的体育用品公司。为了实现这个目标,安踏在2021年12月18日举行的"安踏30+"主题活动上,宣布了新的十年战略和可持续发展目标。未来十年,安踏集团将致力于与利益相关方价值共生,在消费者、伙伴、环境及社会四大领域,推动实现可持续发展及共同富裕。安踏坚持"将超越自我的体育精神融入每个人的生活"使命不变,提出"成为世界领先的多品牌体育用品集团"新愿景,并以"创造共生价值"为商业准则打造"共生型组织",以"单聚焦、多品牌、全球化"的新战略步入新十年。

第 (11) 章

创业风险管理

学习目标

1. 理解创业的概念和构成要素。　　2. 了解创业的一般过程。

3. 掌握创业风险的概念和特征。　　4. 了解创业风险的成因。

5. 了解创业风险的形成机理和识别方法。　　6. 掌握创业风险识别的内容。

7. 掌握创业风险的管控措施。

逻辑框架

- 创业风险管理
  - 创业
    - 创业的概念
    - 创业活动的构成要素
    - 创业的一般过程
  - 创业风险
    - 创业风险的概念
    - 创业风险的特征
    - 创业风险的成因
  - 创业风险识别
    - 创业风险的形成机理
    - 创业风险识别的方法
    - 创业风险因素的识别
  - 创业风险的管控措施
    - 准确识别创业机会
    - 制定正确的创业战略
    - 提升企业管理水平

引导案例

2021 人民企业社会责任年度推荐案例：海尔集团公司

海尔集团致力于携手全球一流生态合作方持续建设高端品牌、场景品牌与生态品牌，构建衣食住行康养医教等物联网生态圈，为全球用户定制个性化的美好生活。海尔集团旗下三家上市公司均按照法律法规进行信息披露。

在环境保护方面，海尔积极响应国家"双碳"战略，形成"绿色设计、绿色制造、绿色营销、绿色回收、绿色处置、绿色采购"的海尔 6-Green 战略，成为全球家电行业首个"碳中和"工厂、中国首个家电循环产业互联工厂，打造全球首个碳中和"灯塔基地"、行业首个全链路碳中和平台，建立行业领先的能源大数据分析系统——海尔智慧能源中心，成为全球家电行业第一个实现智慧能源互联控制平台的企业。

在消费者保障方面，海尔集团通过 HCC（海尔用户关怀）系统面向终端 7000 家服务商，并严格遵守相关法律法规。另外，海尔创新打造的 MFOP 质量模式，将传统时代家电行业"坏了再修"升级为物联网时代"产品不坏"的全新体验。

在社会公益方面，海尔集团积极投入社会公益事业，资金和物品总价值累计投入超 5 亿元。2021 年秋季，河南、山西等地遭遇持续强降雨，海尔第一时间成立抗洪抢险应急指挥小组，迅速调配全国人力、物力，全力支援救灾工作。海尔专卖店自 2017 年开展的"拥抱吧爸爸"公益行动几年来全国累计执行 100 多条亲情线路，辐射 100 多个亲情城市，行程跨越 12 万公里。"日日顺创客训练营"是行业首个聚焦在校大学生社群交互的创业创新共创平台，也是行业引领的"产学研"结合的模式典范。

资料来源 改编自人民网 .2021 人民企业社会责任年度推荐案例·企业履责：推荐企业：海尔集团公司 [EB/OL].(2021-12-16)[2022-04-20].http://gongyi.people.com.cn/n1/2021/1216/c441596-32310142.html.

1. 海尔集团的国家级创新中心有哪些意义？
2. 海尔集团在创业过程中，可能会遇到哪些困难和风险？

1. 在家电领域，海尔牵头打造高端智能家电领域唯一一个国家级创新中心，正在突破行业关键共性技术，提升我国高端智能家电及相关产业在全球价值链中的地位。在航空冷链物流领域，海尔生物自主研发主动式航空温控集装箱，有望进一步打破国外企业在航空温控物流高端设备领域的技术和产品垄断。

2. 在人单合一管理模式之下，旧的管理体系被推倒，金字塔结构被扁平化，庞大的集团通过下放用决策权、分配权，成为数千个自主创业的小微，海尔得以一边链接员工和用户需求，让所有人基于用户需求进行自主创业，一边打破企业和行业边界吸引生态资源持续加入，共同为用户创造最佳体验。

浙江杭州："启明星"为大学生点亮创业创新梦想

2020 年，杭州市西湖区针对青年双创人才首度发布"启明星"计划，面向青年大学生抛出创业赋能"橄榄枝"。几年来，西湖区大学生创业数量和质量不断实现新跨越，大学生创业创新成果不断创造新突破。

在西湖区第十六届人民代表大会第一次会议上，"扶持大学生创业企业 200 家，创建市级大学生创业园一个，发放小额创业担保贷款 1 亿元"被列入西湖区政府 2022 年十件民生实事项目之一。西湖区由此全面迭代升级大学生创业创新"启明星"计划，致力于打造"两园三地四品牌"，进一步打造青年人才创业创新生态圈。

截至 2022 年 2 月，西湖区累计登记创办大学生企业 3312 家，其中浙大科技园区累计孵化企业接近 700 家；入园企业累计转化科技成果 852 项，培育出每日互动、飞秒检测、云途信息等优秀大学生创业企业，为西湖区大学生创业创新注入了不竭动力。

同时，以文化创意为产业导向的之江创意园，也在充分依托中国美院、浙江音乐学院的创业创新资源，积极创建市级大学生创业园。未来，西湖区将加快形成紫金港、小和山、之江三大双创集聚地，西湖区大学生创业创新平台在多区域分布、多行业布局、多高校联动的发展道路上迈出了坚实的步伐。

2022 年，"启明星"计划再次加码扶持力度，给予青年创业优秀项目最高 3000 万元股权投资。通过开辟"绿色通道"，该计划将优先向基金管理机构推荐初创企业，帮助解决其融资难题，助推企业高质量发展。

资料来源　改编自艾宇韬，潘楷能，张扬，等．浙江杭州："启明星"为大学生点亮创业创新梦想 [EB/OL]．(2022-02-17)[2022-04-20].http://zj.people.com.cn/n2/2022/0217/c186327-35138412.html.

11.1　创业

11.1.1　创业的概念

在我国的史书典籍中，"创业"一词最早出现于《孟子·梁惠王下》："君子创业垂统，为可继也"。从字面理解，创业可以泛指一切开创性的社会活动。西方针对创业现象的分析始于 18 世纪中期，但直到第二次世界大战结束，仍然没有形成我们今天所谓的创业研究。直到 20 世纪 80 年代，创业作为一个学术研究的领域开始出现，一大批学者进入创业研究领域并做出了大量的贡献，才推动了创业研究的快速发展。

迄今为止，学术界尚未形成一个普遍接受的有关创业的定义。约瑟夫·熊彼特（Joseph Alois Schumpeter）认为创业是实现创新的过程，这个创新过程主要包括新产品、新工艺、采用新的生产原料、进入新市场以及制度创新等。彼得·德鲁克（Peter F.Drucker）认为创业是一种可以组织，并且是需要组织的系统性的工作，只有那些能够创造出一些新的、与众不同的事情，并能创造价值的活动才是创业。林强等人认为创业是企业管理过程中高风险的创新活动。郁义鸿等人认为创业是一个发现和捕捉机会并由此创造出新颖的产品或服务，实现其潜在价值的过程。整体而言，尽管不同学者对创业的定义各有不同，但他们都共同强调了一点：创业是一个创造的过程，要创造出有价值的新事物，创造的过程中存在着很大的不确定性。本书将创业的概念界定为发现、创造和利用适当的机会，借助有效的商业模式组合生产要素，创立新的事业，以获得新的商业成功的过程或活动。创业有广义和狭义之分，广义的创业是指创业者的各项创业实践活动，狭义的创业是指创业者的生产经营活动。

11.1.2　创业活动的构成要素

创业活动是指在一定的环境下，创业者通过识别机会、评价机会，并将所需资源组合在一起，以一定的组织形式利用机会创造新价值的过程。完整的创业活动主要由创业者、创业机会、创业资源和组织形式等要素构成。

（1）创业者　创业者是整个创业活动的中心，是创业活动的推动者。当然这个创业者既可以是一个人，也可以是由几个人组成的创业团队。实际上许多创业企业就是由创业团队创建的，这主要是由于创业团队创建的企业通常拥有更多样化的技能和竞争力基础，形成了更广阔的社会和企业网络，从而有利于获取额外的资源。

（2）创业机会　创业机会主要是指市场机会，当市场机会被创业者识别并成为创业的可能时，就成了创业者的创业机会。创业机会存在于对新产品、新原材料或新管理方法的探索和创造之中，它不同于一般的基于提高现有产品、原材料和管理方法的生产效率的获利手段。创业机会本身并不能转化为市场价值，只有创业者发现了这个机会并成功地利用机会，才能够创造新价值。

（3）创业资源　创业资源是指新创企业在创造价值的过程中需要的特定的资产，包括有形资产与无形资产，它是新创企业创立和运营的必要条件。创业资源与创业者的关系就如同颜料和画笔与艺术家的关系那样。创业所需的资源包括自有资源和外部资源。自有资源是指创业者自身所拥有的可用于创业的资源，例如，创业者自身拥有的可用于创业的资金、技术、信息等。外部资源就是创业者从外部所获得的资源。由于资源的稀缺性，创业者往往不可能拥有所需的全部资源。是否能够获取所需的创业资源，决定了创业者能否把握住创业机会。

（4）组织形式　创业活动需要在特定的组织当中开展，可以创立一个新企业，也可以在现有企业中进行。整体而言，创业的组织形式包括公司创业、管理者收购或换购、特许经营以及家族企业的继承等。随着网络经济的发展，创业还能够以非实体组织形式存在。例如，创业者通过网络与顾客、供应商、投资者等发生联系，没有实体形式的组织或企业，通常可以理解为虚拟企业。

📖**小阅读**

解密成功创业者

剑桥大学心理系协同幸福创客科技公司共同设计了"成功创业者心理研究"，并通过国内外十几家风投公司和孵化器公司，收集了 2000 余位创业经验在 3～10 年的创业者数据，将成功创业者与非成功创业者的各项素质进行统计学比较。研究结果发现，成功创业者在企业家精神和核心能力这两方面都有一些共同元素表现非常突出，正是这些核心元素决定了个人创业成功与否。

其中，首创精神、成功欲、激情投入、冒险精神、精明理智和事业心这六个元素是企业家精神中最重要的元素。这一研究结果印证了约瑟夫·熊彼特提出的企业家精神理论。

资料来源　改编自苏德中 . 解密成功创业者 [J]. 哈佛商业评论中文版，2016(8)：37-41.

11.1.3　创业的一般过程

创业者在创建一个新的企业或者发展一个新的经营方向时，通常要经历以下五个阶段。

（1）识别与评估市场机会　这是创业过程的起点，也是创业过程中一个有关键意义的阶段。市场机会的识别通常依赖于创业者或者创业团队自身的素质和能力。这种机会是否能够形成商业计划，还有待相关人员的评估。对市场机会的评估过程本质上是一个风险评估的过程，需要利用市场演化规律和技术演化规律以及相应知识和信息进行评估。同时，这种评估不能够只依赖于个体，而需要具有不同背景的人员参与；否则这种评估是失效的，得到的风险结论也是不可靠的。

（2）形成商业计划　商业计划的形成过程是对市场机会细化和落地的过程。如果说市场机会给出了风险管理的目标，商业计划则给出了实现市场机会的应对方案。这个方案不但包含对未来市场的可能性分析，也包含实施路径。具体而言，其包含营销、运营、资源获取的方式等各个方面。这些方面的细化为风险评估准备了充足的素材。

（3）获取创业所需资源　在获取资源过程中，创业者应该对缺乏资源或资源不适合所带来的创业风险做出清醒的估计。正确评估获取资源的时机及付出的代价，并在整个过程中尽可能地对创业进行控制。获取资源的过程面临着控制权丧失的风险。因此，创业者应有效地进行规划，以最合适的代价获得关键资源。

（4）成立创业企业或创业项目　这涉及企业性质、合伙人协议及企业章程方面的内容。在针对这些内容进行协商和规划过程中，利益分配、战略目标、运营基本规则等均是关系企业全局的重大影响变量。这会对企业的未来发展产生重要影响，处理不当不但面临常规的市场风险和运营风险，而且面临组织风险等一系列创业风险。

（5）日常运营阶段　创业者需要关注企业成功的关键因素并加以控制。同时，考虑企业的各个发展阶段，针对初创期、成长期、扩张期、成熟期等不同阶段所面临的管理问题有针对性地采取不同的管控措施与对策，这也是采用风险管理的一般思路框架来进行风险管理、保证企业按预期成长的必经路径。

11.2 创业风险

11.2.1 创业风险的概念

创业可以优化资源配置、创造更大的经济价值和社会价值，是国家经济发展的强劲动力，但也是一项高风险的活动。顾名思义，创业风险是创业过程中存在的各种风险。具体而言，创业风险是指由于创业环境的不确定性、创业机会与创业企业的复杂性，创业者能力与实力的有限性而导致创业活动偏离预期目标的可能性。

创业风险是企业风险的一种阶段性的特殊形态。创业往往是将某项技术或者某种构想转变为现实的产品或者服务，并将其推向市场的活动。在这个过程中存在许多衔接问题，资本与技术的衔接，技术与产品的衔接，产品与市场的衔接等，每一个环节都是一个重要的风险因素节点。

创业是企业整个成长过程中的孕育期，这一时期内企业的可塑性强，其发展主要取决于创业者的实力、经验、技能以及市场定位等方面，具有较高的不确定性。同时，处于创业期的企业往往投入大，但产出较少，面临较大的生产运营和财务压力。当内外部环境的变动加剧时，创业者面临的风险则进一步加大。

11.2.2 创业风险的特征

创业过程中，创业者面临诸多内部和外部的不确定性因素，面临的风险也比较多，因此创业风险相比一般的企业风险具有一定的特殊性。创业风险有以下典型特征。

（1）客观性　风险无处不在，客观性是风险的典型特征之一。创业风险从属于风险范畴，是客观存在的，不因创业者的意志而改变。在创业过程中，由于内外部事物发展的不确定性客观存在，因而创业风险是必然存在的。客观性要求创业者采取正确的态度承认和正视创业风险，既不能因风险的存在而畏首畏尾，也不能盲目自信轻视风险。

（2）不确定性　创业往往是创业者将某个"奇思妙想"变为现实的过程，在这一过程中，各种技术、产品、服务由不可能变为现实。因此，在很大程度上创业是一个探索未知领域的过程，创业者面临着更多的来自内外部环境的不确定性。此外，在创业阶段投入较大，而且往往只有投入没有产出，因而可能面临资金不足的风险，从而导致创业的失败。整体而言，影响创业的各种因素是不断变化且难以预知的，这种难以预知造成了创业风险的不确定性。

（3）损益双重性　风险与机遇并存。创业者如果能够正确认识并充分利用创业风险，有可能让创业项目脱颖而出。创业过程中面临的不确定性往往是高度复杂且无经验可借鉴的，创业者若能有效应对这些不确定性带来的风险，可能会获得关键的发展机遇。

（4）可变性　处于创业期的企业类似于动物幼崽，环境适应能力和自我保护能力相对较差，对于内外部的环境变化十分敏感。创业的内部与外部条件发生变化时，创业者所面临的创业风险也随之变化。

（5）相关性　创业者面临的风险与其创业行为及决策是紧密相连的。同一风险事件对不同的创业者会产生不同的风险，同一创业者由于其决策或采取的策略不同，会面临不同的风险结果。

11.2.3　创业风险的成因

创业环境本身的不确定性，创业者自身能力的局限性以及创业机会的时效性，都导致了创业风险的产生。在创业过程中，引发创业风险的原因主要体现在以下几个方面。

（1）创业者的战略冒进　创业过程中，创业者极易掉进战略冒进陷阱。当创业者最初证明某个特定的科学突破或技术突破可能成为商业产品基础时，他仅仅停留在自己满意的论证程度上。然而，这种程度的论证并不能够保证预想的产品能够真正转化为商业化产品（大量生产的产品）。利益驱动和盲目自信的心理使许多创业在完成初步论证后便急于付诸实施，投入大量的人、财、物等资源。但在将预想的产品真正转化为商业化产品的过程中充满了不确定性，只有兼具有效的性能、低廉的成本和高质量的产品才能在市场竞争中生存下来。许多创业者在缺少系统调研的情况下贸然做出创业决策，从而形成创业风险。

（2）创业资源缺口　由于资源的稀缺性和创业者自身能力的局限性，创业阶段的企业往往面临多方面的资源缺口，主要体现在资金、技术、人才等方面。资金缺口是创业者面临的一个关键障碍。创业者可以证明其构想的可行性，但往往没有足够的资金实现其商品化，从而给创业带来一定的风险。企业在初创阶段需要持续性地投入大量资金进行产品研发、市场推广，但往往产出较低。创业企业一旦选择放弃，则前期的高额投入更可能血本无归，造成巨大的沉没成本。技术缺口是指技术人才能力有限、技术创新资金投入不足、技术水平无法实现突破、技术前瞻性具有局限等若干因素导致创业企业不能依靠技术实现领先优势的情形。技术缺口会导致创业企业快速被市场淘汰，对于高新技术企业而言更是如此。由于自身规模、薪酬水平、职业发展等方面的限制，创业企业对综合性、复合型的高水平人才往往缺乏吸引力，导致企业面临较为严重的人才缺口。人才缺口是引发创业风险的关键因素之一。

（3）管理理念缺失　成功的创业者并不一定是出色的企业家，不一定具备出色的管理才能。一方面，创业者利用某一新技术进行创业，他可能是技术方面的专业人才，但却不一定具备专业的管理才能，缺乏先进且有效的管理理念。另一方面，创业者往往有某种"奇思妙想"，可能是新的商业点子，但在战略规划上不具备出色的才能，或不擅长管理具体的事务，导致企业缺乏持续成长能力。尽管绝大多数创业本身属于摸着石头过河的过程，但如果管理经验缺失，最后可能会直接导致创业定位错误、运转效率低下、组织架构与业务模式不匹配、管理沟通存在障碍等一系列不利因素的出现。

（4）外部环境风险　外部环境风险主要是指可以影响全局的系统性风险，比如社会、经济、政治、法律、政策等外部环境发生变化对创业项目产生不利的影响。创业企业面临的环境风险主要包括经济环境和产业政策方面的风险。经济环境方面的风险主要是指经济波动给创业企业初期目标实现所带来的影响。例如，在经济形势比较好的情况下，创业企业可能会获得额外的收益；在经济形势不好的情况下，创业企业则面临更大的困难。产业政策方面的风险主要是指国家新出台的产业政策对创业企业的影响。例如，国家出台的产业调整政策有可能会影响创业企业的投资规模，进而影响创业企业自身的发展；国家出台的环保政策可能会影响创业企业产品的销售；不符合国家和地方政府的能源政策、科技政策可能会影响创业企业获得国家和地方的支持；无法获得的产品、设备、技术的进口许可可能会影响创业企业后期的发展。

11.3 创业风险识别

11.3.1 创业风险的形成机理

理清风险的形成机理，是有效识别创业风险的关键基础。创业风险是创业者所面临的内外部因素综合作用的结果，取决于创业者的综合素质、创业时机、创业领域、创业战略、运营策略以及外部环境等因素。整体而言，创业风险的形成机理主要包括以下几个方面。

（1）创业风险的内生机理　创业者和新创企业自身的因素是内在风险的主要来源。创业者自身的素质和资源首先会影响创业机会的识别，创业者先天素质不健全或者后天能力不足会对创业机会识别产生负面影响，创业机会识别出现失误会直接带来较大的风险。在创立初期，创业者也是企业的实际经营管理者，创业者自身的素质和能力会直接影响企业的经营管理，给企业带来风险。创业机会识别会进一步影响企业战略的制定，企业战略是企业运营的指南，企业战略的制定会直接影响到企业运营，新创企业战略一旦失误，也会带来较大的创业风险。企业运营与管理自身又包含若干因素，企业的研发、财务管理、人力资源、组织结构、信息系统与沟通的有效性、企业的产品与服务、企业文化等，都会影响企业的运营，无论哪一个环节出现问题，都会给新创企业带来创业风险。新创企业自身内部组织结构不健全、财务制度不完善、信息沟通效率低、企业文化尚未成型等问题会导致企业经营效率低下，会给创业活动带来风险。

（2）创业风险的外生机理　外部环境的动态变化会影响创业机会识别的有效性，就会带来创业风险。外部环境因素也是企业战略制定时需要重点关注的问题，不能有效把握外部环境因素的现状及其未来变化趋势，企业战略制定就会出现偏差，进而导致创业风险。外部环境因素也会直接影响企业的运营，经济和自然环境的变化、政策的变动、资本市场的变动、技术环境及产品市场的变化等，都会直接影响企业的日常经营，会对企业的资金链、技术和人力资源供给、产品或服务的推广等方面产生不利影响，进而为新创企业的创业活动带来风险。

（3）创业风险的综合作用机理　内外部风险因素的协同影响会加剧已有的风险并带来新的风险。创业机会往往具有很强的时效性，外部环境的变化会带来创业获利的可能性的变化，创业者自身能力的局限性或者受制于资源的有限性不能及时把握机会，就会带来创业时机把握不准确的风险。外部环境不断的发展和变化，会对企业战略产生重要影响，企业战略的制定如果缺乏灵活性，不能随环境的变化进行合理的调整就会给企业发展带来风险。内外部风险因素共同发挥作用加剧新创企业创业风险，新创企业自身在各个方面的发展都不够完善，经营管理和运营存在较多隐患，外部环境的变化会加剧企业隐患的爆发，带来更多的风险，同时外部环境因素不可预知的变化，也会在一定程度上加剧企业已有风险的危害程度。

11.3.2 创业风险识别的方法

风险识别是风险管理的基础，是风险管理的第一步。创业风险的识别是企业依据创业活动的迹象，在各类风险事件发生之前运用各种方法对风险进行的辨认和鉴别，是系统、连续地发现风险和不确定性的过程。只有在正确识别出创业项目所面临的风险的基础上，创业者才能够主动选择适当有效的方法进行风险应对。

由于创业的特殊性，企业除了要识别国家经济政策的调整、市场需求的变化等显性风险，还要识别当某一形势变化的连锁反应可能带来的半显性风险，同时还要识别遭遇突发事件的隐性风险。常用的创业风险识别方法主要有以下几种。

（1）环境分析法 环境分析法是一种识别特定企业风险的方法，是根据对企业面临的外部环境和内部环境的系统分析，推断环境可能对企业产生的风险与潜在损失的一种识别风险的方法。创业环境的构成极其复杂，是与创业活动相关联的因素的集合，包括宏观环境、行业环境和微观环境。创业者通过对特定环境的分析，能够摸清自身的优势和劣势，有效识别创业项目面临的机会与威胁，找出这些环境可能引发的风险和损失。运用环境分析法，重点是分析环境的不确定性及变动趋势，这些不确定因素往往使企业的经营难以预料。此外，应从整体角度，分析宏观环境、行业环境和微观环境的相互作用及其影响程度。

（2）财务报表分析法 财务报表分析是风险识别的有力手段。财务报表分析是以企业基本活动为对象、以财务报表为主要信息来源、以分析和综合评定为主要方法的系统认识企业的过程，其目的是了解过去、评价现在和预测未来，以帮助报表使用者改善决策。财务报表分析的对象是企业的各项基本活动。财务报表分析就是从报表中获取符合报表使用者分析目的的信息，认识企业活动的特点，评价其业绩，并发现其问题。

（3）专家调查法 专家调查法是一种重要而又广为应用的风险识别方法，它先是引用了专家的经验、知识和能力，又发挥专家的特长，对风险的可能性及其后果做出估计。一般来说，运用专家调查法的基本步骤是：①选择主要的风险项目，选聘相关领域的专家；②专家对各类可能出现的风险进行评估，打分；③回收专家意见并整理分析，再将结果反馈给专家；④把专家新一轮的结果进行汇总并反馈，直到比较满意为止。

创业风险是一个多维概念，运用单一方法无法有效完成风险识别。创业者必须从全局的角度出发采取各种办法认识风险的存在，尽力避免遭受风险带来的损失。与此同时，创业者也应该清醒地认识到，没有风险就不会有超额利润或收益，创业者的关键任务是有效识别创业风险并将其控制在可接受的范围内。

11.3.3 创业风险因素的识别

1．系统性风险因素的识别

创业的系统性风险是指由于创业外部环境的不确定性引发的风险，是创业者和企业无法控制或无力排除的风险。在同一时期内，相同领域的创业者面对的系统性风险是相似的，创业者只能在创业过程中设法规避。系统性风险主要包含以下方面。

（1）政策风险 国家在不同时期会根据宏观环境的变化做出政策调整，以保证市场经济的有序发展。而国家政策又对企业的行为具有强制约束力，这必然会对创业产生影响。创业的过程中存在的政策风险主要包括反向性政策风险和突变性政策风险。反向性政策风险是指市场在一定时期内，由于政策的导向与创业活动的方向不一致而产生的风险。突变性政策风险是指由于管理层政策口径发生突然变化而给创业活动造成的风险。

（2）法律风险 法律、法规的制定和修改，都会对创业企业产生影响。政府会采取某些事后的行政措施或法律手段，来限制某些已经开发成功的产品的生产、销售或使用。例如，近年来国内外一些新创企业开发转基因产品，曾被有关国家政府部门明令禁止销售，这样，企业的所有创业投入就转化为沉没成本，创业者根本得不到任何商业利益。目前，我国对于创业企业的立法还存在很多的政策和法规空白，这势必造成法律上的风险。这类风险企业难以控制，只有尽可能地加以规避。

（3）宏观经济风险　因国家宏观经济状况、产业政策、利率变动以及汇率的稳定性等因素所带来的损失的风险。任何企业的发展都必须依托所在国家和地区的经济环境。利率、价格水平、通货膨胀等因素的变化以及金融、资本市场的层次、规模、健全程度等都会带来很大的不确定性，使创业企业容易暴露在风险之中。当这类风险将要或者已经出现时，企业应该能够快速响应，采取措施使企业适应这一变化。

2．非系统性风险因素的识别

创业的非系统性风险是与创业者、创业项目有关的不确定性因素引发的风险。非系统性风险可以通过创业各方主观的努力而控制或消除。非系统性风险主要包含以下方面。

（1）技术风险　技术风险是创业者面临的主要风险之一，主要是由技术前景、寿命、使用效果等方面的不确定性导致的。一方面，创业者在技术组合方面经常面临"木桶效应"，因为某一薄弱技术环节限制了整体技术水平的发挥，导致产品出现技术缺陷。另一方面，创业者可能缺乏资金进行持续研发，导致自身技术被竞争对手超越，出现技术替代风险。在创业过程中，创业者需要从技术成熟度、技术适用性、技术配套性、技术生命周期四个方面识别自身面临的技术风险，找出潜在的风险点，有针对性地加以应对。

（2）市场风险　市场风险是指创业企业在产品、服务的销售方面受阻、失败或达不到预期目标而使企业承受损失的可能性。市场风险的形成因素主要包括市场定位偏差、产品开发策略失误、产品创新性不足以及生产过程控制不力等。创业者应该从以下两个方面识别市场风险：①考察推出的产品被消费者接受的程度，尤其是针对潜在的、待开发、待成长的细分市场，尽量做好消费者接受能力和接受速度方面的研判；②判断产品未来的市场竞争力，分析产品在售前、售中、售后环节的优劣势，有针对性地补齐短板。

（3）生产风险　生产风险是指企业在创业过程中，由于生产环节的有关因素及其变化的不确定性而导致创业失败或利润受损的可能性。对于创业者而言，企业尚未形成完善的运营机制，在人员配备、原材料供给等方面容易出现问题。创业者应从生产技术人员构成、生产设备与工艺水平、生产资源的配置状况、原材料供应状况四个方面展开生产风险识别。

（4）财务风险　创业企业普遍面临较大的财务风险。主要体现在以下方面：①创业资金在需求规模、使用周期等方面存在不确定性；②创业者在初创期融资难度较大，导致其缺乏持续的或足够的资金投入实现创业设想的商品化；③在企业创立后，企业运营过程中面临追加投资的风险。创业者应从资产负债表状况和企业收益状况来识别财务风险。

（5）管理风险　管理风险是创业企业因管理不善而导致的企业不能够获得预期利润或是威胁企业运营甚至生存的风险。创业者可能是某一领域的专业人员，但却不一定具备专业的管理才能和意识，在战略规划上并不具备特殊的优势，或不擅长管理具体的事务，从而形成管理风险。这种风险主要体现在经营决策、战略规划、营销组合不合理以及组织制度的不科学，管理层的综合素质较低，以及对生产运作，企业内部沟通、激励等问题管理不力等方面。管理风险的识别主要从三个方面进行：①创业者综合素质和经验；②决策的科学化；③管理机制的成熟度。

（6）人员风险　创业企业的人员风险主要体现在流动性风险和契约风险两个方面。流动性风险是指拥有高存量人力资本的知识型劳动者的高流动倾向性给企业带来的损失的不确定性，知识型劳动者的这种倾向性又是由人力资本的稀缺性、依附性及其所有者的能动性共同决定的。契约风险是指由企业生产经营的长期性所决定的契约在履行过程中存在的种种风险和不确定性。在创业企业中，人力资本效能水平的发挥，取决于其所有者工作的意愿和对工作的心理评价。当知识型劳动者处于低激励水平时，企业将相应处于低产出水平，使企业契约履行不完全，这就是所谓的契约风险。创业者应该从核心员工尤其是创业团队成员的流动性和工作意愿两个方面进行人员风险识别。

11.4　创业风险的管控措施

资源禀赋和管理经验方面的不足，是导致创业企业面临风险的根本原因。

11.4.1　准确识别创业机会

创业本身就是一项高风险的活动，创业机会辨识一旦失误，就会给整个创业活动带来重大风险。创业机会识别是创业的起点，主要取决于创业者的自身素质和能力，企业应该从以下方面采取相应措施来加强创业者识别创业机会的能力：①创业者要加强创业学习，提升专业知识和管理素质，增强风险防范意识，培养良好的创业素质；②充分进行市场调研，掌握行业发展的前沿动态，有效利用相关资料和技术手段做好创业机会评估；③综合考虑市场前景、资金投入、技术成熟度等因素，结合自身资源禀赋，选择合适的创业切入点；④采取合理的风险规避措施，确保创业决策与自身资源和能力相匹配，切忌盲目追求速度和规模，避免造成不必要的损失。

11.4.2　制定正确的创业战略

创业战略是整个创业活动的总方针。创业战略制定要从创业者自身的实际情况出发，经过充分的调研、分析和论证之后才能完成。创业企业成立后，要明确企业的发展方向和各阶段的目标，制定切实可行的发展战略。对于制定出的战略要进行专业的风险评估和可行性论证，制定相应的配套支持战略，确保创业风险处于可控范围之内。要细化制定具体的执行方案和阶段性的目标，保证战略能在后期有效执行，加强对企业战略的学习，加深企业员工对企业战略的理解和认同，保证战略的有效实施。为克服资源短板，创业企业可以与拥有不同资源优势的创业企业结成战略联盟，来实现资源共享和优势互补，有效地弥补单一创业企业的资源缺口。同时，战略联盟的风险共担机制能够有效地将创业风险进行分摊，降低创业企业的风险。

11.4.3　提升企业管理水平

有效提升企业管理水平，是创业企业实现持续发展的关键保障。提升企业管理水平的措施有以下几个：①着力提升管理者的素质，鼓励创业者以及核心员工在工作之中持续学习，重点防范技术型管理者的管理能力出现短板。②完善组织架构和管理机制，明确各个职位的权利和责任，建立高效的信息沟通和共享机制，简化不必要的流程，提高企业内部资源配置的效率。③营造良好的企业文化，增强企业的凝聚力，增强员工对企业的认同感和归属感，提高员工的忠诚度和奉献意识，降低企业的内部运营风险，提高效率，从总体上增强企业软实力。

● 本章小结

　　创业是指发现、创造和利用适当的机会，借助有效的商业模式组合生产要素，创立新的事业，以获得新的商业成功的过程或活动，主要由创业者、创业机会、创业资源和组织形式等要素构成。创业通常可以划分为识别与评估市场机会、形成商业计划、获取创业所需资源、成立创业企业或创业项目、日常运营五个阶段。创业风险是指在企业创业过程中存在的风险，是指由于创业环境的不确定性、创业机会与创业企业的复杂性、创业者能力与实力的有限性而导致创业活动偏离预期目标的可能性，具有客观性、不确定性、损益双重性、可变性以及相关性等特征。创业风险主要是由创业者的战略冒进、创业资源缺口、管理理念缺失、外部环境风险等原因造成的。创业风险是创业者所面临的内外部因素综合作用的结果，主要采用环境分析法、财务报表分析法、专家调查法等方法进行风险识别。创业风险因素的识别包括系统性风险因素的识别和非系统性风险因素的识别，前者包括政策风险、法律风险、宏观经济风险，后者包括技术风险、市场风险、生产风险、财务风险、管理风险以及人员风险。创业企业要针对特殊风险进行深度剖析，采取有针对性的措施管控创业风险。

📝 本章习题

【选择题】

1. 引发创业风险的原因主要体现在（　　　）方面。
　　A. 创业者的战略冒进　　　　　　　B. 创业资源缺口
　　C. 管理理念缺失　　　　　　　　　D. 外部环境风险
2. 创业风险（　　）的典型特征。
　　A. 客观性　　　　　　　　　　　　B. 不确定性
　　C. 损益双重性　　　　　　　　　　D. 相关性
　　E. 可变性
3. 系统性风险主要包含（　　　）。
　　A. 政策风险　　　　　　　　　　　B. 法律风险
　　C. 宏观经济风险　　　　　　　　　D. 管理风险
4. 常用的创业风险识别方法主要有（　　　）。
　　A. 环境分析法　　　　　　　　　　B. 财务报表分析法
　　C. 专家调查法　　　　　　　　　　D. 德尔菲法

【判断题】

1. 创业是企业整个成长过程中的孕育期，这一时期内企业的可塑性强，具有较高的不确定性。　　　　　　　　　　　　　　　　　　　　　　　　　　　　　　（　　　）
2. 创业者自身能力的局限性或者受制于资源的有限性不能及时把握机会，就会带来创业时机把握不准确的风险。　　　　　　　　　　　　　　　　　　　　　　（　　　）
3. 新创企业自身内部组织结构不健全，会给创业活动带来风险。　　　　　（　　　）

▶ 案例分析

从一碗鲜炖燕窝开始：林小仙与"小仙炖"的创业之旅

　　林小仙于 2008 年毕业于第一军医大学。毕业后的林小仙成为一名医生，凭借精湛的医术成长迅速。后来，林小仙辞去工作，与丈夫苗树一起来到北京创业。在北京从事了四年的奢侈品行业创业后，林小仙决定结合自己先前从医的经验，进军虫草、燕窝等高端滋补品销售行业。林小仙用了大量的时间在同仁堂学习高端滋补品的销售，并与顾客进行了诸多交流。经过一段时间的考察，林小仙发现顾客来传统医药门店购买高端滋补品过程中存在较多困惑：①缺乏品质鉴别能力；②难以掌握复杂的炖煮方法；③不懂科学的食用方法。有了这些收获，林小仙发现了"即食滋补"这一巨大商机，于是决定开发便捷、有效的"即食"滋补产品。

林小仙用了两三个月的时间尝试了上百种滋补品的炖煮方案，广泛征求了朋友、体验者的意见，最终将产品锁定在燕窝上面，并确立了开发"鲜炖燕窝"这个创业想法。通过进一步调研，林小仙发现燕窝属于高端滋补品当中市场前景较为广阔的品类，有着巨大的市场空间。国家也在2013年明确了燕窝的合规进口标准，原材料供应有了坚实保障。同时，林小仙还发现，国内燕窝市场并不规范，缺少垂直品牌，交易以毛料为主且质量参差不齐，尚未形成统一的市场标准。而当前市场上主流的"即食燕窝"更多定位于礼品而非高端自用品，忽略了燕窝本身具有的滋补价值。

2014年，林小仙正式创办"小仙炖"，首次推出"鲜炖燕窝"这一全新的燕窝产品，喊出了"让滋补更简单"的口号。林小仙强调了自己产品的差异性：①确保食材绿色新鲜；②聚焦自用型营养品；③提供周期性服务，定期冷链发货。林小仙在北京开设了第一家"小仙炖"鲜炖燕窝加工"餐厅"，向顾客提供当日炖煮的新鲜燕窝产品。在此基础上，线下门店进一步采取"外卖"方式，扩大产品销售范围，初步形成"餐厅"+"外卖"的经营模式。随着林小仙在京东设立线上店铺，"小仙炖"实现了线上线下相结合的经营模式。

"小仙炖"的成功吸引了资本市场的目光，于2015年获得第一笔150万元的天使投资。有了资金支撑，林小仙决定将"鲜炖燕窝"推向标准化、工业化和规模化生产。"小仙炖"的生产工厂逐步实现了生产设备全自动化，首次将C2M模式引入燕窝行业，用户下单直达中央工厂实现"用户下单鲜炖"，能够为用户提供新鲜、纯正的燕窝滋补品。在生产标准上林小仙更是精益求精，于2016年提出"鲜炖燕窝"的五大标准并获得国家检验检疫科学院的授牌。与此同时，"小仙炖"进一步完善自身供应链，与印度尼西亚的原材料供应商成立合资公司，实现原材料加工的定向服务，确保所有产品的原材料溯源。

通过进一步聚焦"鲜炖燕窝"这一核心产品，"小仙炖"逐步塑造了"鲜炖燕窝专家"的品牌形象，形成了"顾客第一、团队协作、拥抱变化、主人翁精神、坚持学习、交付结果"的价值观体系，顺利度过了"创业危险期"，进入稳定快速成长阶段。"小仙炖"实现了快速增长的同时，模仿者也蜂拥而至，已有燕窝行业的老品牌开始布局"鲜炖燕窝"，许多网红品牌也想在这一领域"分一杯羹"。此时，面对蜂拥而至的模仿者甚至造假者，林小仙接下来又该如何应对呢？

资料来源　改编自林菁菁，张雁鸣.从一碗鲜炖燕窝开始：林小仙与"小仙炖"的创业之旅 [DB/OL].中国管理案例共享中心.(2021-11-30)[2022-04-20].http://www.cmcc-dlut.cn/Cases/Detail/5723.

1.结合"小仙炖"的创办过程以及林小仙的个人经历，分析其是如何发现和识别"鲜炖燕窝"这一创业机会的？

2.结合林小仙的创业经历，分析其是如何对"鲜炖燕窝"这一创业机会进行评价的？

3.思考你身边有没有像"鲜炖燕窝"这样没有被关注到的市场"痛点"？如果你也是一个创业者，你打算如何解决？

 案例讨论

1.商业机会的发现一般会经历机会搜寻、机会识别以及机会评价三个阶段。创业者的先前经验以及个人认知是创业机会识别的内在影响因素。创业者的社会资源则作为外部影响因素，强化了创业机会识别的内在因素。具体而言，首先，林小仙本人的医生以及奢侈品行业的从业经验是一种典型的"先前经验"，林小仙在思考商业机会时主要围绕着自己最为擅长的医疗健康以及奢侈品从业期间积累的对高端用户的理解，因此林小仙本人的"先前经验"是影响其进行商业机会选择的重要影响因素；其次，林小仙本身对滋补也有极大的兴趣，因此林小仙在认知层面对滋补的高度认可也是其会聚焦到"即食滋补"的重要因素，也让她在了解到需要滋补的顾客消费过程中面临的问题能够敏锐的关注到这些"痛点"并发现"痛点"背后的机会；最后，林小仙在对"即食滋补"进行初步调研的时候主要是基于她自己的个人朋友圈，林小仙个人"朋友圈"作为重要的社会关系网络帮助其识别到鲜炖燕窝这一机会。因此林小仙之所以能够发现"鲜炖燕窝"这一创业机会是自己的经验和认知等内在因素与其长期积累的社会资源等外在因素共同作用的结果。

2.创业机会评价是创业实践行动正式启动之前的必要步骤，通过创业机会的自我评价和系统分析，实现创业者内部视角和服务对象外部视角的共同审查，从而保证创业机会的价值性与可行性，降低创业失败的风险。上述案例中，林小仙创业的成功离不开创业前期她对"鲜炖燕窝"这一创业机会反复进行的全面的包括自我评价和系统评价的商业机会评价。

 补充阅读

税收优惠政策激发创新创业活力

我国持续加大对创新创业的支持力度，出台了一系列税收优惠政策。截至 2021 年 10 月，在主要环节和关键领域，已陆续推出 100 多项税费优惠政策措施。

促进创新主体孵化。自 2019 年 1 月 1 日到 2021 年 12 月 31 日，对国家级、省级科技企业孵化器和国家备案众创空间向在孵对象提供孵化服务取得的收入，免征增值税。对国家级、省级科技企业孵化器和国家备案众创空间自用以及无偿或通过出租等方式提供给在孵对象使用的房产和土地，免征房产税和城镇土地使用税。

支持创业资金聚合。2018 年 9 月 1 日到 2023 年 12 月 31 日，对金融机构向小型

企业、微型企业和个体工商户发放小额贷款取得的利息收入，符合相关条件的，可免征增值税。

　　推动企业转型升级。自 2021 年 1 月 1 日起，制造业企业研发费用加计扣除比例由 75% 提高至 100%。国家税务总局近期发布《关于进一步落实研发费用加计扣除政策有关问题的公告》明确，2021 年 10 月份纳税申报期，在允许企业享受上半年研发费用加计扣除的基础上，再增加一个季度的优惠，进一步为企业增添创新动能。

　　支持技术创新。对高新技术企业、技术先进型服务企业减按 15% 的税率征收企业所得税，对高新技术企业和科技型中小企业亏损结转年限延长至 10 年，对先进制造业纳税人给予增值税期末留抵退税优惠。对软件产品实施增值税超税负即征即退，尤其是对国家鼓励的重点软件企业，减按 10% 的税率征收企业所得税。

资料来源　改编自中国新闻网 . 税收优惠政策激发创新创业活力 [EB/OL].(2021-10-26)[2022-04-20].http://finance.people.com.cn/n1/2021/1026/c1004-32264190.html.

课后习题参考答案

第1章

【选择题】1. A　2. D　3. A　4. ABC　5. ABD　6. ABCD

【判断题】1. 对　2. 错　3. 对　4. 对　5. 错　6. 错　7. 对　8. 错　9. 对　10. 对

【简答题】略

第2章

【选择题】1. D　2. A　3. B　4. ABCD　5. ABD

【判断题】1. 对　2. 错　3. 错　4. 对　5. 错　6. 对　7. 对　8. 错　9. 对　10. 错

【简答题】略

第3章

【选择题】1. A　2. A　3. ABC　4. A　5. AB

【判断题】1. 对　2. 对　3 错　4. 对　5. 错　6. 对

【简答题】略

第4章

【选择题】1. ABCD　2. ABC　3. ABCD　4. D　5. A

【判断题】1. 对　2. 对　3. 对　4. 对　5. 错

【简答题】略

第5章

【选择题】1. A　2. B　3. A　4. ABCD　5. ABC　6. ABCD

【判断题】1. 错　2. 对　3. 对　4. 错　5. 对　6. 错　7. 对　8. 错　9. 错

【简答题】略

第6章

【选择题】1. D　2. A　3. A　4. ABCD　5. AB　6. ABCD

【判断题】1. 对　2. 错　3. 错　4. 对　5. 错　6. 对　7. 对　8. 错　9. 对　10. 对

【简答题】略

第 7 章

【选择题】1. B　2. C　3. A　4. ACD　5. ABCD　6. ABCD

【判断题】1. 对　2. 错　3. 错　4. 对　5. 错　6. 错　7. 对　8. 对　9. 对　10. 对

第 8 章

【选择题】1. D　2. ABCD　3.ABCD

【判断题】1. 对　2. 对　3. 错

【简答题】略

第 9 章

【选择题】1. D　2. ABCD　3. ABCD　4. ABCD

【判断题】1. 对　2. 对　3. 对

【简答题】略

第 10 章

【选择题】1. ABC　2. D　3. ABC

【判断题】1. 错　2. 对　3. 错　4. 对　5. 错　6. 对

【简答题】略

第 11 章

【选择题】1. ABC　2. ABCDE　3. ABC　4. ABC

【判断题】1. 对　2. 对　3. 对

参考文献

[1] 毕伯煜.FV公司无人经济商业模式创新风险管理研究[D].西安：西安理工大学，2021.

[2] 包宸，潘德亮，吴勇兵.企业运营与风险防范管理[M].北京：中国商务出版社，2019.

[3] 弗莱夫别格.大项目拆成小模块：欧洲隧道：成功带来的灾难[J].哈佛商业评论（中文版），2021(11)：117-119.

[4] 陈传明，徐向艺，赵丽芬.管理学[M].北京：高等教育出版社，2019.

[5] 陈荣秋，马士华.生产运作管理[M].北京：机械工业出版社，2009.

[6] 陈震红.创业者创业决策的风险行为研究[D].武汉：武汉理工大学，2004.

[7] 陈震红，董俊武.创业风险的来源和分类[J].财会月刊，2003(12B)：56-57.

[8] 陈玉和，白俊红，尚芳，等.技术创新风险分析的三维模型[J].中国软科学，2007(5)：130-132.

[9] 杜卡奇.给农产品贴上"丑"字标签[J].哈佛商业评论（中文版），2021(11)：48-51.

[10] 西姆奇D，莱维，西姆奇Y，等.构建弹性供应链并非易事[J].哈佛商业评论（中文版），2020(8)：32-35.

[11] 胡杰武，万里霜.企业风险管理[M].北京：清华大学出版社，2009.

[12] 何叶荣，李慧宗.企业风险管理[M].合肥：中国科学技术大学出版社，2015.

[13] 荆晨.企业在经营管理中的理念创新[J].商场现代化，2016(15)：68-69.

[14] 家电网.家电市场不断复苏 2021年中国家电行业的景气度将会提升[EB/OL].(2021-05-08)[2022-04-20].https://hea.china.com/hea/20210508/20210508771280.html.

[15] 贾慧娟.不依赖社交媒体的招聘：好感认知差距可能阻碍团队协作[J].哈佛商业评论（中文版），2021(9)：33-36.

[16] 蒋巧文.互联网创业风险模型研究[D].广州：华南理工大学，2018.

[17] 梅农，琼.信息越多，不确定性越大[J].哈佛商业评论（中文版），2020(7)：132-135.

[18] 梅拉，库珀.别为不合适的营销技术花钱[J].哈佛商业评论（中文版），2021(7)：117-125.

[19] 康方.华为商业模式创新的风险管理研究[D].青岛：中国海洋大学，2015.

[20] 刘凤军.高科技企业组织创新及其风险管理的研究[D].武汉：武汉理工大学，2005.

[21] 罗帆，朱新艳.人力资源风险管理[M].北京：科学出版社，2016.

[22] 李洪彦.高科技创业企业风险管理研究[D].武汉：武汉理工大学，2007.

[23] 吕洪雁，杨金凤.企业战略与风险管理[M].北京：清华大学出版社，2016.

[24] 刘坤荣.企业组织结构创新研究[D].重庆：重庆大学，2008.

[25] 李启明，贾若愚，邓小鹏.国际工程政治风险的智能预测与对策选择[M].南京：东南大学出版社，2017.

[26] 李全伟.安踏成为卓越企业的创新密码[J].哈佛商业评论（中文版），2022(1)：110-120.

[27] 刘湘琴，吴勇.基于企业生命周期的科技型中小企业创业风险研究[J].现代管理科学.2009(6)：93-94；97.

[28] 李艳双，李俊毅.中国李宁：破茧成蝶，迎"潮"而生[DB/OL].中国管理案例共享中心.(2021-12-02)[2022-04-20].http://www.cmcc-dlut.cn/Cases/Detail/5734.

[29] 李源 . 腾讯：用文化基因对抗大企业病 [J]. 哈佛商业评论（中文版），2021(12)：142-147.

[30] 辛克曼 . 三招学会与风险共生 [J]. 哈佛商业评论（中文版），2015(7-8)：46-48.

[31] 阿特斯，塔拉克哲，迫克，等 . 愿景式领导为何失败 [J]. 哈佛商业评论（中文版），2019(4)：54-56.

[32] 牛文文 . 重塑创业长期主义 [J]. 哈佛商业评论（中文版），2019(3)：145-151.

[33] 欧阳桃花，曾德麟 . 拨云见日：揭示中国盾构机技术赶超的艰辛与辉煌 [J]. 管理世界，2021, 37(8)：14.

[34] 阿尔真蒂，伯曼，卡尔斯贝克，等 . 企业成功转型背后 [J]. 哈佛商业评论（中文版），2021(12)：50-54.

[35] 费尔霍夫，多恩 . "共同创造"的风险 [J]. 哈佛商业评论（中文版），2013(9)：35.

[36] 梅赫罗特拉，阿罗拉，克里希纳穆尔蒂 . 关于创造力的 3 个常见谬误 [J]. 哈佛商业评论（中文版），2022(1)：22-27.

[37] 邱洪业 . 新创企业创业风险评价与防控研究 [D]. 青岛：山东科技大学，2017.

[38] 谢科范，袁明鹏，彭华涛 . 企业风险管理 [M]. 武汉：武汉理工大学出版社，2019.

[39] 谢科范，赵湜 . 创业风险的双缺口理论 [J]. 武汉理工大学学报 . 2009, 31(17)：153-156.

[40] 许之春 . 高技术企业创业风险识别、评价与控制研究 [D]. 南京：南京财经大学，2008.

[41] 闫杰 . 环境规制下企业技术创新风险防范研究 [D]. 济南：山东财经大学，2014.

[42] 佘镜怀，马亚明 . 企业风险管理 [M]. 北京：中国金融出版社，2012.

[43] 尤建新，蒋景楠，雷星晖，等 . 企业管理概论 [M]. 北京：高等教育出版社，2006.

[44] 杨克磊，朱玉萍，隋爽 . 流动性触礁，海航"归航" [DB/OL]. 中国管理案例共享中心 .（2022-01-04）[2022-04-20]. http://www.cmcc-dlut.cn/Cases/Detail/5816.

[45] 杨倩 . 基于多维防范体系的企业技术创新风险评估与防范对策研究 [D]. 重庆：重庆交通大学，2012.

[46] 闫彤 . "互联网＋"商业模式创新风险管理研究 [D]. 西安：西安理工大学，2019.

[47] 于晓宇，吴祝欣 . 构建反脆弱体系：应对环境不确定性的挑战 [J]. 哈佛商业评论（中文版），2019(8)：68-75.

[48] 中国家电网 . 疫情后还有大难关 家电业的未来在哪？[EB/OL]. (2021-05-08)[2022-04-20]. http://news.cheaa.com/2021/0508/590516.shtml.

[49] 中国新闻网 . 税收优惠政策激发创新创业活力 [EB/OL]. (2021-10-26)[2022-04-20]. http://finance.people.com.cn/n1/2021/1026/c1004-32264190.html.

[50] 张汉鹏 . 创业风险管理 [M]. 成都：西南财经大学出版社，2020.

[51] 侯捷宁 .《中国企业风险报告（2019）》出炉　企业今年要警惕十大风险 [EB/OL]. (2019-07-11)[2022-04-20]. http://www.ce.cn/culture/gd/201907/11/t20190711_32587389.shtml.

[52] 赵曙明，赵李晶，李茹，等 . 不破不立：海尔 HRSSC 的数字化转型之路 [DB/OL]. 中国管理案例共享中心 . (2021-10-13)[2022-04-20]. http://www.cmcc-dlut.cn/Cases/Detail/5552.

[53] 张璇，樊俊杰，李奇，等 . "选择比努力更重要"：元气森林的营销之道 [DB/OL]. 中国管理案例共享中心 . (2022-01-10)[2022-04-20]. http://www.cmcc-dlut..cn/Cases/Detail/5887.

[54] 赵晓娟 . 基于 BP 神经网络的企业组织创新风险预警 [D]. 衡阳：南华大学，2005.

[55] 赵炎 . 创新管理 [M]. 北京：北京大学出版社，2012.

[56] 张玉利，李新春 . 创业管理 [M]. 北京：清华大学出版社，2006.

[57] 赵宇清 . SC 省农村信用社技术创新风险管理研究 [D]. 成都：电子科技大学，2019.

[58] 张云起 . 营销风险管理 [M]. 北京：高等教育出版社，2011.

[59] 邹仲海 . 企业风险管理 [M]. 北京：电子工业出版社，2016.